2017年度广州市哲学社会科学"十三五"规划课题
产学研"主体—要素"双重协同机制与对策研究(
广东省软科学研究计划项目：广东省农业科技协同
（2015A070704040）

经济管理学术文库·经济类

农业龙头企业技术创新自适应演化与竞争力研究

The Adaptive Evolution and Competitiveness of Technological
Innovation of Agricultural Leading Enterprises

彭思喜／著

经济管理出版社
ECONOMY & MANAGEMENT PUBLISHING HOUSE

图书在版编目（CIP）数据

农业龙头企业技术创新自适应演化与竞争力研究/彭思喜著. —北京：经济管理出版社，2019.11

ISBN 978 - 7 - 5096 - 4389 - 1

Ⅰ.①农⋯　Ⅱ.①彭⋯　Ⅲ.①农业企业—龙头企业—企业创新—研究—中国　Ⅳ.①F324

中国版本图书馆 CIP 数据核字（2019）第 271870 号

组稿编辑：曹　靖
责任编辑：张巧梅　郭　飞
责任印制：黄章平
责任校对：张晓燕

出版发行：经济管理出版社
　　　　　（北京市海淀区北蜂窝 8 号中雅大厦 A 座 11 层　100038）
网　　址：www. E - mp. com. cn
电　　话：（010）51915602
印　　刷：三河市延风印装有限公司
经　　销：新华书店
开　　本：720mm × 1000mm/16
印　　张：15
字　　数：286 千字
版　　次：2019 年 12 月第 1 版　　2019 年 12 月第 1 次印刷
书　　号：ISBN 978 - 7 - 5096 - 4389 - 1
定　　价：88.00 元

前　言

　　农业龙头企业技术创新是构建国家农业技术创新系统的重要内容。随着农业产业化外部环境和需求不断变化，农业龙头企业必须创新性地整合可利用资源，不断完善优化自身创新体系，通过适应性调节来适应外部创新环境变化，不断提高企业创新系统的效率和绩效，实现创新的可持续发展。但当前农业龙头企业技术创新成果转化率低，科技与经济"两张皮"也是不争的事实。一个非常显著的原因是：农业龙头企业技术创新跟不上外部创新环境和市场需求的变化，再加上自身基础与条件的影响和制约，造成农业龙头企业技术创新能力低下，无法形成创新的持续性，也无法突破外部创新环境变化对技术创新的约束，形成二者的良性循环。

　　针对上述问题，本书利用自组织理论，从企业自组织视角探讨农业龙头企业技术创新体系演化的自适应机制，试图解决如下问题：面对外部创新环境和市场需求变化，农业龙头企业的技术创新体系应如何自适应地进行反馈、调节和完善，以使企业能及时制定正确的创新对策和措施，通过有效技术创新竞争与协同，形成新的适应市场环境和需求的创新体系，提高技术创新成果的转化率，实现企业创新的可持续发展。

　　为了实现上述目标，本书进行了如下研究：首先，结合自组织理论和适应度景观理论，采用仿真实验方法，探讨企业技术创新体系的自适应演化理论框架，提出了一种基于 NK 模型的企业技术创新系统自适应演化机制。其次，在 NK 模型的自适应演化理论框架下，采用典型案例研究方法探讨了农业龙头企业技术创新自适应演化内在机制。再次，通过整理文献理论和典型案例的方法，探讨了农业龙头企业技术创新自适应演化过程中的创新竞争与协同机制。又次，采用实证研究的方法，探讨了农业龙头企业技术创新自适应演化外在的影响因素。最后，在上述理论研究、典型案例分析和实证研究的基础上，提出了农业龙头企业技术创新体系自适应演化的对策。

　　本书研究的特色如下：

（1）提出了基于 NK 模型的企业创新系统自适应演化机制：①产生期企业创新系统采用"随机性游走"演化机制，创新要素的相互关系越复杂，数量越多，创新系统向高点攀爬就需要付出更多的努力，被环境淘汰的概率也就更高。②成长期企业创新系统采用"适应性游走"演化机制，极大地提高了创新系统"局部搜索"的能力和效率，但由于受要素间关系和"有限理性"的影响，创新系统只能攀上局部最高峰，容易陷入"核心刚性"或"相对黏性"的"局部最优陷阱"中。③要想摆脱惯性路径依赖，突破局部最高峰的限制，进入成熟期，需要采用"长跳"和"短跳"相结合机制，才能保证创新系统适应环境变化做"正确的事情"，由此实现自身可持续发展。

（2）在 NK 模型自适应演化机制理论框架下，以广东温氏集团（以下简称"温氏集团"）为典型案例进行研究，深入探讨农业龙头企业技术创新自适应演化机制：①产生期——"随机性游走"阶段，由于不了解景观，再加上农业龙头企业自身技术和资源的限制，更容易跌入"低谷"。而温氏集团的成功主要依靠的是温北英的创新精神和卓越的企业家才能，通过极具魄力和创新性的"技术入股"方式邀请华南农业大学加入，走上产学研合作创新道路，突破"随机性游走"的不可预知性，进入成长期。②成长期——"适应性游走"阶段，温氏集团成功的关键是：通过适应性"短跳"机制，在确保核心创新技术垄断的同时，实现技术创新跟市场需求之间的良好互动，形成二者之间良好的循环机制，实现了企业创新系统的稳步攀升。③如何摆脱惯性路径（对高校技术）依赖，突破局部最高峰限制，进入成熟期，温氏集团的做法是：建立企业研究机构和博士后工作站，吸引全国各地高层次科技人才加盟，不断提高企业自身的自主创新能力。并在此基础上，通过制度创新，建立和完善包括创新投入、创新激励和利益分配在内的创新制度；通过管理创新，建立和完善了技术创新组织管理体系，通过高效的技术创新组织管理和机制创新，勇于打破企业创新系统原有的稳定平衡态，使企业创新系统向更高层次的稳定平衡态演化。

（3）通过典型案例研究，探讨农业龙头企业技术创新自适应演化过程中的竞争机制：技术创新竞争力是由技术研发竞争力、技术垄断竞争力和技术利用竞争力三种能力统一与有机融合而形成的合力。温氏集团通过产学研合作提升企业的研发竞争力，通过基于产业链的技术创新，实现了技术创新的流程化管理和成果转化，提高了技术创新的垄断竞争力，并建立基于流程价格的"公司＋农户"技术推广体系，提高了技术创新的利用竞争力，最终形成了企业技术开发竞争力强→技术垄断竞争力高→技术利用竞争力提升→市场经营权网络扩张力大→市场利润膨胀→资金巨额积累→创新投入增加的循环过程，实现了技术创新竞争力的不断提高。

（4）通过典型案例研究，探讨农业龙头企业技术创新自适应演化过程中的协同机制：产学研合作的"高不确定性、事前专用性投资和高协调成本"交易特征决定了产学研合作具有极高的不稳定性。这也是"产学研合作是促进创新成果转化的有效途径，但其现实中促进成果转化效率极其低下"的根本原因。当前学者对产学研合作的研究，偏重"主体协同"博弈视角，更多探讨产学研各主体间的合作动力、合作模式、合作机制、利益分配以及中介服务等，忽视了更深层次的创新要素协同。温氏集团的成功则正是突破了产学研合作"主体协同"的交易障碍，实现了产学研合作的要素优化和协同。探讨温氏集团的成功经验对促进产学研合作从"主体协同"向"要素协同"层次深化，提高产学研合作的稳定性具有重要的理论意义和现实意义。温氏集团通过"战略—组织—知识"三重要素联动协同的方式，实现了产学研合作中的"技术、人才、市场、制度、管理、资金"等创新要素协同，克服了由高不确定性、事前专用性投资和高协同成本导致的交易障碍，维护了温氏集团主导型产学研合作的稳定性，极大地促进了创新成果的产业化。在温氏集团产学研要素协同的模式架构中，"战略协同""知识协同"与"组织协同"是三位一体、辩证统一的关系，三者互为条件，相互制约又相互促进。

（5）运用结构方程模型的实证研究方法探讨了农业龙头企业技术创新自适应演化的影响因素及其作用路径，证实了创新市场、政策法律、创新资源、科学技术、社会服务和社会文化六个影响因子对企业技术创新自适应演化的正向促进作用。

本书是笔者多年来努力的结果，感谢华南农业大学经济管理学院的大力支持和资助，感谢课题组成员姜百臣教授、牛卫平副教授、李桦副教授、马亚男副教授、陈灿副教授、贺梅英副教授、刁丽琳副教授、潘逸老师和顾文勇老师的大力帮助和不吝指正。

由于笔者水平有限，书中难免有不足和遗漏之处，恳请读者批评指正，以便使本书能够进一步完善。

彭思喜
2019 年 7 月 16 日

目　录

第1章 绪论

1.1 研究问题

2012 年以来，党中央、国务院多次发文强调，要确立、强化企业技术创新的主体地位。农业部 2013 年 1 月出台的《关于促进企业开展农业科技创新的意见》、2015 年 8 月出台的《关于深化农业科技体制机制改革 加快实施创新驱动发展战略的意见》都强调，要引导企业积极开展农业科技创新，充分发挥企业在农业科技创新中的主体作用；着力提升企业在农业科技创新中的地位。构建以农业企业为主体的技术创新体系是提高农业科技成果转化率、缓解科技与经济"两张皮"的重要途径（孙军，2018），是农业领域实施国家"创新驱动发展"战略的重要举措。截至 2018 年，我国国家重点农业龙头企业总数已经达到 1258 家，占全国各类龙头企业总数的 1% 左右，我国农业科技进步贡献率也已达到了53.3%，农业龙头企业已然成为农业产业化发展的强大动力和重要支撑，承担着农业科技进步和农业、农村经济发展的艰巨任务（于庆来、徐秀娟，2013）。但研究表明，目前我国农业龙头企业技术创新能力依然薄弱，远未真正成为技术创新和成果转化的主体（高启杰，2016；刘姝威，2009）。究其原因，一个关键的因素在于：受创新主体、创新资源、创新制度和创新环境等要素及其关系约束，许多农业企业技术创新的演化不能适应"创新驱动发展"动态环境变化，在创新初期就遭遇惨败，或变革时期深受"相对黏性"或"核心刚性"困境抑制而惨遭淘汰（高霞、高启杰，2015）。当前研究亦更多地从"自组织"的静态定性视角，探讨农业龙头企业技术创新的模式、能力、战略联盟、扶持政策和自组织特性等，而忽视了动态环境对农业企业技术创新的限制，也忽视了技术创新对动态环境变化的适应机制（王爱群、郭庆海，2018）。因此，在当前"创新驱动"

促进农业转型升级的动态环境下，农业企业创新系统应如何进行自适应调节和演化，实现技术创新的可持续发展和深化，是促进农业企业成为农业技术创新和成果转化主体的关键问题（高启杰，2014）。

针对上述问题，本书从适应度景观视角，探讨农业企业技术创新自适应演化机制，企图解决如下问题：在当前创新主体、创新资源、创新制度和创新环境等要素及其相互关系的约束下，农业企业技术创新应如何通过哪些自适应行为不断调整上述各要素状态和相互关系，以使企业技术创新演化能够适应"创新驱动发展"的动态环境变化，实现企业技术创新可持续发展和升级，从而促使企业成为技术创新和成果转化的主体。

1.2　研究意义

农业龙头企业技术创新是构建国家农业技术创新系统的重要内容。随着农业产业化外部环境和需求不断变化，农业龙头企业必须创新性地整合可利用资源，不断完善优化自身创新体系，通过适应性调节来适应外部创新环境变化，不断提高企业创新系统的效率和绩效，实现创新的可持续发展。但当前农业龙头企业技术创新成果转化率低，科技与经济"两张皮"也是不争的事实。本书利用自组织理论，从企业自组织视角探讨农业龙头企业技术创新体系演化的自适应机制，企图解决如下问题：面对外部创新环境和市场需求变化，农业龙头企业的技术创新体系应如何自适应地进行反馈、调节和完善，以使企业能及时制定正确创新对策和措施，通过有效技术创新竞争与协同，形成新的适应市场环境和需求的创新体系，提高技术创新成果的转化率，实现企业创新的可持续发展。

总而言之，探讨农业龙头企业的技术创新自适应演化机制：有利于进一步完善农业科技创新体系，推动农业科技进步；有利于提高农业龙头企业技术创新能力，转变农业发展方式，促进现代农业建设；有利于提升农业龙头企业的技术创新竞争力，增强企业核心竞争力，提升市场竞争力；有利于进一步升级农业技术创新体系。

1.3　研究内容

本书针对农业龙头企业技术创新水平低下、创新成果转化率低和创新体系无法适应创新环境和市场需求变化的问题，采用自组织理论和企业创新系统自组织演化理论，探讨农业龙头企业技术创新体系演化的自适应机制。全书包括以下 9 章内容：

第 1 章，绪论。本章主要探讨本书的研究问题、研究意义、研究内容、研究思路和研究方法。

第 2 章，国内外研究现状综述。本章主要论述农业龙头企业技术创新体系自适应演化的理论基础。借助系统自组织理论的基本观点，分析了企业创新系统的演化模式、企业创新系统自组织特性，以及涉及企业创新系统自组织演化的理论框架。在此基础上，梳理农业龙头企业的技术创新特征、模式、能力和自组织演化机理，为下文的进一步研究提供理论依据和切入点。

第 3 章，企业创新系统自适应演化的 NK 模型理论构建。本章首先结合企业创新理论与演化经济学理论，探讨了企业创新系统的自组织演化特征、过程阶段和运行机制。在此基础上，结合仿生学中的适应度景观理论和 NK 模型，通过仿真实验方法，构建了基于 NK 模型的企业创新系统自适应演化的理论框架。

第 4 章，农业龙头企业技术创新与竞争力现状与评价。本章首先结合技术创新与竞争力理论，探讨了技术创新竞争力的定义界定、评价体系和测度方法。其次以广东省为例，探讨了农业龙头企业技术创新现状及存在问题。在此基础上，采用实证研究的方法，通过构建评价指标体系和确定指标权重，对农业龙头企业技术创新竞争力进行评价，并探讨了农业龙头企业技术创新竞争力的影响因素。

第 5 章，农业龙头企业技术创新自适应演化内在机制。本章是在 NK 模型的自适应演化理论框架下，以广东温氏集团为典型案例，深入研究了农业龙头企业在技术创新产生期"随机性游走"、成长期"适应性游走"和成熟期"突破性跳跃"三个阶段的自适应演化内在机制。在此基础上，分析了农业龙头企业技术创新自适应演化的关键因素、演化逻辑和自适应体系。

第 6 章，农业龙头企业技术创新自适应演化竞协机制。本章首先结合竞争与协同理论，探讨了企业创新系统自适应演化过程中竞争与协同关系及作用机制。其次，采用文献回顾方式，梳理了企业创新系统自然演化、竞争演化和协同演化的模式。在此基础上，以广东温氏集团为典型案例，深入研究了农业龙头企业技术创新自适应演化的技术创新竞争机制和协同机制。

第 7 章，农业龙头企业技术创新自适应演化的影响因素。本章首先系统分析企业创新影响因素的构成要素及其作用，以此提出研究假设并构建了影响因素的概念模型；在此基础上，运用结构方程模型的方法构造了二阶因子分析模型；然后以广东省农业龙头企业为研究对象进行实证研究，探讨各影响因素对企业技术创新的作用方向及影响程度。

第8章，农业龙头企业技术创新自适应演化对策。在前文理论研究、典型案例分析和实证研究的基础上，分别从产生期"随机性游走"演化、成长期"适应性游走"演化、成熟期"突破性跳跃"演化、自适应演化过程中竞争与协同四个方面提出了促进农业龙头企业技术创新自适应演化的对策建议。

第9章，研究结论与局限性。回顾了前面八章的研究思路和研究结论，分析了本书研究的局限性。

1.4　研究思路

本书的研究思路如图1-1所示，第一，通过文献综述方法，梳理了系统自组织理论和企业创新系统演化理论，并针对农业龙头企业技术创新问题提出研究切入点。第二，以广东省为例，探讨了农业龙头企业技术创新与竞争力现状及问题。第三，结合自组织和适应度景观理论，采用仿真实验方法，探讨企业技术创新体系的自适应演化理论框架，提出了一种基于NK模型的企业技术创新体系自适应演化机制。第四，在NK模型的自适应演化理论框架下，采用典型案例研究方法探讨了农业龙头企业技术创新体系的自适应演化内在机制与竞协机制。第五，

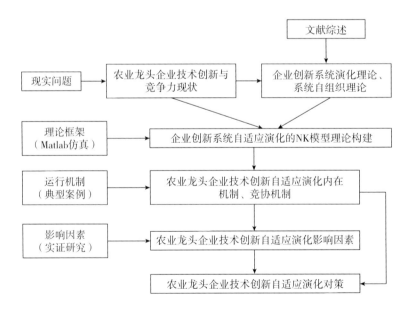

图1-1　研究思路

在上述研究基础上，采用实证研究的方法，探讨了农业龙头企业技术创新自适应演化外在的影响因素。最后，在上述理论研究、典型案例分析和实证研究的基础上，提出了农业龙头企业技术创新体系自适应演化的对策。

1.5 研究方法

本书在研究中使用的方法如下：

（1）文献研究方法。总结国内外学者关于系统自组织理论、企业创新系统自组织演化理论和适应度景观理论，分析适合本研究的理论基础。

（2）仿真实验研究法。借鉴适应度景观理论，采用 Kauffman 提出的 NK 模型，建立了企业技术创新自组织演化的适应度景观，并通过仿真实验对处于不同演化阶段的企业技术创新系统所采用的演化机制及其演化中所遭遇的困境进行了探讨与分析。

（3）案例研究法。在 NK 模型的自适应演化理论框架下，以温氏集团为典型案例，探讨农业龙头企业技术创新自适应演化内在机制与竞协机制。

（4）实证研究法。采用结构方程模型（SEM）研究方法，通过建立高阶因子分析模型，利用相关分析软件（Amos），以广东省农业龙头企业为调研对象进行实证研究，探讨农业龙头企业技术创新自适应演化的影响因素。

第2章 国内外研究现状综述

2.1 系统自组织理论及应用

2.1.1 自组织定义及理论

2.1.1.1 自组织定义及特征

自组织，英文为 Self – organization，是客观存在的一类组织现象，最早由康德提出，直到1976年，由德国物理学家哈肯第一次提出了"自组织"科学定义："如果系统在获得空间的、时间的或功能的结构过程中没有外界的特定干扰，便说系统是自组织的。"例如，钟表是有组织的，但不是自组织系统，因为钟表组成部分不能自产生、自修复、自繁殖，而需要依赖钟表匠。而一群工人，如果没有来自外部的命令，仅仅靠着相互间的默契协同工作，各尽其责来生产产品，这种过程则可以称为是自组织的。

根据自组织理论，系统从混沌到有序或从低级有序到高级有序的演化，必须满足开放性、非平衡性、涨落性和非线性这四个基本条件，这也是系统自组织的基本特征（何郁冰，2008）。

（1）开放性。孤立系统内部要素的相互作用和变化会导致熵值的增加，使系统自组织的结构变得更加混乱和无序（邹昊飞、夏国平，2005）。因此，自组织系统只有与外界有选择地进行能量交换时，才能吸收足够的负熵流，使系统自组织向非平衡、有序方向演化（A. Bergek，2008）。

（2）非平衡性。耗散结构理论证明，系统在近平衡区内状态最为稳定，也最为无序。因此，系统要形成新的有序结构，必须到远离平衡态的区域寻找（A. J. Trappey，2006）。

（3）涨落性。涨落是触发自组织系统从无序到有序演化的必要条件。系统内各要素间的非线性作用会产生惯性和涨落两种相互对立的力量。惯性是系统原来的稳定状态，涨落则是对系统的随机扰动，只有增大涨落才能摆脱系统原先稳定状态的惯性。因此，要使系统远离平衡态，就必须要借助涨落的作用。巨大的涨落会使系统产生质的变化，从而诱使系统向新的有序结构演化（A. Marshall，1961）。

（4）非线性。自组织系统各要素相互间作用是非线性的，例如，计算机的发明，导致信息时代的到来。自组织系统各要素间的非线性作用包括竞争和协同两个方面。竞争是指通过自组织系统各要素间的激烈竞争和"优胜劣汰"法则促进系统的有序演化。协同是指自组织系统各要素通过联合、合作、共赢的协调机制促进系统的有序演化（A. M. Brandenburger，1995）。

2.1.1.2　自组织理论构成

自组织理论是研究自组织现象与规律的学说，目前还没有统一的理论，而是由一组理论群构成，它包括：普利高津（I. Prigogine）创立的"耗散结构"理论（Dissipative Structure Theory）、哈肯（H. Haken）创立的"协同学"理论（Synergetics）、托姆（R. Thom）创立的"突变论"（Catastrophe Theory）、艾根等（M. Eigen）创立的"超循环"理论（Hypercycle Theory），以及曼德布罗特（Mandelbrot）创立的分形理论（Fractal Theory）和以洛伦兹（Lorenz）为代表的科学家创立的"混沌"理论（Chaotic Theory）等（叶金国，2006）。

（1）耗散结构理论。耗散结构理论认为，一个远离平衡态的开放系统，当发生非线性作用时，只要系统中某个参量的变化达到一定阈值，系统就有可能出现涨落突变，导致系统从稳定进入不稳定，从无序、混乱状态转变到某种新的有序状态。这种在远离平衡态的非线性区形成的新的有序结构，并通过能量耗散来维持系统自身稳定，普利高津称之为耗散结构（I. Prigogine，1973）。

（2）协同学。协同学由哈肯创立，它是关于多组分系统如何通过子系统的协同行动而导致结构有序演化的自组织理论。协同学是一门以定量化方法研究系统结构或行为演化的现代科学。借助于包含系统状态变量、时间参量和随机涨落力的非线性动力学方程来研究系统的演化行为（哈肯，1984；H. Haken，1998）。

（3）突变论。托姆提出的突变论，相对于微积分模型解释光滑而连续变化的现象，它描述的则是客观世界中存在的大量不连续而突然变化的现象（R. Thom，1995）。它以拓扑学为基础，研究系统在平衡态下临界点的状态，描述有逐渐变化的力量或运动导致突然变化的现象，为现实世界中存在的形态突破现象提供可资利用的研究工具和框架（L. Fuglsang，2005）。

（4）超循环理论。超循环理论由德国的艾根创立，艾根观察到生命现象中有许多由酶催化推动的各种循环，即所谓的"超循环"。因此，艾根认为，在生命起源和发展中的化学进化阶段，存在一个超循环的"分子自组织"过程，即既要产生、保持和积累信息，又要能选择、复制和进化信息，从而形成统一的细胞结构。这种超循环自组织过程起源于随机过程，经历了很多随机事件，随机事件的效应又反馈到各自起点，从而放大了它们的作用。这种经过因果的多重循环，促进自我复制、选择和信息积累，从而向高级别的有序组织进化（M. Eigen，2004）。

（5）分形学。所谓"分形"是指零碎的不规则的几何体或形态，其部分与整体具有某种相似性，其维数也不一定是整数。相对而言，那种具有规则形状，维数是整数的几何体或形态，则为"整形"。分形学通过自相似和无标度性构造自身的方式，产生了嵌套的无穷层次和复杂样态，从而为复杂性生成和复杂性认识提供了极为有效的方法（B. B. Mandelbrot，1982；M. Waldrop，1992）。

（6）混沌学。迄今为止，"混沌"作为一个深刻的科学概念，尚没有普遍认同的定义。洛伦兹认为，混沌泛指"表面上随机发生，实际上取决于精确法则的过程"。混沌理论有两个重要观点（Goodwin，M. Richard，1990）：①混沌是貌似随机的非周期行为，实际由确定性产生；②混沌是非线性问题，而不是简单线性问题。

关于自组织系统或自组织过程，自组织理论提出了一系列基本原理，包括开放性原理、非线性原理、非平衡性原理、不稳定性原理、反馈原理、涨落原理、环境适应性原理等（戴汝为、李耀东，2004）。

目前，多数学者通过这些原理来研究系统自组织条件、机制、途径或者判定某系统的自组织特性，其主要理论要点是：开放系统，创造条件，以及物质、能量与信息的输入，产生自组织过程；激励系统各要素间非线性作用，通过竞争和协同形成新的模式和功能；通过渐变、突变和循环耦合，促进系统自组织的多样性演化和发展；通过自相似构建和寻求混沌临界区域，促进系统向最大复杂性可能空间演化，创造新的有序结构演化的良机（W. M. Haddad，2007）。

2.1.1.3　自组织理论应用研究

随着自组织理论的发展和完善，逐渐在物理学、生物学、计算机科学等众多领域得到广泛应用（艾仁智，2005）。20 世纪后期，经济系统和生物系统的相似性得到国外经济学家注意和论证（B. B. Mandelbrot，1982），随后自组织理论开始在经济系统中广泛应用，应用的领域包括经济系统的革新、组织和动态适应性演化等（党兴华、郑登攀，2009）。

早在 1890 年，著名经济学家 Marshall 在《经济学原理》一文中就提出要用生物学的进化思想来研究经济学的观点。他说，经济学家的目标应该是在于经济生物学，而不是在于经济力学。但是他在研究中实际采用的方法仍然是非进化论的力学方法。20世纪80年代以来，随着自组织理论的创立和发展，出现了应用自组织理论研究创新经济学问题的进化论学派。美国学者 Nelson 和 Winter（1982）出版了《经济变革进化论》一书，奠定了创新研究的进化论学派基础。Ziman（2000）出版了《作为进化过程的技术创新》一书，进一步阐发了技术创新的进化论思想。从自组织的观点来看，技术创新正是创新系统形成和向有序方向演化的过程，因此，可以通过考察创新系统形成和向有序方向演化的条件，来揭示创新演化的规律性（Beinhccker E. D.，1997；B. Kline，1982）。随后，一批国外学者应用自组织理论，对产业、区域和国家创新系统进行了大量研究，并取得了丰硕的研究成果（Bruneel J.，2010）。

　　进入21世纪，我国一些学者开始尝试应用自组织理论研究技术创新和产业、经济系统演化问题。乌仔锟和邓波（2001）在对学术界已有的关于技术创新的内生自组织理论、技术创新的市场自组织理论，以及技术经济范式更替的自组织进化理论进行归纳、概括和再阐释的基础上，探讨了技术创新所具有的自组织活动的一般特点。叶金国和张世英（2002）建立了技术创新过程的基本演化方程，并据此分析说明了创新过程的不稳定性、多样性（分岔）、突变和随机"涨落"等特征和作用机制。秦书生（2004）指出，技术创新是一个复杂系统，具有开放性、动态性、非线性、涨落性、不确定性等复杂性特征。自主性是技术创新系统自组织进化的内在灵魂，良好的社会环境是技术创新系统自组织进化必要的外部条件。毛荐其和杨海山（2006）从进化论的视角进行探讨，认为技术创新的发生是其底层因子如知识、信息、智力相互作用以及与市场、人文、社会、制度协同进化的过程。技术创新成功的原因是其被市场所选择；技术创新失败的原因是其没有被市场所选择。李刚（2007）从自组织理论角度分析了企业自主创新的内在机理，并指出开放和远离平衡态是其前提条件，随机涨落是其诱因，非线性相互作用是其动力机制，技术突变是其路径，超循环是其形式。同时，良好的外部环境是企业自主创新自组织进化必要的外部条件。郑燕等（2007）从生物进化的三个核心概念出发，试图建立企业技术创新的"遗传、变异和自然选择"的演化分析框架，为企业技术创新的演化分析提供了一个标准的参照系。杨建飞（2008）以 A－U 模型的三个阶段的划分为基础，以知识论和知识管理的相关研究成果为理论方法，分析了在企业 R&D 过程中隐形知识、显形知识的分布、构成、转化及自适应、自组织倾向，认为在企业 R&D 过程中知识类型经历了一个可编码化和显形性逐步上升和提高的过程。樊一阳和张家文（2008）从自组织理论的角度出发，阐述互动是企业创新的有效途径，并据此分析说明了企业自主参与互动的原因、互动的效果、方程的显示特征，最终做出了自组织理论对创新互动的结论。党兴华和郑登攀（2009）结合模块化理论和复杂自适应理论，对模块化技术创新网络的自组织演化过程进行分析。王蔓和张莱（2010）指出，以自组织理论为依据考察区域自主创新系统，可以进一步了解区域自主创新系统的形成、发展、演化的内在机理、机制，以此对提升我国区域自主创新能力有所启示。龚艳萍和陈艳丽（2010）运用复杂适应系统的思想，论述了企业创新网络特有的聚集、流、非线性和多样性等特征，以及作为复杂适应系统的企业创新网络的标识、内部模型及积木三个微观机制，分析了创新活动中的自组织与涌现现象，表明企业创新网络是一种复杂适应系统，为复杂适应系统理论在企业创新网络上的进一步应用提供了依据。

近几年，学者们逐渐将自组织理论应用于不同的研究领域，并初步获得了一些成效。艾仁智（2005）尝试性地运用自组织理论，对城市商业银行发展的内在机理进行分析认为，通过开放性和外部负熵流的引入，加强城市商业银行本身的自组织功能建设，强调系统自组织性的增强是组织发展的内在机理和关键因素。曾华和王恒山（2006）从系统理论的角度出发，建立了系统的基本演化方程，并据此分析说明了知识管理系统的不稳定性、多样性（分岔）、突变和随机"涨落"等特征和作用机制，给出了自组织理论对现代知识管理的四点启示。牟绍波和王成璋（2007）从复杂理论视角重新认识产业集群系统，认为产业集群是一个复杂适应系统，具有自组织特性，并重点探讨了集群持续成长的自组织机制。方琳瑜等（2008）认为我国中小企业自主知识产权的成长过程是一个动态的复杂系统，也具有自组织性。并以自组织理论的观点，对我国中小企业自主知识产权成长演化的自组织过程、机制和特征进行了初步探讨。王磊、张庆普（2009）在剖析企业知识能力内涵的基础上，利用自组织理论分析了企业知识能力的演化过程及其在生命周期中的演化路径。张建坤、罗为东（2010）揭示了房地产业自组织的内在特质，建立了房地产业协同演化模型，提出了有益于我国房地产业发展的序参量改善建议。

2.1.2　系统自组织定义

系统自组织是指远离平衡态的开放系统，随着外部环境的变化，在系统各要素间的非线性作用下，能够不断地实现层次化和结构化，自发从无序走向有序，或者从低级有序走向高级有序（M. Mamei，2006）。自组织理论认为，系统自组织要满足如下条件：①对外开放，保持系统与外界环境的能量、物质与信息交换。②远离平衡态，远离平衡态是系统向新的有序机构进化的必要条件。③非线性，系统内各要素相互间存在非线性作用机制。④突变，相对"渐变"的一种"突然变化"，过程"突变"会使系统的结构和模式发生变化。⑤涨落，涨落是触发自组织系统从无序到有序演化的必要条件。巨大的涨落会使系统产生质的变化，从而诱使系统向新的有序结构演化。⑥正反馈，正反馈机制能够有效放大涨落，为系统远离平衡态、进行新一轮有序结构的演化创造条件。

2.1.3 系统自组织理论研究

20 世纪 70 年代诞生的系统自组织理论包括耗散结构理论、协同学、突变论、混沌学、分形学及超循环理论等。它们既是跨学科的，又是非线性的，非线性科学被誉为 20 世纪继量子力学和相对论两项重要发现之后的第三次科学革命。耗散结构理论（Dissipative Structure Theory）是由比利时物理化学家 Prigogine（1969）提出的。他认为在开放且远离平衡态的情况下，系统通过与外界环境进行物质、能量和信息交换，一旦系统某个参量变化达到一定阈值，系统就有可能从原来的无序状态转变为一种时间、空间或功能上的有序状态（I. Prigogine，1973）。他把这种远离平衡态形成的需要耗散物质和能量的有序结构称为耗散结构。协同学（Synergetics）是由德国斯图加特大学理论物理学家 Haken 提出的。他发现激光是一种典型的远离平衡态时由无序转化为有序的物理现象，但也发现即使在平衡态时也有类似的现象，如超导和铁磁现象。他还指出，系统在临界点附近的行为仅由少数慢变量决定，系统的快变量由慢变量支配，即所谓的役使原理（H. Haken，1998）。突变论（Catastrophe Theory）是由法国数学家 Thom 创立的。突变论是研究系统的状态随外界控制参数连续改变时而发生不连续变化的数学理论，当控制参数不多于 4 个时，只有 7 种不同类型的突变形式，这些数学模型具有高度的概括性和普遍性（R. Thom，1975）。最早创立混沌理论（Chaotic Theory）的著名气象学家 Lorenz（1963）认为，"混沌这一术语泛指这样的过程：它看起来是随机发生的，而实际上其行为却是由精确的法则决定"。混沌行为所表现出来的方程式是简单的，但却是不可推导的。分形（Fractal）是由美国 IBM 公司数学家 Mandelbrot（1973）在法兰西学院讲学时提出的。分形几何学研究自然物景的不规则图形，分形的核心在于自相似性和递归性，自相似性是跨越不同尺度的对称性。德国学者 Eigen（1979）吸收进化论的思想提出了超循环理论（Hypercycle Theory）。他认为，在生命起源和发展的化学进化阶段和生物学进化阶段之前，有一个分子自组织阶段，在这个阶段形成了今天人们发现的具有统一的遗传密码的细胞结构。

从 20 世纪 80 年代中期开始，国际上兴起了复杂性的研究热潮。1984 年，在美国新墨西哥州成立了以物理学家 Gell-mann、Derson 及经济学家 Arror 三位诺贝尔奖获得者为首的圣菲研究所（Santa Fe Insitute，SFI）。他们集中了一批不同领域、不同学科的科学家，专门从事跨学科、跨领域的复杂系统、复杂性研究。

1992 年，Waldrop 出版了《复杂性：诞生于秩序与混沌边缘的科学》一书，讲述了美国 SFI 关于复杂性的研究经历（M. Waldrop，1992）。1995 年，Holland 出版了《隐秩序：适应性造就复杂性》一书，详细论述了他提出的复杂适应系统理论（H. Holland，1995）。1998 年，他又出版了《涌现：从混沌到有序》一书，深入浅出地论述了涌现现象的本质（H. Holland，1998）。

钱学森（1990）指出，简单大系统可用控制论的方法，简单巨系统可用统计物理的方法，这些方法还基本属于还原论的范畴，但开放的复杂巨系统不能用还原论的方法和由其派生的方法。这个观点直到多年后的今天，还在影响着系统科学的研究人员，正如协同学创始人哈肯曾说："系统科学的概念是由中国学者较早提出的，我认为这是很有意义的概括，并在理解和解释现代科学，推动其发展方面是十分重要的，"并认为"中国是充分认识到了系统科学巨大重要性的国家之一"。近年来，国内外学者对复杂系统理论的研究仍在继续进行，正如戴汝为院士所言，"复杂性科学是 21 世纪的科学"（戴汝为，2004）。

2.1.4 系统自组织应用研究

系统自组织理论产生于自然科学，随着理论的不断发展和逐步完善，在生物学、物理学、计算机科学等领域获得了广泛应用。20 世纪后期，国内外经济学家开始注意到了经济系统和生物系统的相似性并进行了论证研究，随后自组织理论在经济系统中就得到了广泛应用（R. W. Rycroft，2004）。目前，自组织理论的方法论和规范已经成为经济学家创造性思维的一种工具，应用的领域包括经济系统的革新、经济系统的组织、经济系统的动态演化等方面。王子龙等（2005）通过对区域经济系统自组织演化的分析，深入研究了区域经济系统演化的自组织条件、内在动力和源泉。郭利平（2007）将产业集群作为一个自组织的复杂系统加以研究，尝试运用耗散结构理论、协同论等自组织理论，围绕"变异就是演化经济学中的选择"这一基本原理，探讨产业集群的演进路径和生命成长进程中的关键问题，为深入研究产业集群提供新的研究方法和工具。此外，在市场系统研究中也有一定的应用，S. Focardi 等（2002）基于股票市场模型研究了市场的两个自组织过程的相互作用。王冰和张军（2006）指出实现市场稳定有序的途径是外界给市场输入物质、能量和信息流，使市场系统的熵减小。正确处理政府和市场的关系应以市场自组织作用为主，以政府从外部对市场系统的作用为辅。通过对文献的综合研究可以发现，目前自组织理论在社会经济系统中的应用主要包括以下几点内容：

（1）论证系统具有自组织特征。这个角度的应用一般只是根据自组织理论的思想，采用自组织理论的判据论证某种社会经济系统存在自组织现象，并对其特征加以描述和简单分析（O. N. Boldov, 2008）。

（2）协同学中役使原理的应用。首先确立系统的状态变量，然后根据哈肯模型建立系统的演化方程，由役使原理确定系统的序参量；综合运用其他的建模方法如灰色系统建模方法，确立系统的序参量，建立系统的役使方程（C. Fuchs, 2005）。

（3）研究系统的自组织演化机制。最常见的一种方法是从既定的经济模型出发，研究系统在特定条件下的自组织演化特性；另一种方法是根据系统的特性，经过合理假设建立系统的演化方程，进而研究系统的自组织行为（C. Prehofer, 2005）。

（4）采用自组织模型进行预测分析。一是利用自组织模型的非线性对复杂系统的某一因素进行预测；二是采用结构化设计（Structure Design, SD）方法建立系统的自组织模型，对系统某些因素进行预测，并预测系统的演化轨迹（F. Dressler, 2007）。

2.2　企业创新系统演化理论研究

2.2.1　创新系统相关概念界定

由于研究问题的角度不同，创新的概念至今未能形成统一的界定，随着研究的深入不断得到修正和完善，创新系统理论也经历了从国家、区域到产业和企业的不断发展演化。

2.2.1.1　创新概念

美籍奥地利经济学家 Schumpeter 在其 1912 年所著德文版的《经济发展理论》一书中，最早使用了"创新"一词。他认为创新一般包含五个方面的内容，即制造新的产品、采用新的生产方法、开辟新的市场、获得新的供应商、形成新的组织形式。总体来说，创新是指企业家对新产品、新市场、新的生产方法和组织的开拓以及对新的原材料来源的控制。

美国经济学家 Mansfield 认为，创新就是"一项发明的首次应用"，产品创新是从企业的产品构思开始，以新产品的销售和交货为终结的探索性活动（E. Mansfield, 1971）。英国经济学家 Freeman 认为，创新是指"第一次引进一个新产品或新工艺中所包含的技术、设计、生产、财政、管理和市场诸步骤"（C. Freeman, 1997）。美国企业管理学家 Drucker 认为，"创新的行动就是赋予资源以创造财富的新能力"。在他看来，"创新并非仅在技术方面"，"凡是能改变已有资源的财富创造潜力的行为，都是创新"（P. F. Drucker，2007）。经合组织（OECD）在《技术创新统计手册》中对技术创新的界定是："技术创新包括新产品和新工艺以及产品和工艺的显著的技术变化。如果在市场上实现了创新或者在生产工艺中应用了创新，那么就说创新完成了。因此，创新包括了科学、技术、组织、金融和商业的一系列活动。"

中国科学院研究生院的柳卸林教授（1993）认为，技术创新是指与新产品的制造、新工艺过程或设备的首次商业应用有关的技术的、设计的、制造以及商业的活动。它包括：产品创新、过程创新和扩散。清华大学的傅家骥教授（1998）认为，技术创新是企业家抓住市场的潜在盈利机会，以获取商业利益为目标，重新组织生产条件和要素，建立起效能更强、效率更高和费用更低的生产经营系统，从而推出新的产品、新的生产（工艺）方法、开辟新的市场、获得新的原材料或半成品供给来源或建立新的组织，它是包括科技、组织、商业和金融等一系列活动的综合过程。华中理工大学教授张培刚（1999）认为，"技术创新是研究生产力的发展和变化"。如果简要地用一句话来概括，可以说，"使新技术应用于生产"就是技术创新。经济学家李京文（1999）认为，技术创新是一个以市场为导向，以提高国际竞争力为目标，从新产品或新工艺设想的产生，经过研究与开发、工程化、商业化生产直到市场销售的过程。浙江大学的许庆瑞（2000）认为，技术创新泛指一种新的思想的形成，得到利用并生产出满足市场用户需要的产品的整个过程。即它不仅包括一项技术创新成果本身，而且还包括成果的推广、扩散和应用过程。西安交通大学的汪应洛（2004）认为，技术创新就是建立新的生产体系，使生产要素和生产条件重新组合，以获得潜在的经济效益。

综上所述，我们可以对技术创新做出一种比较简练、通俗的解释：技术创新是指技术的新构想，经过研究开发或技术新组合，并转化为新产品或新工艺扩散开来，到获得实际应用，产生经济和社会效益的商业化全过程。

2.2.1.2　创新系统定义及分类

现代系统论研究的开创者 Bertalanffy 把系统定义为：系统是相互作用的多元素的复合体（L. Von. Bertalanffy，1937）。这个定义指出系统具有多元性、相关性和整体性三个特点。我国著名系统工程科学家钱学森先生认为，系统是相互作用和相互依赖的若干组成部分结合成的具有特定功能的有机体。20 世纪 80 年代，出现了从系统的观点来研究创新理论的新思路。无论是在国家层次上的创新，还是在区域层次上、产业或企业层次上的创新，都可以看作是一个由多种要素及其相互关系组成的系统，即创新系统（盖文启，2002；D. Maillat，1998）。

国家创新系统的概念是英国著名学者 C. Freeman（1987）在考察技术创新过程中最早提出的。B. A. Lundavall（1992）和 R. Nelson（1993）指出企业、大学、科研机构、教育部门和政府部门是创新系统单元的主要构成部分，进一步发展了国家创新系统的理论。我国著名学者陈劲（1994）在对比研究多国创新系统的基础上提出了国家创新系统的理论框架。中国科学学会理事长冯之浚先生（1999）指出国家创新系统的基本概念和内容：企业是创新的主体，科研机构和大学都是重要的技术创新源，教育培训是知识生产、应用和传播的重要环节，中介机构是沟通知识流动的一个重要环节。

区域创新系统是国家创新系统的延伸，英国卡迪里大学的 N. Cooke（1997）较早和较全面地对它进行理论研究与实践研究。随后，哈佛大学教授 Porter（1998）将区域创新系统与产业集群理论结合起来，提出了著名的竞争力钻石理论。我国学者黄鲁成（2000）认为区域创新系统是指在特定的经济区域内，各种与创新相联系的主体要素、非主体要素及协调各要素之间关系的制度和政策网络。刘金友（2001）认为区域创新体系是指一个经济区域与技术创新的产生、扩散和应用直接相关，并具有内在相互关系的创新主体、组织和机构的复合系统。顾新（2001）借鉴国家创新系统理论和方法，从知识流动、产业集聚、空间集聚三个方面分析了区域创新系统的运行机理。

20 世纪末期，创新理论开始向产业和企业等微观领域延伸，意大利学者Malerba（1997，2002）和 Breschi（1997）在国家创新系统和技术系统研究的基础上，结合演化论和学习理论，提出了产业创新系统概念。柳卸林（2000）在其主编的《21 世纪的中国技术创新系统》一书中指出"产业创新系统是对网络关系的确认，网络的节点是生产链上的相关企业、知识生产机构、中介机构和顾客等"。张治河（2006）认为产业创新系统是以市场需求为动力，以政策调控为导向，以良好的国内外环境为保障，以创新性技术供给为核心，以实现特定产业创新为目标的网络体系。许庆瑞等（2003）对影响创新结果的因素、机理进行了大量深入的研究和探索。魏江（2004）在考察创新系统演进历史的基础上，揭示出集群创新系统的内涵。李红等（2007）运用系统思考的方法，分析了我国企业在技术创新过程中存在的诸多问题，并设计了企业技术创新系统的六个基模。

2.2.1.3 企业创新系统定义及构成维度

企业创新系统（Enterprises Innovation System）是企业借助于技术发明、管理上的发现、制度上的变迁、市场中的机遇等，通过对生产要素和生产条件以及有关的资源配置方式进行新的变革，并使变革成果成为取得商业上的成功的一切活动所附带的条件、规则、结构、过程、方法等的总和（刁兆峰、张辅松，2009）。

构成企业创新系统的基本要素是创新人员、创新财物、创新信息，以及企业积累的知识与技能。人是技术创新活动的主体；资金、物质是开展技术创新活动的基础保证，是保证技术创新成功的重要因素；创新信息和企业积累的知识、技能是企业进行技术创新活动的必需条件和重要资源（卢中华、李岳云，2010）。这些要素是企业创新活动的基本单元，人、财、物属于有形要素；而信息、知识与技能则属于无形要素，渗透在有形要素和从事创新的组织之中。企业创新系统即围绕企业技术创新活动展开的，由企业内外部的有形要素和无形要素以非线性方式组成的存在反馈路径的复杂网络，目标是提高企业的创新绩效和创造持续竞争力（李勇刚，2005）。企业创新系统应主要包含研究与发展、生产制造和市场营销三个子系统。

企业创新体系是具有多因素、多层次的动态、复杂系统（Gavetti G.，2005）。从宏观上讲，企业创新系统是由创新主体系统、创新客体系统和创新支持系统相互作用构成的系统，企业创新系统的三维结构如图 2 - 1 所示。

图 2 - 1　企业创新系统组成维度

创新主体是由企业、高等院校、科研机构、政府协同作用构成的系统；创新客体是由知识创新、制度创新、技术创新、市场创新、组织创新相互作用构成的系统；创新支持是由创新政策法律环境、创新中介组织、金融机构、人力资源系统、信息系统等通过非线性叠加作用构成的系统。

（1）创新主体系统维度。技术创新的主体是指从事技术创新活动的行为承担者。本书认为，现代社会的大多数创新活动不能凭借企业或者研发机构自身的力量来完成，创新主体系统是以企业为核心，高等院校、科研机构、政府协同作用构成的系统，其构成要素如图 2 - 2 所示。

图 2 - 2　创新主体系统

（2）创新客体系统维度。技术创新活动的客体指的是创新主体在创新活动中认知、操作、控制、组建和变革的对象，它主要以技术创新为中心构成，包括知识创新、制度创新、市场创新和组织创新几个方面的子系统，其构成要素如图 2-3 所示。

图 2-3　创新客体系统

（3）创新支持系统维度。在现实操作的层面上，技术创新主体是通过一定的中介手段和方式作用于创新客体的。技术创新支持系统是以创新中介为核心，由人（物）力资源、政策法律、金融和信息等支持系统相互作用构成的系统，其构成要素如图 2-4 所示。

图 2-4　创新支持系统

2.2.2　企业创新系统演化模式

创新系统运作过程可以看作是创新要素在创新目标下的流动、实现过程（Solow C. S.，1951）。20 世纪 70 年代，美国哈佛商学院的 Abernathy 与麻省理工学院斯隆管理学院的 Utterback 共同提出了工业创新的动态过程模型，也被称为 A-U 模型（J. M. Utterback，W. J. Abernathy，2000）。新产品、新工艺的研发、制造、商业化等创新的关键环节都处于不断变化的过程中，为适应相应技术、经济以及社会发展的需要，技术创新过程模式也处于不断演化状态（Chiesa V.，1996；C. Steve，2006；杨朝峰，2008）。

2.2.2.1　第一代：技术推动的创新过程模式

20 世纪 50 年代到 60 年代中期，研究与开发（R&D）是创新的主要来源，技术创新是由技术成果引发的一种线性、自发转化的过程，起始于研究开发，终止于市场实现，市场是研究开发成果的被动接受者，如图2-5所示（Daniela Hincu，2010）。在该模式下，更多的研究与发明就等于更多的创新。

图2-5　技术推动的创新过程模式

2.2.2.2　第二代：市场需求拉动的创新过程模式

20世纪60年代中期到70年代中期，创新研究开始注重市场的作用，市场需求为技术创新创造了机会，刺激了研究开发为之寻找可行的技术方案（周怀峰，2008）。大多数创新源于顾客的需求信息，然后才寻找满足需求的技术解决方案（D. W. Edgington，2008），如图2-6所示。需求拉动也属于线性模式，只不过是实际的需求而不是科学技术研究成为创新的源头。

图2-6　市场需求拉动的创新过程模式

2.2.2.3　第三代：技术—市场互动的创新过程模式

20世纪70年代中期到80年代初期，出现了技术与市场相结合的耦合互动模式（孙晓华、李传杰，2009）。其中，具有代表性的是 Twiss（1980）在《技术创新管理》一书中提出的技术创新过程综合模式，如图2-7所示。这种模式强调创新过程中技术与市场这两大要素的有机结合，认为技术创新是技术和市场交互作用共同引发的（M. Robertson，1974）。

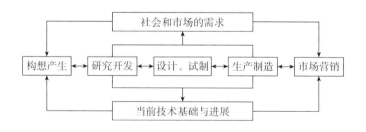

图2-7　技术—市场互动的创新过程模式

2.2.2.4　第四代：链环—回路的创新过程模式

20世纪80年代，随着复杂性科学研究的兴起，Kline（1982）和 Rosenberg

（1982）提出了链环—回路模式，如图 2 - 8 所示。该模型侧重于技术创新过程的描述，它将技术创新活动与现有知识存量和基础性研究联系起来，同时又将创新各环节之间的多重反馈关系表达出来，是对创新过程较合理、较详尽的解释。

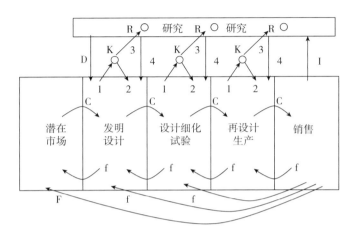

图 2 - 8　链环—回路的创新过程模式

2.2.2.5　第五代：系统集成网络的创新过程模式

20 世纪 90 年代初期，人们提出了第五代创新过程模式——系统集成网络模式。此模式以产品构思、应用研究、实验开发、生产制造、工艺完善、营销设计和市场开发等创新过程的相互连接构成网络。系统集成网络模式（SIN）最为显著的特征是它代表了创新的电子化和信息化过程，更多地使用了专家系统来辅助开发工作，并利用仿真模型技术部分代替了实物原型。它不仅将创新看成是交叉职能的联结过程，还把它看作是多机构的网络过程，如图 2 - 9 所示。学者 Dodgson（1996）和 Hobday（1999）对系统集成网络创新模式的研究侧重于创新要素的辨识，并对 Rothwell（1973）忽略的重要因素进行了补充和完善。

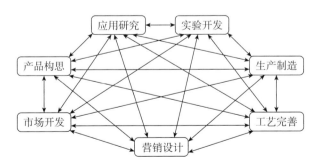

图 2 - 9　系统集成网络的创新过程模式

2.2.3　企业创新系统自组织特性

创新是"生产要素的重新组合"，其结果是使企业建立起效能更强、效率更高和费用更低的生产经营系统（F. Marlerba，2002）。创新是知识产生、创造和应用的进化过程，是对企业创新系统结构和生产要素组合的改革。这是一个从混乱到有序、从旧有序结构到新有序结构转变的自组织演化过程（B. S. Black，2006）。可以说，创新过程就是一个动态演化的企业创新系统，具有如下自组织特性：

（1）开放性。企业创新系统本身处在"科技—经济—社会"的大系统中，因而是一个远离平衡态的开放系统，具有典型耗散结构特征，呈现非线性特点，与外部环境广泛进行能量、物质与信息的交换，技术开发、中试与扩散每个环节都与外界有着广泛联系（Geuna A.，2006）。

（2）动态性。企业创新系统是技术、市场和经济等多种因素相互作用的动态过程。系统里信息、技术、资金、政策等创新要素流动频繁，企业、高校与政府等创新主体相互作用和协同，并通过一定的组合方式，取得 1 + 1 + 1 > 3 的效果，并且不断地从自身环境和外界环境中得到反馈信息，从而实现更高水平的演化（胡明铭、徐妹，2009）。

（3）非平衡性。创新过程是随时间逐步演变的，并与外部环境协同演化，其过程是不可逆的。因此，创新过程状态相对时间轴是非对称性的。在创新过程中，无论是创新主体属性、创新资源分布，还是创新信息与机会的发现和获取，抑或是创新知识和成果在各部门的分布，都是有差异和非平衡的（秦远建、王多祥，2008）。由此可知，企业创新系统是远离平衡态的系统。

（4）非线性。企业创新系统的非线性是指系统各要素的相互作用的非线性，而不是简单的数量叠加，例如创新主体高校、企业、政府等机构相互间是不能既有合又有竞争的（王亮、陈大雄，2003）。

（5）涨落性。系统内各要素的非线性作用和外部环境的随机扰动会导致系统的状态量偏离某一平均值，这种现象就叫涨落。系统中的涨落会通过系统反馈机制放大其作用形成巨涨落，从而为系统进行新一轮的有序结构演化提供可能。

企业创新系统需要不断打破自身稳定平衡态，寻求偏离平衡态的可能，促进系统本身向更高级的有序机构进行自组织演化（王晓东、蔡美玲，2009）。

（6）不确定性。技术创新是由许多因素构成、经常处于非平衡状态的复杂非线性系统，系统各要素的关系和联结方式，系统与外部环境的交互都在不停地发生变化，这就导致了技术创新的不确定性。可以说，不确定性是技术创新的基本特征（王毅、吴贵生，2001）。

（7）自主性。自主性形成自适应、自调节和自催化能力，是企业创新系统自组织演化的内在灵魂。面对动态变化的外部环境，企业创新系统必须具备自我适应、自我调节和主动应对的能力，才能提高生存和发展能力，促进技术创新的可持续发展（王勇、程源，2013）。

（8）耗散性。一个开放系统，当到达远离平衡态的非线性区域时，只要外界条件变化达到一定阈值，就会出现"突变"，形成一种新的有序结构。这种结构我们称为耗散结构，耗散结构具有的这种动态有序演化的特性，我们称为耗散性。企业创新系统无疑具有耗散性，在合适条件下可以生成稳定的、有序的耗散结构（许国志，2000）。

2.2.4　企业创新系统自组织演化的理论框架

自组织理论包括耗散结构理论、协同学、突变论、超循环理论、分形理论和混沌理论等子理论，就每一种子理论而言，都存在一个方法论。那么，在研究复杂系统的过程中，它们是否具备各自的"生态完整性"，我国著名学者吴彤指出："耗散结构理论是解决自组织出现的条件环境问题的；协同学基本上是解决自组织的动力问题；突变论则从数学抽象的角度研究了自组织途径问题；超循环理论解决了自组织的结合形式问题；至于分形理论和混沌理论，我认为它们是从时序与空间序的角度研究了自组织的复杂性和图景问题。"

由此可知，自组织理论群完整地给出了系统自组织条件、机制、途径等判别的方法和依据，并利用这些原理可以对系统的自组织性或自组织演化过程进行研究（杨建民、张宁，2005）。总体方法论要点是：①建立开放的系统，创造自组织内外条件，加强系统内外部物质、能量与信息的交换；②激励系统内部子系统的非线性相互作用，通过协同和竞争机制推动系统产生自组织的模式和功能；③通过循环耦合、渐变和突变等途径，使系统利用自组织并且发展演化的多样性，增强有序程度和关联程度；④通过系统自稳定、自创生和自重组寻求混沌临界点或临界域，将系统的演化推进到最大的复杂性可能空间，创造有序演化发展的良机。

企业创新系统是整个国家创新体系的微观组成部分，企业自主创新能力是国家核心竞争力的重要体现。随着科技和经济的不断进步，企业技术创新作为一个动态的复杂系统，将获得普遍共识（R. M. Pelen，2009）。基于以上对于企业创新系统的构成要素和自组织特性的分析，结合自组织理论总体方法论的要点，可以构建企业创新系统自组织演化的理论框架，如图 2 - 10 所示。

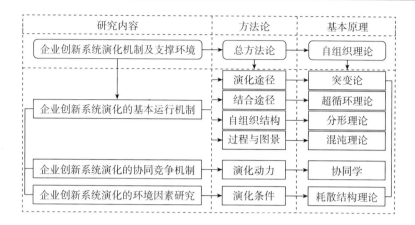

图 2 - 10　企业创新系统的自组织演化理论框架

2.3　农业龙头企业技术创新理论回顾

2.3.1　农业龙头企业定义

在当前涉农领域研究中,"农业龙头企业"一词使用频率颇高,但学者基本都把它当成一个约定俗成的词语,迄今为止国内学者仍未对其概念进行规范性的界定。中央和政府文件中对"龙头企业"也仅仅限于"龙头企业"是农业产业化经营的关键,并未做出明确的界定。目前,国内有关报纸、杂志对农业龙头企业的阐述有多种,概括起来主要有以下几种:①农业龙头企业是指在农产品产、加、销一体化经营过程中,下连广大农户,上连国内外市场,具有开拓市场、带动生产、深化加工、延展农产品的销售空间和时间、增加农产品附加值等综合功能的农产品加工、销售企业。②农业龙头企业是指上连市场,下连基地和农户,在一定区域范围内,初步具有一定的规模,有较大的辐射作用和带动能力,形成贸工农或产供销一体化,自我积累、自我调节、自我发展,充满生机和活力的经营企业。③农业龙头企业是指围绕一种或几种农产品的生产,专门从事农副产品加工、贮运、销售、科研、服务等生产经营活动的经济实体。④农业龙头企业又称为农业龙头型企业,是指能带动农户或其他组织机构发展农业或涉农产业的有一定规模的企业或经营体系。

从以上学者对农业龙头企业内涵的各种不同描述中,总结本书对农业龙头企业的定义：是指以农产品加工、运输为主业和专业批发市场，在农业产业化经营过程中，利用各种利益联结机制，带动农户，引导生产，使农产品生产、加工、销售有机结合的经济实体。

2.3.2　农业技术创新研究

农业是我国国民经济的核心组成部分，也是夯实经济社会健康发展的基础。现阶段，我国农业发展所面临的瓶颈问题主要是农业生产率低、农产品质量缺乏国际竞争力、农民收入水平普遍低下等，关键的出路就在于通过农业科技创新提高生产效率，提高产品质量，实现良好的产出效益，达到农民增收（舒全峰等，2018）。因此，农业技术创新是发展现代农业的核心，由此也是现代农业赖以生存的基础和根本。农业技术创新在提高粮食综合生产能力、改善农业生态环境，特别是在提高农业生产效率、实现向低资源消耗的农业内涵式增长转变等方面发挥了巨大的作用。适应社会需求的变化及学科自身发展的内在要求，以及农业技术创新问题已逐步成为农业技术经济学科的重要研究领域之一。

2.3.2.1　农业技术创新体系

（1）深入分析农业技术创新体系主要组成。国内学者辜胜阻等（2000）、邵建成（2002）、郑林（2004）等对农业技术创新体系的认识多从农业技术的研发、推广、扩散等活动展开，分别提出了农业技术创新体系的三元结构、国家农业技术创新引导体系的七个部分等，这为解决我国农业技术供需矛盾提供了有效措施。

（2）探讨农业技术创新体系的建设。国内学者充分学习和借鉴国外技术创新经验、实施对策，尤其在农业技术创新体系的具体发展过程中，对综合分析国内农业技术创新现状、存在问题和成因分析，合力构建农业技术创新体系，正确制定农业技术创新政策有着十分重要的意义。历年国家科委世界科技发展述评，以及科学技术部专题研究组专题调研报告《国外支持农业科技创新的典型做法与经验借鉴》中详细描述了美国、日本、英国、加拿大、印度、澳大利亚、巴西、法国、德国、韩国等国家的技术创新体系结构（包括基本情况、行为主体、创新政策与经验），国内学者肖树忠（2006）、柏芸（2009）、段莉（2010）、陈娟等（2013）在此基础上，通过创新理论，与我国农业发展阶段具体特点相结合，系统阐述农业技术创新体系建设的总体目标、构建原则及基本框架，并就农业技术创新体系改革过程中的相关保障措施和采取的技术创新政策进行了探讨。

（3）探讨农业技术创新体系的演进过程。国外学者熊彼特（J. A. Schumpeter，1912）的技术创新周期理论、L. V. 贝塔朗菲（L. Von. Bertalanffy，1937）的系统理论、速水佑次郎和 V. W. 拉坦（Yujiro Hayami, Vernon W. Ruttan，1971）

的农业技术诱导创新理论，以及施穆克勒（J. Schmookler，1966）、理查德（Richard R.，1987）、范杜因（Van Duin，1993）等提出的各种技术创新模型，这些为农业技术创新体系的演进研究提供了相应的分析工具及理论知识。现阶段，国内部分学者针对农业技术创新体系演进过程的研究少之又少，农业技术创新体系的演进过程无法离开特定的农业区域发展环境，必须和农业发展环境之间进行不间断的农业物质和信息交换，借鉴并运用速水—拉坦技术变迁模型与舒尔茨理论对农业技术体系的演进逻辑进行了深入分析，结合长江上游地区第一个优质稻品种的技术创新过程展开实证研究，明确指出体制和制度是确保农业可持续发展的根本保证。

2.3.2.2 农业技术创新主体

积极参与农业技术创新活动的各主体均已设定各自的行为目标及方式，其在不同程度上影响技术创新活动（肖焰恒，2003）。农业技术创新主体主要由以下几类组成：成果创新与供给的开发主体、成果推广与扩散的推广主体、成果应用主体、为技术创新提供政策和资金等公共服务的政府主体，现有文献多从研究与开发机构、高等学校、企业、政府等主体着手展开研究。其中政府这一主体发挥了独特的不可替代的作用，纵观世界农业科技发展史，在非政府组织发育不充分时期，农业技术创新在资金、科研条件、人才培养等方面得到了政府的长期、持续支持（夏恩君、顾焕章，1995）。最重要的是，由于不断研发、推广农业技术创新，其参与主体不断增多，这个环节牵涉大量工作和繁琐的任务，农业技术有效性提升，必须依托政府创设良好的政策和制度环境，如此才能使复杂的农业技术创新活动得以有序展开，众多学者也证实了政策与农业技术创新之间存在着紧密联系，且科技体制改革的结果影响着农业技术的创新和进步，成功的政策实施及体制改革对其具有积极的影响。例如，桑德斯和拉坦研究指出，利率补贴是巴西地区农业技术变迁方向出现偏差的重要原因之一。朱希刚（2000）指出促进土地规模经营、建立健全以农机作业为主的种植业社会化服务体系等政策，有利于提升种植业的生产技术水平。但是，单从我国农业技术创新主体之间的配置结构方面分析，余凌等（2018）的研究表明，农业 R&D 活动经费和人员在研究与开发机构、大中型企业和高等学校间的配置发生了明显变化，其中大中型企业在农业技术创新活动中优势逐步提高，那么如何调整现有的农业政策，进一步优化科技资源在我国农业技术创新主体间的配置，这是一个亟待解决的问题。

2.3.2.3 农业技术创新扩散

有关技术创新扩散的研究最早可以追溯到 20 世纪初 Schumpter（1942）创立的创新理论中的"模仿（Imitation）论"。如果一项技术创新能够显著地提高生产效率、降低生产成本，将会在市场上形成良好的示范效应，从而吸引更多的企业采取模仿行为，同样引入和采纳这项技术创新。但是，对技术创新扩散广泛而深入的研究，则是在 20 世纪 50 年代后随着对技术创新理论的深入探讨而发展起来的（康凯，2004；周素萍，2009）。技术创新效果的最大化在于技术扩散以及技术转移，技术创新正是通过技术的扩散、转移达到技术发明成果应用规模的扩张和价值的广泛实现（张建辉、郝艳芳，2010）。技术创新扩散不仅关系到技术创新项目自身价值的实现，而且对于提高国家科技投入的经济效益，放大技术引进效益，促进经济发展和社会进步等都具有实际意义（陈曦、杨忠娜，2010）。因此，从科技进步的角度看，技术创新不只在于本身价值的多少，更在于这种创新的扩散（武春友，1998），任何一项技术创新，其价值的体现方式就是通过扩散而被潜在客户选择接纳（Metcalfe J. S.，1998）。

农业技术创新扩散的概念正是基于技术创新扩散的概念演化而来的，农业技术创新扩散属于技术创新扩散中的一部分，是指一种农业新技术、新发明、新成果等从创新源头开始向周围传播，被广大农户和涉农企业采纳并使用的过程，扩散的最终目的是农业技术采用后的农产品实现商业化应用（王永强、朱玉春，2009）。同工业技术创新相比，农业技术创新存在以下三点不同：一是前期农业技术创新主体不是以生产部门为主体；二是作为后期技术创新主体的农户比较分散，技术力量比较单薄；三是农业技术中介与推广职能必不可少但很不完善（李昕杰，2008）。

多年来，我国多份中央政府和相关部委文件对于农业科技发展和农业技术创新推广相当重视。21 世纪以来，中共中央、国务院连续发布了 14 份指导"三农"工作的中央一号文件，均对农业技术创新推广做出了明确部署。此外，农业部、国家发改委、水利部等多个部委的多项涉农政策规划文件也明确要求要促进农业技术创新推广。政策层面对农业技术推广的重视源于现实中我国农业体系的脆弱性以及因此而产生的庞大农业技术需求。尽管我国农业科技进步贡献率超过56%，但依然面临着农业生产率低、农产品质量缺乏国际竞争力、农民收入水平普遍低下等问题。

一直以来，中外学者对中国农业技术创新扩散的研究文章都提出，中国政府在农业新技术扩散中起到关键作用。例如，杜青林（2003）认为，我国已基本形成了以政府为主的农业技术推广机构，以农民自办服务组织为重要补充的中央、省市县乡村多层次、多功能的农业技术推广体系。

不过，随着市场化的推进，农民对农业技术创新扩散的采纳行为越来越多地转变为一种市场行为，这也意味着我国农业技术创新扩散开始建立在政府与市场双主导的基础上。在现实中，某项农业技术创新虽然既受政府推崇，也能获得市场认可，但是却依旧很难扩散下去并被农民采纳，"叫好难叫座"的现象比较突出，农业技术创新扩散过程中出现政府与市场双失灵的情形。

2.3.3　农业龙头企业技术创新研究

2.3.3.1　农业龙头技术创新特征

由于涉农企业产成品特性及生产特点，使农业龙头企业技术创新除具有一般企业共有特征外，还具有特殊性。陈念红等（2010）认为，农业龙头企业技术创新具有如下特点：①高风险性。除面临一般企业的风险外，还面临环境、气候等自然因素带来的风险。双重风险的威胁使农业龙头企业技术创新的风险远远大于一般企业。②周期长。农业龙头企业技术创新产品主要以农作物、生物等具有生命周期性的物品为主，这就要求其技术创新机制和管理制度要适应周期长的特点。③地域性。农业龙头企业技术创新成果推广受农业生产地域分散的特点影响。④公共属性。农业龙头企业技术创新具有明显的社会公益性，这意味着其创新成果更容易溢出和模仿，导致其创新收益受损，创新动力不足。⑤政府扶持。由于其明显的社会公益性，农业龙头企业技术创新需要得到更多的政府扶持。

造成上述特殊性的原因主要有（张利庠，2007）：①经营对象鲜活性；②自然和市场双重风险威胁；③更大溢出效应；④更长产业链条；⑤复杂的生产环境、高监督成本和难以统一的质量标准。

2.3.3.2　农业龙头企业技术创新模式

从现有文献看，目前我国农业龙头企业的技术创新模式主要有四种：渐进性创新模式（引进—吸收—创新）、产学研合作模式、创新孵化器模式以及自主创新模式。也有不同学者因为角度不同，模式分类也有所不同。例如，郭卫香（2009）将农业龙头企业技术创新模式分为三类：技术推动模式、市场需求拉动模式以及技术—市场混合作用模式。赵海民（2008）则认为有自主创新模式、模仿创新模式和合作创新模式三种，并且认为产学研合作创新模式是较为典型和重要的模式。陈念红（2010）指出自主创新、模仿创新由于在技术创新过程中具有一些缺陷，一般不宜为农业企业所采用；合作创新模式可以凭借外援，实现优势互补、成果共享，并且着重地分析了合作创新模式中的虚拟组织，并指出虚拟组织可以弥补农业企业创新过程中的技术、资金、人才障碍。另外，武云亮等（2009）研究了龙头企业主导型农业集群技术创新模式，主要包括龙头企业自主模仿创新、龙头企业各自独立创新、龙头企业合作创新三种模式。桑晓靖（2008）通过对杨凌国家农业高新技术开发示范区的 37 家农业企业进行调查分析，总结出四种模式：衍生型、中心型、合作型和委托型。衍生型是通过自由的研究成果创办企业，是校企合作的主要方式；中心型是企业依靠自身的力量进行技术开发和成果转化；合作型是企业与企业、高校和科研单位的合作；委托型是企业通过委托的方式得到技术后推向市场。

2.3.3.3 农业龙头企业技术创新能力

从现实调研和现有文献来看，目前我国农业龙头企业技术创新能力较弱，缺少竞争力。朱卫鸿（2007）通过对我国农业企业技术创新现状的分析，得出农业企业技术创新主要存在的问题，着重提出企业技术创新能力不强，R&D 投入不足以及引进技术的消化、吸收和二次创新能力不强，并提出提高我国农业企业技术创新能力的对策。主要包括：建立健全农业企业技术创新能力体系；开发人力资源，加速人才培养和引进；加强产学研结合；建立多元化和社会化的投入体系；建立信息高速公路。孟枫平（2008）认为，我国农业企业技术创新能力低下的一个主要原因就是在技术创新活动中没有从产业价值链的角度进行系统考虑，多是集中在生产环节中的单项技术方面，侧重于技术变革和工艺革新。认为农业企业应该从产业链的角度来进行技术创新等。黄钢（2007）介绍了农业科技企业推进农业现代化、提升农业竞争力、延伸农业产业链等方面的作用。从农业科技企业的角度提出，提升我国农业企业技术创新能力的关键路径是：对农业科技价值链实施新的管理，构建一个以科研院校为技术创新来源，以企业为产业开发主体、产学研相结合的农业技术创新体系。农业企业技术创新的影响因素的相关研究主要是集中在农业企业技术创新的制约因素，农业企业在进行技术创新过程中遇到的困难和障碍。

有学者从农业技术创新体系的角度研究农业企业技术创新能力，例如，黄跃东（2004）认为福建省农业企业技术创新水平很低，并介绍构建一个农业企业创新体系。这个体系主要包括：改善企业科研创新的宏观环境；加强科技发展规划工作；加强重点企业技术创新试点、示范工作；加强创新载体的建设；加强人才培养和合理使用；加强科企合作和提高企业技术创新的国家化程度。陈秀芝（2007）认为建立以企业为主体、市场为导向、企研相结合的农业技术创新体系，首先要解决的是中小企业技术创新的融资环境问题，并指出目前我国中小企业技术创新的资金主要来自内部融资，缺乏外部资金支持。杨英华（2007）指出农业龙头企业要获得竞争优势必须进行技术创新，同时要建立以企业为主体的创新主导体系；以院校、科研单位为依托的技术创新协同体系；以科研中介服务机构为主体的技术创新服务体系；以政府为支撑、社会多渠道融资的技术创新支持体系。

2.3.3.4 农业龙头企业技术创新的瓶颈因素

技术创新日益成为农业企业加快发展的内在动力和转变发展方式的根本路径。截止到 2017 年底，全国 95% 以上的国家重点农业龙头企业建有专门的研发机构。但是，农业龙头企业开展技术创新还面临着诸多瓶颈因素：

（1）创新主体。目前我国农业企业技术创新能力和竞争力不高，与跨国农业公司之间的科技创新水平差距较大。因而，加强科研院所、高等院校与农业企业之间的产学研合作，形成科企联合、校企合作的产学研战略联盟，是迅速提高农业企业科技创新能力、增强农业整体竞争力的有效途径（高霞、高启杰，2015）。近几年来，尤其是国务院 2011 年 4 月印发《关于加快推进现代农作物种业发展的意见》以来，国内已有很多种子企业与科研单位创新性地进行了多种模式的商业化育种产学研合作，并且取得了很多成效。但在合作中也显现出条块分割等困境和问题，产学研合作未能真正达到"无缝协同创新"，导致合作难以深化，涉农企业在产学研合作中的主体地位也难以到位（张德茗、谢葆生，2014）。

（2）创新资源。研发能力是企业的核心竞争力之一，需要创新要素的强力支撑。但是农业企业普遍缺乏人才、资金、先进技术等创新要素，这使得农业企业开展农业科技创新活动面临极大的创新要素瓶颈，导致其农业科技创新活动缺乏充足的创新要素支撑（李万君、李艳军，2015）。

1）研发投入不足。农业企业在开展农业科技创新的诸多环节（例如，新产品研发、新工艺设计、新仪器试制、商业推广等）上需要大量的资金投入。然而，目前多数涉农公司（包括农业类上市公司）的研发投入在其销售收入中所占比重不足 1%。2017 年，种业上市公司中敦煌种业的研发支出为 755.42 万元，占营业收入总额的 0.60%；养殖和肉制品加工业中福建圣农发展有限公司的研发支出为 1467.87 万元，占营业收入总额的 0.23%。2017 年，在中国 5200 多家种业公司中，前 50 家种业公司研发投入总额不足 20 亿元人民币，而美国种业巨头孟山都公司的研发投入超过 10 亿美元。显然，中国农业企业的研发能力较为薄弱，不注重研发能力的提升，涉农公司还未真正成为农业科技创新的产出主体和成果转化主体（王政军、傅建祥，2015）。

2）人才尤其是高端研发人才、关键技术人才严重缺乏（汤滢、胡宝贵，2018）。人才是企业开展农业科技创新的关键要素，企业研发需要大量的专业技术研发人员。目前，涉农企业农业科技人才严重不足的问题日益突出。研发人才和各种高级技术人才的严重缺乏已成为阻碍涉农企业开展农业科技创新的重要因素。2016 年，河南省种子企业科研人员占种子企业职工总数的比重为 13% 左右，平均来看，每家种子企业拥有的科研人员仅为 4.75 人。

（3）创新制度。近年来，为支持、促进农业企业积极开展农业科技创新活动，国家、各级地方政府相继出台了一系列政策，并且呈现出两个显著特点：一是支持政策的价值取向日趋明显；二是支持政策的含金量不断提高。总的来看，各种支持政策对农业科技创新的积极影响较为明显。但是，目前的支持政策还存在一些不足之处，突出表现在如下几方面：

1）多数政策的支持力度过小，尤其是财税激励政策力度不足，导致涉农企业自主创新能力难以得到实质性提高（庞洁、韩梦杰等，2018）。例如，2017年由国家发改委、财政部、农业部联合实施的面向种业公司生物育种能力与产业化的财政专项资金3.4亿元，如果分摊到全国5200多家种业公司，则每家种业公司所能获得的专项资金仅为6.54万元，更何况还会出现分配不均的现象。

　　2）政策落实难或者落实效率不高、惠及面窄（方行明、李象涵，2014）。国发〔2011〕8号文件《国务院关于加快推进现代农作物种业发展的意见》的出台，确立了种子企业在商业化育种和种业产业化发展中的主体地位，并从税收优惠、育种投入、信贷支持、科技资源合理流动等方面提出了支持和鼓励种子企业开展农业科技创新的政策措施。但是，这些政策涉及的政府职能部门较多（例如，财政部门、税收部门、科技部门等），而且需要银行机构的大力支持与配合，再加上有些政策太宽泛、针对性不强，导致政策落实遇到很多阻碍困难重重。

　　3）各项支持政策之间缺乏整合性和衔接性，政策创新滞后，相关配套政策未能及时跟上或者对接不上，促进涉农企业开展农业科技创新的长效机制、有机对接的政策支持体系仍未形成（邢美华、王维薇，2017）。

　　（4）创新环境。长期以来，农业企业技术创新受到我国农业科研体制的严重影响。虽然近年来科研体制改革有了很大成绩，但是，农业科研仍然呈现出以科研院所为主体的行政管理和运行框架，农业科研资源仍然主要集中在科研院所，农业科技创新仍然存在以下突出问题：①各级、各类科研院所之间各自为政，这一方面导致科研资源难以得到高效整合和最大化利用；另一方面导致科研院所之间的分工不明确，从而出现科研成果低水平重复的现象（庞洁、韩梦杰等，2018）。②科研经费管理中的管理部门多头化、管理部门职能定位不清晰、管理部门之间协调机制不完善的问题很突出，也缺乏国家层面上的农业科研经费的系统整合机制，这导致农业科研经费的使用效率和产出效率低下（王政军、傅建祥，2015）。③农业科研体制未能随着农业发展形势的变化而及时做出调整或者改革，导致农业科研立项脱离了农业生产实际，农业科技创新成果难以满足农业生产的科技需求（彭思喜，2017）。

　　因此，中国农业科研体制改革并没有为涉农企业获得农业科研资源提供有利的机会和良好的条件。同时，许多公益性农业科研院所的职能定位不清晰，导致其社会公益性、商业性科研活动相互缠绕、相互混淆，难以吸引涉农企业参与农业科技创新，也因此，在未来相当长的一段时期内，企业还难以成为农业科技创新的强大主体（李大胜，2013）。

2.3.4　农业技术创新系统自组织演化研究

　　卢东宁等（2011）认为，农业技术创新是一个包含农业技术发明、农业技术首次商业化使用和农业技术扩散三个子系统或构成要素的复杂系统,具备自组织演化条件。因此,农业技术创新系统具有如下自组织特征:

2.3.4.1 农业技术创新系统的开放性

农业技术创新系统具有开放性。首先,农业技术创新系统作为国民经济大系统的一个子系统,它不断地与国民经济大系统的其他要素交换物质、能量和信息,这是农业技术创新系统作为一个整体对外界环境的开放(王景旭、齐振宏,2013)。其次,农业技术创新系统的各个子系统都是开放系统,如农业技术发明机构要不断地从人类知识库中获取信息,并用自己的发明成果来充实和丰富人类知识库的内容;同时,农业技术发明系统还要不断了解来自农业技术首次商业化使用主体的发明需求信息,并将自己的产出作为投入物供给农业首次商业化使用主体;不仅如此,农业技术发明主体——发明者更是穿行于国民经济系统,不断地与外界交换物质、能量和信息;此外,农业技术发明机构为完成发明需要获取一定的物质设备、原材料和能源等,从而使农业技术发明这一子系统具有开放性。同样,农业技术创新系统的其他子系统也具有开放性。因此,农业技术创新系统是一个开放系统。

2.3.4.2 农业技术创新系统是远离平衡态的开放系统

农业技术创新系统是远离平衡态的开放系统。首先,从农业技术创新系统的构成要素来看,从事农业技术发明、农业技术的首次商业化使用,以及农业技术扩散的主体不止一个,农业技术创新系统的不同要素所对应的主体之间,以及从事同类活动的不同主体之间,总是存在着一定的差异。这些差异可以具体表现在物质手段(如仪器、工具和设备等)方面、知识手段(如工艺、方法、流程等)方面、主体经验技能(如不同机构人员的知识结构、实践水平和身心状况等)方面,正是这些差异使农业技术创新系统进入发展的不平衡。其次,从农业技术创新系统的结构来看,不同农业技术创新系统的要素不可能完全相同,即使有所相同,在不同的环境中也会形成不同的结构。这些要素相近而结构不同的农业技术创新系统之间也会产生一定的张力,例如,相同的种植方式有时生产效率却不同。这样的农业技术创新系统之间必然产生由效率引发的利益问题,如投入与产出的问题。在生存竞争的条件下,上述利益问题必然使农业技术创新系统走向不平衡。最后,从农业技术创新系统的功能来看,农业技术创新系统在一定的社会环境中所发挥的作用是不同的,因而表现为不同的功能(徐冠华,2008)。农业技术创新系统的功能是其内部要素之间以及它们与外部环境之间相互作用过程中所表现出来的特性和能力。在不同的环境机制下,农业技术创新系统发挥的效能必然有所不同。即使在相同的环境机制下,其内部管理机制的不同也会产生不同的功能。因而势必在农业技术创新系统之间产生不平衡,也即农业技术创新系统与环境之间产生差异，从而引起农业技术创新系统与环境之间的物质、能量和信息的交换。如在市场经济条件下，农业技术创新系统的各构成要素所对应的机构为了求得生存与发展，不断地根据"市场"需求调整自己的工作任务，产出不同的农业技术相关"产物"，从而使农业技术创新系统产生一系列变化，不同农业技术创新系统之间的差异因之产生。正是这种差异的存在才造成了农业技术创新系统的不断进化。进一步分析不难看出，这种远离平衡其实正是农业技术创新系统从无序到有序、从低级有序向高级有序演化的重要因素。也正是在这种不平衡的条件下，农业技术创新系统不断地重组自身、进化自身。

2.3.4.3　农业技术创新系统中存在非线性相互作用

第一，农业技术创新系统中存在各要素的产出及其发展的非线性相互作用。农业技术创新系统中的各项产出不是由严格的逻辑推理获得的，也不是由简单的线性积累取得的，如农业技术扩散就有其自身发展的逻辑：可以用 Logistic 曲线来描述和预测农业技术扩散的演化过程，它较好地反映了单项农业技术在不受外界因素影响的非线性演化发展过程，也反映了农业技术创新系统发展的自组织机理。第二，农业技术创新系统中存在各要素之间的非线性相互作用。竞争和协同是非线性的产生机制。自组织系统的动力来自系统内部各个子系统的竞争和协同。农业技术创新系统是由三个相互独立的要素构成的，正是这些要素之间的竞争与协同推动了农业技术创新系统的进化（曾德明、彭盾，2009）。这些要素因非线性相互作用而丧失了自身运动的独立性，形成了整体一致的作用和效应。这是自组织理论所指出的系统发展的根本动力，也是系统内部的矛盾、竞争所推动的协同发展的观点。农业技术创新系统演化的根本动力来自其内部要素之间的竞争与协同的观点，体现了农业技术创新系统演化的自组织本质。

2.3.4.4　农业技术创新系统中存在涨落

农业技术创新系统的涨落是创造性农业技术相应成果的产生。在农业技术创新的运行过程中，往往要解决农业生产领域中出现的新问题。这些新问题的解决包括提出解决相应问题的创造性方案、措施和结果，而创造性农业技术相应成果则可能是有了农业技术的新发明、用现有农业技术生产出新的产品，或者将现有农业技术扩散到新的领域等。这些相关成果的产生往往打破原有农业技术创新系统结构的平衡性，触发农业技术创新系统中各环节的主体进行系列成果的"生产"，因而可能使农业技术创新系统走向更为有序的状态。

农业技术创新系统中任何农业技术相关成果的产生都具有很大的随机性，并不是异想天开之事，是可以期望但却难以预测的。如我国期望研制开发优质高产农作物新品种，以减轻耕地资源稀缺问题和化解农产品供求结构失衡的矛盾，然而，开发出来的具有这些特征的新品种很少，真正扩散使用的则更少。这是因为农业技术创新成果的产生必须在现有农业技术创新成果的基础上进行，农业技术创新成果不可能脱离现有的农业技术创新水平而跨越农业技术创新时代。从一个农业技术创新时代到另一个农业技术创新时代并不是凭空任意的，而是累进的。农业技术创新历史上虽然不乏突破性农业技术创新成果，但它们在技术原理等方面不可能脱离现有的农业技术创新水平，除非有新的农业科学理论及农业技术原理出现，因而农业技术创新往往既有继承又有创造。整个农业技术创新过程就是在继承原有农业技术创新成果的基础上创造新的农业技术，并将其植入农业经济系统。

值得注意的是，农业技术相应成果作为农业技术创新系统的随机涨落能否引起农业技术创新的质变，关键还要看农业技术创新系统实现某种序化演变所需要具备的其他相关条件，即农业技术创新是否具备自组织演化的条件：开放性、远离平衡、非线性。因而一项农业技术相应成果作为农业技术创新过程的随机涨落能否被应用于农业生产过程，从而被放大到引起农业技术创新系统发生质变的程度，不仅取决于它能否被已有的农业技术创新系统吸纳，或者引起已有农业技术创新系统的革新，还取决于农业技术创新系统的资金、设备、人力、管理以及市场等方面的因素。有了农业技术相关成果，只有得到农业技术创新过程中各环节的响应，并在有利的环境条件下才能更好地激发农业技术创新系统的演化，从而产生相应的有形或无形农业技术成果，以解决农业发展面临的实际问题，满足农户或农业企业发展的实际需要。

2.3.4.5 农业技术创新系统的自组织演化机理

自组织理论认为，自组织演化过程是远离平衡态的开放系统通过与外界交换物质、能量和信息，从而形成涨落，而涨落又导致序参量的形成，序参量又主宰系统演化的方向和模式。

农业技术创新系统的序参量是农业技术需求。虽然农业技术创新系统中不同构成环节的主体都在进行农业技术相关成果的生产，但它们的共同目标是满足农户或农业企业的农业技术需求。没有农业技术需求，农业技术创新系统中不同构成环节的主体之间就不可能协同，且各环节之间也不可能有序衔接，其演化也就不可能实现。因此，农业技术需求是农业技术创新系统的序参量。

当农业技术需求被农业技术创新系统中某个环节的主体认识到后，该主体就会根据农业技术需求产出相应的农业技术相关成果，并据此确立自己的竞争优势，这将在该环节的不同主体之间形成涨落；由于农业技术创新系统中不同环节的产出成果互为投入物，所以，农业技术创新系统中某个环节的涨落会得到其他环节的响应，这种响应使得这一涨落不断放大，形成巨涨落，最终使农业技术需求主宰整个农业技术创新系统的演化方向和模式。这就是农业技术需求作为序参量主宰农业技术创新系统演化的机理。

2.4　文献述评

面对不停地动态变化的外部环境，企业创新系统应该进行自我适应、自我调节和自我进化，是实现持续性创新的关键。现实中，更多的是不能适应环境变化而被环境淘汰的例子。结合自组织理论探讨企业创新系统演化无疑是解决上述问题的有效途径。然而目前国内外应用自组织理论进行企业创新系统演化的研究还较少，特别是缺乏农业龙头企业技术创新自适应演化方面的研究。

（1）研究方法依赖传统理论框架。现有文献对企业创新系统的研究所采用的模型多为概念模型尝试，存在太多不现实的假设，在实际中无法利用，对客观存在的现象缺乏解释力。

（2）研究内容分散，尚未形成系统化体系。目前学者多数通过开放性原理、非线性原理、非平衡性原理、不稳定性原理、反馈原理、涨落原理、环境适应性原理等自组织原理来研究企业创新系统的自组织条件、机制、途径或者判定创新系统的自组织特性。可见，现有学者对创新系统的某些自组织现象和特征进行简略描述和定性分析，而对各种不同层次的创新系统的组成要素、结构，以及系统演化的研究并不完整，对创新系统自组织条件、演化机制与过程的认识并不全面，缺乏系统性。

（3）研究角度忽视从自组织视角探讨企业创新系统演化。现有的研究主要集中在企业创新系统的主客体构成、创新类型、创新模式、创新能力以及绩效评价方面，缺乏从自组织视角系统地探讨企业创新系统演化机制。

（4）在实证研究上，缺乏企业创新系统自适应演化机制案例和定量分析。现有为数不多的关于企业创新系统演化的文献，只是在演化方式和路径方面做了简单定性分析，或构建"说理"模型，进行评价性定量研究，缺乏对演化机制的典型案例研究以及对影响因素的定量实证研究。

正是基于上述国内外学者的研究不足，本书对农业龙头企业技术创新自适应演化机制和影响因素等问题采用理论分析、案例研究和实证研究的方法进行一些深入的挖掘和有益的探讨，以期为我国农业龙头企业创新系统演化发展提供一定的理论借鉴和实践参考。

第3章 企业创新系统自适应演化的 NK 模型理论构建

　　以企业为主体的技术创新是当前关注和研究的热点。面对变化着的外部创新环境，企业创新系统必须通过不断汲取和整合外部有利创新资源，不断优化自身技术创新体系，通过适应性调节和变革来适应外部创新环境的变化，从而不断地提高创新系统的效率和绩效，实现创新的可持续性发展（U. Witt，1997）。然而受创新要素之间关系影响和外部创新环境不断变化的限制，现实中更多的事实是：许多企业创新系统在演化初期就遭遇失败；随着演化深入，创新系统经常性出现所谓的"相对黏性"或"核心刚性"现象，阻碍创新发展，惨遭环境淘汰。那么，面对"唯一不变就是变化"的外部创新环境，企业创新系统如何进行适应性演化呢？上述困境是如何产生的？又应该如何应对呢？

　　本章在企业创新系统自组织演化理论的基础上，以创新主体（S）、创新资源（R）、创新制度（I）与创新环境（E）四个影响因素为出发点，运用适应度景观理论和 NK 模型，构建基于 S－R－I－E 的农业企业技术创新自适应演化 NK 模型，并通过 Matlab 仿真软件和仿真实验研究方法，探讨在创新主体、创新资源、创新制度和创新环境等要素及相互关系制约下，农业企业技术创新自适应演化在产生期、成长期和成熟期三个阶段的演化特征和规律，为下面章节探讨农业龙头企业技术创新自适应演化提供理论支撑和研究框架。

3.1 企业创新系统的自组织演化特征和阶段

3.1.1 企业创新理论与演化经济学的结合

20 世纪 70 年代以来，新古典经济学以静态的均衡理论和利润最大化理论为核心的分析方法逐渐暴露出对现实研究的缺陷，按照这些传统的观点已无法解释复杂的经济现象，而演化经济学的产生则为分析社会经济问题提供了一种崭新的思路。1982 年，美国哈佛大学的 R. Nelson 和 G. Winter 联合发表了《经济变迁的演化理论》，标志着演化经济学的正式诞生。演化经济学将技术变迁看作是众多经济现象背后的根本力量，以技术变迁和制度创新为核心研究对象，以动态的、演化的理念来分析和理解经济系统的运行与发展。以演化经济学为基础研究企业技术创新也需要从演化的观点出发，将生物进化的思想引入企业技术创新的分析中来，以动态的、发展的思想分析创新系统的演进过程。

多年的技术创新实践表明，技术创新的活动过程是一个复杂的动态演化过程。因此，演化经济学的理论能够对创新系统演化问题给予更加明确的解释和说明（V. Oltra，2009）。演化经济学对技术创新的研究主要在于创新主体对创新活动的选择过程包含的三个原则（M. 霍奇逊，2007）：①多样性原则，即技术创新系统中的主体是异同的，技术是多样性的，创新能力也是各不相同的；②遗传原则，即存在复制和传递机制以确保创新主体中个体的特征能够随着时间的推移保持延续性，例如，企业组织形式的相对稳定性和企业的创新惯例；③选择原则，即技术创新主体具有能够模仿和采用最新的技术的能力，从而提高企业的盈利水平以及增强其市场竞争力。

新古典经济学研究的是存在（Being）的状态，而演化经济学研究的则是生成（Becoming）的过程，它是对社会经济系统中新奇的创生、传播和结构演化进行研究的科学。演化经济学对技术创新分析的基本内核是强调了"新奇性"。新奇包括新知识、新技术、新思想、新方法和新制度等，新奇的演进是经济永无休止变化的原因，新奇是经济体系内生的（T. Reichenbach，2008）。演化经济学理论一直把创新放在核心地位，新奇在经济变迁中所起的关键作用是演化经济学方法与新古典经济学方法的本质区别。按照演化经济学理论，新奇就是对新的行动可能性的发现，它是人类创造性思维与活动的结果。就新奇的性质而言，人们不可能完全预见其意义和理解其含义，否则它就不是新奇的了，如果某种新奇被采纳，这种行动就可以被视为创新（V. A. Bulanichev，2007）。

3.1.2　企业创新系统的自组织演化特征

技术进步是通过各种创新技术方案彼此间的竞争以及与现行技术的竞争实现的，通过在实践中的竞争决定成功者与失败者，成功的技术得以保留和发展，而失败的技术则被市场逐步淘汰。创新系统所具有的自组织演化特征主要包括以下几个方面：

（1）企业创新系统演化过程与生物进化过程既有共性又有差异。创新演化的过程和生物进化的过程都是一个"优胜劣汰、适者生存"的过程，但创新演化是人类的有意识活动，并不具有严格的随机性，它沿着具有技术可行性和潜在利润方向进行（Wang Xiu - qin，2009）。

（2）企业创新系统演化过程存在着不确定性和创新失败的风险（戴跃强、侯合银，2008）。技术创新活动存在的重要特征就是不确定性，即企业如何进行研发活动，采用何种方法来改进现存技术，引进什么样的新技术以及创新获得成功的可能性等都存在着不确定性（S. Nolfi，2005）。因此，企业并不确定创新成功需要花费多少时间和资金，技术创新投资具有较高的风险性。

（3）企业创新系统演化过程具有技术和经验的累积性。经验研究证明，技术创新通常是产生于专业技能和经验不断累积基础上的一系列技术的变革。创新技术以原有技术为基础并不断提高改进；反过来，以后的技术进步又以当今的技术为基础不断累积和沉淀（S. E. Page，2000）。

（4）企业创新系统演化过程存在着路径依赖（锁定）的现象。特定产业部门的某种技术体系在形成以后，有可能会趋向于一种自我封闭和自我强化的方式，从而反对激进的变革，以至于限制企业或行业所面临的种种有效率的机会，这种现象被称为"锁定"（Z. G. Zhang，2007；王立宏，2009）。

3.1.3 企业创新系统的自组织演化阶段

创新系统的演化是多个技术创新过程的聚集与叠加过程。英国经济学家G. Dosi 把集群创新过程的自组织演化分为两个阶段，即在原有技术范式中的自稳定过程和新旧技术范式交替时表现出来的自重组过程，提出了"技术范式—技术轨道模式"（G. Dosi，1982）。所谓范式，是根据一定的物质技术和科学原理来解决问题的模型或模式。技术轨道是指在技术范式的范围内所进行的"常规"解题活动，是由技术范式所确定的技术创新模式。G. Dosi 认为，经济力量、组织机构、市场和其他社会因素等共同承担"选择装置"的作用。在这样的创新过程中既有新旧范式的竞争，也有新范式之间的竞争，而选择的限定性在逐渐增加，即选择标准须严格地选择和确定技术轨道。由此可知，企业创新系统演化是在某种技术范式的指导下，沿着一定的轨道方向发展的进化活动。基于此，李锐（2010）构建包括自稳定、自创生和自重组三个阶段的企业创新系统自组织过程机制，其机制模型如图 3 - 1 所示。

（1）自稳定过程。是指原技术范式规定下低于临界点范围的创新活动。此时，企业创新系统在系统各要素竞争和协同的综合作用下，沿着原技术范式轨道，进行自组织演化。因此，此时系统自组织演化结果是可预测的，可以说，此时的创新是渐进性创新，具有连续性和累积性特征。原技术范式形成的规则和制

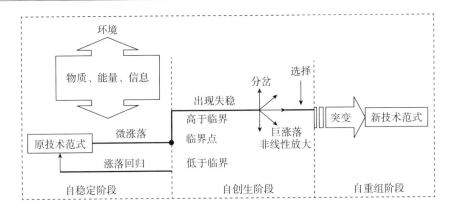

图 3 - 1　企业创新系统的自组织过程机制

度在一定程度上制约着各要素的创新行为，提供了各要素间相互作用的稳定模式，从而降低了创新的不确定性（谢科范、刘骅，2010）。

（2）自创生过程。是指在新旧创新范式交替下的企业创新行为，即在高于临界状态之后，经过分岔和选择直到突变为止这段企业创新演化过程（Saltuk Ozerturk，2006）。企业创新系统在高于临界状态后，会打破原技术范式保持的稳定状态，系统中出现的随机涨落会导致分岔的出现，也导致系统自组织演化的结果是无法预测的，只有通过放大符合外部环境变化的非线性作用成为巨涨落，促使系统完成突变性创新，通过自重组过程形成新的技术范式（Run - Qing Zhang，2007）。

（3）自重组过程。企业创新系统在自组织演化过程中出现分岔后，会面临着多样性的选择。不同的企业其鉴别和利用创新机会的能力不同，因而选择不同。只有符合外部环境变化的选择，才能在选择过程中获得成功，这就需要将刚刚完成突变创新的系统从凌乱、纷杂的状态下进行自我重组和整合，巩固已有创新成果，实现新一轮有序结构的自组织演化（R. W. Rycroft，2004）。

3.2　企业创新系统的自组织演化运行机制

3.2.1　企业创新系统自组织演化条件机制

建设技术创新体系可以走两条迥然相异的路线，一条是他组织路线，即政府行为发挥主导作用，通过对企业、高校和科研院所等行为主体进行"强拉硬配",快速促进技术创新体系的形成;另一条是自组织路线,即政府发挥引导作用,主要负责提供必要的服务平台、激励政策和保护制度,让企业、高校和科研院所在市场条件下自行建立既竞争又合作的互动关系,从而推动技术创新体系的形成与发展(N. Lemaitre,1988)。两种形式的区别在于前者属于企业、高校和科研院所被动,政府主动;后者属于企业、高校和科研院所主动,政府加以辅助。目前,我国企业自主创新活动处于蓬勃发展阶段,如何根据市场变化和社会发展要求来制定和调整竞争合作机制,自组织理论给我们提供了一种新的思路(Ziman J.,2000)。

系统自组织是指一个远离平衡的开放系统,在外界环境的变化与内部子系统及构成要素的非线性作用下,系统不断地层次化、结构化,自发地由无序状态走向有序状态或由有序状态走向更为有序状态(F. Dressler,2007)。企业创新系统要形成有序演化需要具备的条件主要包括以下四个方面:①开放性,与外界有能量、物质、信息交换;②远离平衡态,系统处于非平衡状态;③涨落,系统依靠参量涨落发生巨变,从而达到新的稳定态;④非线性,系统各元素之间的相互作用存在一种非线性机制。

(1)开放性是企业创新系统演化的首要前提。开放性是自组织系统最基本的特性,也是系统形成时间、空间和功能有序结构的前提和基础。普利高津在研究耗散结构时,以总熵变公式为工具,科学地论证了开放性是自组织的必要条件,即:$dS = d_iS + d_eS$。其中,d_iS 是系统内部混乱产生的熵,称为熵产生,根据热力学原理可知此熵为正值,即 $d_iS > 0$,而 d_eS 是系统通过与外界环境相互作用而交换来的熵,称为熵交换,此熵值可正可负。

因此,系统在演化过程中,可能出现以下四种情形:①$d_eS = 0$。这种系统是封闭的,与外界没有任何交换,内部的熵产生使系统混乱度不断增加,也不可能产生自组织进化,只可能进入有组织的退化。②$d_eS > 0$。即系统与外界交换得到的是正熵,总熵变 $dS > 0$,此时系统将以比封闭状态下更快的速度增加混乱度,不会发生自组织进化。③$d_eS < 0$,但 $|d_eS| < |d_iS|$。此时,系统通过对外开放从环境获得负熵,但是其获得的负熵不足以抵消系统内部的熵增加,即总熵变 $dS = d_iS + d_eS > 0$,因此系统也不会发生自组织。④$d_eS < 0$,但 $|d_eS| > |d_iS|$。在这种情况下,从环境中得到的负熵大于内部的熵增加,即总熵变 $dS = d_iS + d_eS < 0$,系统出现熵减过程,即自组织现象。

通过以上分析可知,对外开放是系统形成自组织过程的必要条件(确切地说是必要但不充分条件)。企业创新系统本身处在科技—经济—社会的大系统之中,因而是一个远离平衡的开放系统,具有典型的耗散结构特征,呈现着非线性的特点,与周围环境广泛进行着能量、物质与信息的交换,在技术研究、开发、扩散的每个环节都与外界发生着广泛的联系。在传统计划经济体制下，从项目投资到产品研制与生产都是由政府制订计划，企业只是被动地完成其分担的生产任务，没有创新的压力，也没有创新的权力和能力，企业不是技术创新的主体，企业技术创新系统处于他组织状态（K. Motohashia，2005）。根据当今社会发展的需要，企业成为技术创新的主体，要保持系统的自组织性，必须充分开放，与外界进行物质、能量和信息的交换，从外部环境中获取资金、人才、信息等负熵流，形成远离平衡的开放系统，这是企业技术创新的首要条件（K. Motohashia，2007）。

（2）非平衡性是企业创新系统通向有序之源。平衡一般是指一对矛盾的运动的事物双方势均力敌，处于相对抗衡或动态相对静止的状态。在热力学中，平衡态是孤立系统经过无限长时间后，达到的最均匀无序的稳定状态。而企业创新系统的平衡态是指企业与外界环境没有任何广义资源交流的稳定状态。非平衡是相对平衡而言的，系统非平衡性主要是指构成系统的结构、组分、要素在物质、能量和信息分布上是不均匀和非对称的，存在异质性的一种状态（J. Markard，2008）。普利高津的最小熵产生原理告诉我们：在非平衡线性区即近平衡区，系统演化的最终结果是到达熵产生最小的、与平衡态类似的非平衡定态，当环境使系统逐渐接近孤立系统时，此非平衡定态将平滑地变为平衡态，系统根本不可能形成有序结构。由此可见，远离平衡是系统出现有序结构的必要条件（普利高津，1986）。

企业创新系统的非平衡性主要体现在以下几个方面：①创业者处于远离平衡的状态。一方面是指创业者内在的心理处于矛盾、焦虑和兴奋等状态，存在不断创新的欲望；另一方面是指创业者所处的外在社会处境呈现出边缘化的状态（G. Serugendo，2005）。②产品和服务处于远离平衡的状态。一方面是指产品和服务之间存在差异性和不对称性；另一方面是指产品和服务本身不能完全满足社会的需要（G. Sliverberg，1998）。③市场处于远离平衡的状态。处于非平衡区的市场是指没有进入者或者只有很少进入者而充满商机的市场。这种市场存在的原因主要有两种，或是市场进入的技术门槛较高，或是这种市场存在的缝隙难以被人们发现（Hiller S. Frederick，2005）。④资本处于远离平衡的状态。此时的资本常常与管理者融资偏好的外生性紧密相关，在融资时，这种资本对应更高程度的投资者与融资者之间的信息不对称；相应地，这种资本与高度的风险紧密相连，而当投资获得成功后，投资者得到的将是高收益（H. Ren，2009）。

创新过程是不可逆和非平衡的，这是创新过程的有序演化之源（张延禄、杨乃定、刘效广，2013）。创新是逐步展开的，随时间而演变，并与环境防同演化，因此，创新过程的状态关于时间是非对称的，不能自发的反演，具有不可逆性。在创新过程中，各个创新个体是异质的；知识的分布、创新物质的分布是有差异的、非平衡的；创新信息与创新机会的发现和获取，创新思想和创新成果的形成在个体和职能部门间的分布也是非平衡的。系统通过开放获得大量的负熵流后还必须远离平衡才可能形成有序结构，企业技术创新系统要努力走在时代的前沿，时刻充满强烈的危机感，不断找出自身存在的缺陷及与国内外同行的差距，形成自觉的创新动力与压力，从而使系统处于远离平衡的非平衡态，这样在涨落的作用下系统就可能发生突变，并由原来的混乱无序状态转变到一种新的稳定有序状态（Inzelt A.，2004）。

（3）涨落性是企业创新系统演化的内部诱因。"通过涨落达到有序"是自组织理论的基本原理。根据自组织理论，系统从无序到有序的演变是通过随机涨落实现的。在远离平衡状态的系统中，涨落对系统起着建设性的作用，是系统有序演化的内部诱因。涨落对系统的存在和发展具有双重作用（Jacob Schmookler，1972）。其一，涨落是维持系统处于平衡态的动力。当系统由于某种原因偏离平衡态时，涨落会使系统很快地恢复到原来的状态。其二，涨落又是破坏系统平衡态的重要力量。当系统发生相变时，系统处在临界点，原来的定态解失稳，但系统不会自动离开定态解，只有在涨落的作用下，系统才能偏离定态解，且偏离范围不论多少，只要有偏离就会使系统演化，并处于新的定态解。创新是生产要素的重新组合，新组合的产生就意味着旧组合的消亡和原有结构稳定性的丧失。因此，不稳定性是创新系统演化的固有特征。创新是一种"创造性的破坏"，经历的是从无序到有序、从旧结构到新结构的演化过程。旧结构失稳到新结构诞生存在临界状态。而在临界点上的创新行为对于系统失稳之后的演化方向则至关重要，因为创新系统演化的路径不是唯一的，存在着多种可供选择的要素组合状态。创新过程受多种不确定性因素的影响，同时创新本身也是一个适应性"试错"过程，因此，创新过程不是确定性的，存在着随机"涨落"力的作用。在临界点上，随机"涨落"力的驱动决定了创新系统在失稳之后的演化路径，即在多种可供选择的要素组合状态之间决定其中之一作为新的路径分支。

在企业技术创新的过程中，会碰到很多涨落因素。有的来自内部，称之为内涨落；有的来自外部，称之为外涨落。企业技术创新的内涨落主要有：①企业家的创新偏好，特别是企业家的创新灵感，对于创新的启动有着特殊的意义。②企业员工的创新点子，企业员工直接参与创新，他们的合理化建议和创新思想很有建设性和实用性。企业技术创新的外涨落主要有：①市场需求与竞争，研究表明，企业主要是从用户那里得到需求信息反馈，作为产品创新的基本依据。②科学技术的发展，研究表明，有许多根本性创新来自技术的推动，特别是新的发现或新的技术常易于引起人们的注意，并刺激人们为之寻找应用领域。③国家的政策变动，国家的政策变动也会诱导企业技术创新，正是众多的微涨落通过放大形成巨涨落，从而促使企业技术创新体系的演化。

（4）非线性是企业创新系统演化的根本机制。系统的非线性是指其组分之间相互作用的一种数量特征及其不可叠加性（李士勇，2006）。设 X_i（$i = 1$，2，$\cdots$，m）表示企业创新系统的状态变量，C_i（$i = 1$，2，$\cdots$，n）表示企业创新系统的控制参数，则企业创新系统的演化方程可一般性地表示为：$X = f_i(X_1$，X_2，$\cdots$，X_m，C_1，C_2，$\cdots$，$C_n)$。如果 f_i 为线性函数，则企业创新系统为线性系统；如果 f_i 中至少有一个是非线性函数，那么企业创新系统即为非线性系统。实际上，企业创新系统内组元之间和各个状态变量之间相互作用的机制是非线性的。例如，企业创新系统连续增加资本、劳动这两个生产要素的投入，则系统的产出率可能不会连续相应递增；相反，在投入超过一定界限后，有可能出现产出效益递减。这时，若状态变量值增加，则系统状态（X_1，X_2，$\cdots$，X_m）将不能由这些增加值的简单叠加来判定，其变化将是复杂的，可能对应多个状态，甚至于产生分岔和混沌现象。组成系统的子系统之间一般来讲其相互作用也不满足叠加原理，是非线性的，它们在形成整体系统时，会涌现出新的性质。企业创新系统的演化存在非线性的正负反馈机制。在创新系统的状态变量中，有的对系统演化起正反馈加强作用，有的起负反馈弱化作用，有的则在一定条件下起加强作用，而在其他条件下起弱化作用。

自组织理论指出，复杂系统中存在的微小涨落之所以被放大，是因为在远离平衡的开放系统可以产生与线性作用不同的非线性相互作用。这种作用使系统内诸要素丧失独立性而互为因果，形成双向信息传递的催化循环关系，从而使微小涨落越来越大，直至形成巨涨落。正如哈肯所言："控制自组织的方程本质上是非线性的。"开放的现代企业技术创新系统内部诸要素之间存在诸多的非线性相互作用，这是企业技术创新的根本机制。技术创新过程包含了创新设想形成、创新目标确定、研究开发、试制、生产、销售等诸多环节，是企业、科研开发机构、政府、市场等相互作用的产物，是技术创新系统内部各要素之间的非线性相互作用和技术成果的筛选、实用化及商用化的结果，体现了技术创新系统的复杂性。

企业技术创新过程中的非线性相互作用还表现在技术创新系统的竞争与协同上。技术创新系统演化发展的不平衡性是竞争存在的基础，技术创新系统内部诸要素或不同技术创新系统之间对外部环境和条件的适应与反应不同，技术创新主体的创新能力不同，获取的物质、能量以及信息的质量也存在差异，因而必然造成竞争。技术创新系统的协同反映的是不同技术创新系统之间或技术创新系统内部诸要素之间保持合作性、集体性的状态和趋势。系统是要素的统一体，同时也就是说要素处于相互合作之中。

3.2.2 企业创新系统自组织演化动力机制

"动力"本是自然科学术语,原是指驱使物体运动的力量。随着各门学科的不断发展和交叉融合,"动力"一词逐渐被其他学科引用,并被赋予了更为广泛的含义。企业创新系统演化动力,是指令创新主体产生创新的欲望和要求的来自自身和外在的激励与压力。本书认为,企业技术创新的动力源主要包括两个方面,即来自企业内部的创新原动力与来自企业外部的创新影响力。所谓企业内部的创新原动力,是指存在于企业内部对技术创新活动产生内驱力的动力因素;而企业外部的创新影响力,是指那些存在于企业外部并对企业的技术创新行为产生较大影响或形成"动力场"的诸多因素。

3.2.2.1 系统内部的原动力

企业技术创新的内在动力要求是创新动机和创新行为产生的基础和根源,企业本身的创新要求越强,创新动机也就越强,创新要求贯穿于创新活动的始终,且发挥着永恒的动力作用。系统内部的原动力主要包括利益驱动力、企业家精神、企业文化和内部激励机制四个方面(乌焜、邓波,2001)。

(1)利益驱动力。企业作为营利性的经济组织,其存在的根本意义在于通过生产和组织活动为社会提供商品或服务,并力求在收回投资的同时获得利润和竞争优势,从而确保其自身的生存与发展。因此,无论对于哪类企业来说,对利益(主要是指利润和竞争优势)的追求和利益的实现,都是促使其进行技术创新活动的内在驱动力。在短缺经济条件下,企业既可以通过扩大生产规模以提高产量与销售量,也可以通过提高产品售价,或通过降低产品的技术标准以降低生产成本等手段追求最大经济利益。而在存在过剩经济条件的情况下,企业不沉迷于一时的利润得失,宁可牺牲部分短期利润,增加资本积累,通过技术创新来最大限度地降低产品成本,提高产品质量,不断推出新产品,从而在市场上确立自己的价格优势、产品优势和规模优势,以此获得利润的长期稳定增长。

(2)企业家精神。企业决策者在企业内部是技术创新的发起者和组织者,对技术创新的倾向和愿望都会对企业的整体创新动力产生巨大的影响。企业家作为一种高级人力资本的拥有者,是企业技术创新的最高执行者和承担者。因此,企业家是否具有创新精神,在很大程度上决定企业创新动力供给。所谓企业家精神是指由渴望新事物、渴求变革和追求成就感的内在心理动因所激起和驱动的企业经营者的开拓进取精神。企业家精神是企业从事技术创新活动的重要前提和基础,而技术创新则是企业家精神在现实中的一种集中体现。具有创新意识的企业家能够保持对市场变动的预见力和警觉力,善于把握机遇,在高风险面前,有强烈的敬业精神和组织才能,能够带动一批专业人才去完成技术创新任务。可以说，企业家是企业技术创新的核心领导力量，企业家敢于创新才能从企业内部推动技术创新。

（3）企业文化。企业文化是企业在长期生产经营实践中逐步形成的"共同语言"，且是由企业全体员工共同认可的价值观、群体规范及其表现形式，它也是形成企业思想和管理风格的基础。企业文化就犹如一只无形的手，调节着企业的运行方式以及全体员工的行为方式，决定着企业的兴衰与存亡。良好的企业文化能为企业提供精神动力、思想保证、行为准则和文化氛围，对内形成企业凝聚力，对外保持企业竞争力，使企业保持持久的竞争优势，并不断发展壮大。崇尚创新的企业文化，被称为"企业创新文化"，对企业的技术创新活动具有很大的影响力。它通过影响企业管理者和员工价值观、思维方式和行为方式等，对企业技术创新起着内在的、无形的感染和推动作用。

（4）内部激励机制。激励是企业的一项重要管理职能，也是调动员工积极性和提高人员素质的有效手段。激励机制是组织者为了使组织成员的行为与其目标相统一，并充分发挥每个成员的潜能而执行的一种制度框架。它是通过一系列具体的组织行为规范和根据组织成员生存与发展要求、价值观等设计的奖惩制度来运转的。企业内部的激励机制作为企业创新的"催化剂"在整个创新过程中起着举足轻重的作用。实践证明，在相同的外部环境下，企业能否持续创新，首先取决于企业内部能否构造一套有效诱发员工持续创新的激励机制。可以说，企业内部的激励机制是技术创新活动启动、开展、强化的力量源泉。因此，在企业内部建立技术创新激励机制是企业技术创新得以有效开展并取得成功的关键。

3.2.2.2　系统外部的影响力

企业创新系统外部创新影响力就是指企业所处环境供给因素对企业创新演化的驱动作用，主要包括市场需求拉力、科学技术推力、市场竞争力以及政府支持行为四个方面（吴晓波、郑健壮，2003）。

（1）市场需求拉力。市场需求既是技术创新活动的基本起点，也是技术创新活动的重要动力源泉和成功保证。市场需求在企业的技术创新活动中起着不可替代的作用。这里的市场需求是相对广义而言的，它既包括消费者对产品和服务从价格、质量、效用、数量上的需求，又包括企业生产发展上的需求。这些市场需求随着经济和社会发展不断地变化，当变化达到一定程度，以及形成一定规模时，将直接影响企业产品的销售和收入水平，同时它也为企业提供了新的市场机会和研发思路，并引导企业以此为导向开展技术创新活动，从而形成对企业技术创新活动的拉动力。需求拉动创新，反过来，创新在满足需求的同时又会诱发新的需求，从而拉动新一轮的创新，这样循环往复，使需求拉动成为企业技术创新的重要和持续的动力。

（2）科学技术推力。技术创新是以新技术的产生和投入为特点的技术经济活动。新技术既是技术创新的前提，又是技术创新的重要推动力量。邓小平提出了"科技是第一生产力"的著名论断，并指出它是生产方式中最活跃、最革命的要素。科学技术之所以能够成为推动技术创新的动力，是因为它们具有发展性、应用性和经济性的三大特征。新科技成果在进入生产过程转化为产品后往往可以得到较高的带有垄断性质的利润，有利于企业获得商业上的成功，得到经济上的实惠和心理上的满足。这就会不断地激励企业积极吸纳科技成果，进行技术创新活动。熊彼特及其追随者均以"发明推动"作为产品创新的动力起源，其原因正是他们肯定了科学技术的强大推动力，认为技术发明的出现，激发了企业家力图通过其商业应用而获得超额利润的冒险的渴望，从而推动自主创新的发展。

（3）市场竞争力。竞争是商品经济的基本范畴，是企业之间的基本经济关系，也是企业面临的基本生存环境。随着经济全球化的发展，市场竞争已经成为经济生活中的常态。为了保证自身不在竞争中被兼并、被淘汰，为了取得竞争和发展优势，企业就必须以各种手段增强自己的竞争实力。从短期效应看，改善经营管理、加强经济核算、节约开支、降低成本是可供选择的有效途径。但从长远看，不断进行技术创新，取得一定时期的技术优势和技术垄断，才是维持企业可持续发展，以及取得高额利润的最根本、最可靠的手段。面对市场竞争的压力，有的企业为提高市场地位而创新，有的企业则为保持市场份额而创新。因此，无论企业面对市场竞争做出何种程度的创新反应，竞争都是市场机制激发技术创新行为的重要动力因素。

（4）政府支持行为。创新是一项具有创新产出非独占性和很高外部经济性的活动。虽然市场在激励技术创新方面具有自组织、自我加强的作用，但市场并不是万能的，它具有自身无法克服的功能性缺陷，例如，市场不能从根本上解决创新的风险问题；市场需求的诱导作用是有限的，不能完全实现创新成果的供求一致；市场机制不能有效、合理地激发和约束创新活动；一些与创新有关的法律、关税、政策等问题并不是市场本身能够解决的。因此，还需要依靠政府的支持来促进技术创新。政府对于企业技术创新的支持方式主要包括政府直接投资、公共采购、设立风险基金、放宽税收和信贷政策、制定法律法规、提供基础设施和服务等。可以说，技术创新水平高低在很大程度上取决于政府对创新活动的支持。

3.2.3 企业创新系统自组织演化作用机制

（1）创新者与用户的相互作用。虽然创新活动主要依靠科学技术的不断进步，但是创新在很大程度上是在创新者与用户之间交互作用的过程中进行的，包括研发者与生产者、生产者与销售者、销售者与消费者之间的相互影响，各级竞争者之间的技术信息交流等。创新者与用户的交互作用对企业创新系统演化过程和创新的绩效产生决定性的影响（樊一阳、张家文，2008）。创新者与用户的交互作用模式如图 3-2 所示。

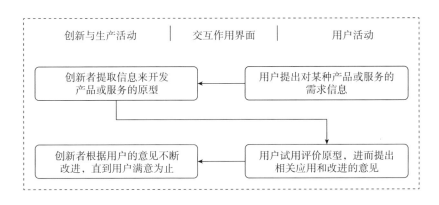

图 3-2　创新者与用户的交互作用模式

此外，在实际创新过程中，创新者之间也会进行交流、合作与竞争。为了攻克创新过程中的种种难题，他们之间不得不进行信息交流，甚至是进行合作创新；同时，创新者之间还会在创新过程中展开竞争，努力争取率先完成创新，以此达到独占创新利润的目的。

（2）创新过程中的惯例与搜索。演化经济学认为企业发展与生物的进化类似，在企业创新系统演化过程中也存在着遗传基因——"惯例"（Routine），即企业的一切运营规则和可以预测的企业行为方式，它是企业知识和经验的载体。在复杂的社会经济环境中，企业创新系统演化具有较大的不确定性，企业不可能准确地预见未来的情况并确定最佳的创新决策。因此，企业创新活动的开展只能依靠企业组员的技术能力以及积累的创新经验和知识等，这些内在变量形成了一系列企业如何进行技术创新的行为规则和方式，即为创新惯例。创新惯例在企业创新系统演化中的作用主要有：①以现有的创新惯例为目标而开始努力地解决问题，可能引发企业技术创新；②企业技术创新有很大一部分是由现有创新惯例集的新组合形成的；③创新惯例提供了一种共同的企业技术创新框架或启发式方法，节约了学习和培训成本。

值得注意的是，企业的惯例在一段时间内将保持一定的稳定性，但有时也要根据市场状况进行修改。如果企业按照惯例运行可以达到满意的效果，那么这些惯例不会发生变化，否则，企业将可能对惯例进行调整，这种调整行为就是"搜索"。搜索是将创新机会和外部需求变化引入企业开发系统的行为。搜索活动的任务就是寻找新的需求和技术机遇，开发出新技术，目的是满足消费者需求的新动向。获取创新所带来的超额利润和创新收益是搜索活动的根本动机。一般来讲，搜索活动不会一次完成，而是需要多次的尝试以不断修正已有的搜索结果，并形成进一步搜索的基础。

（3）创新过程中的学习与选择。学习是企业技术创新的源泉。它是企业发生"变异"行为的必要手段，创新主体只有通过学习才能强化已有的知识和技术，并探索客观世界中未知的现象，以激发创新灵感。学习可以在个体与系统两个层次上进行，通过不断学习，人们将会掌握更多新的知识来不断充实原有的知识基础，积累创新能力，也能够为个人与系统带来许多难以言传的隐性知识，形成企业员工内部特有的知识基础和技术创新能力。因此，学习不仅是对现有知识和技能掌握的过程，而且会产生一系列局部的和渐近性的创新，进而通过知识与技术的不断积累，为更高层次上全面和革命性的创新奠定基础。因此，相对于惯例和搜索而言，学习是具有更高级层次的创新活动组分，对于企业创新系统的有序演化具有更加重要的意义。

选择是将新的知识和新的技术引入企业创新系统至关重要的创新活动。创新选择包括企业选择和市场选择两种形式。企业选择是对外部环境和行业内其他企业的行为和特点的综合考虑。影响企业创新选择的根本因素是：①某种技术和途径选择是否是"有利可图"的，当然"有利可图"并不是仅指货币利润，而且包括技术创新是否成功和为此付出的代价。②消费者对企业技术创新选择的认可和评价，一种新产品成活的可能性是由消费者决定的。③企业选择所涉及的投资和模仿过程对选择同样是有影响的。企业技术创新成功与否最终是要接受市场选择的评判的。达尔文的进化论认为自然选择是物种起源和生物进化的主要动力。企业技术创新能否获得超额利润也要取决于经济系统的自然选择——市场选择。企业创新的搜索和选择行为是相互作用的两个方面，提供选择反馈的因素影响搜索方向。通过搜索和选择的联合行动，技术创新随时间而演变。

3.2.4 基于自组织的企业创新系统有序演化机制

企业创新系统自组织演化机制模型应该满足以下三个基本要求：①反映创新者和用户之间的惯例与搜索、学习与选择活动的交互作用以及自组织过程机制；②展示创新系统自组织演化的分岔与突变机制，并反映系统随机涨落项对系统演化过程的影响；③创新产品及服务的开发、生产及扩散过程是不该严格区分的，应该统一在模型中得以体现。

建立企业创新系统演化机制模型，首先是要选取能够描述创新演化的状态变量。尽管在创新过程中起作用的因素很多，但是根据协同学理论的支配原理，状态变量的数目不一定要选取很多，而是要抓住主要的状态变量，既有利于简化问题，又有利于将创新过程中本质特征表现出来。创新从产生到成熟是一个逐步改进和满足市场要求的过程。本书把创新适应市场需求或满足顾客要求的程度称为创新成熟度，记为 x，作为企业创新系统演化过程的状态变量。显然 x 是时间的函数，即 $x = x(t)$。

根据前文的讨论，创新过程自组织演化的内在动因是系统内各种要素、子系统的非线性作用，演化过程存在正负反馈机制。一方面，技术创新过程存在着创新生产者和创新用户的交互作用，他们依惯例进行创新的学习、搜索和选择活动，对创新成熟度的变化起到加强作用。可以用 $k_1 x$ 来表示，其中 k_1 是本部分对应的创新成熟度比例系数。同时，企业创新系统演化的动力包括源自系统内部的原动力和外部的影响力，相应地，可以用 $k_2 x$ 来表示，其中 k_2 是本部分对应的创新成熟度比例系数。以上两部分构成了企业创新系统演化的正反馈部分，即：$k_1 x \times k_2 x$。另一方面，对于特定的创新流，其发展总是有限度的，即某一项技术创新的演化过程是有限的。当创新产品或服务不断改进，并基本满足市场要求时，创新的学习和搜索活动会减缓下来，也就是说创新成熟度的变化受到减速因子的作用，可以用 $k_3(1-x)$ 来表示，这是企业创新系统演化的负反馈部分。由此，可以构建基于正负反馈机制的企业创新系统演化方程，如式（3-1）所示：

$$\frac{\mathrm{d}x}{\mathrm{d}t} = k_1 x \times k_2 x \times k_3(1-x) + f(x, t) = mx^2(1-x) + f(x, t) \qquad (3-1)$$

式中，令 $m = k_1 \times k_2 \times k_3$，$m$ 是创新过程正负反馈机制作用于创新成熟度变化率的比例系数，称为创新动力机制系数。

下面来解释式（3-1）右端的最后一项 $f(x, t)$。创新过程中存在阻碍创新成熟度提高的限制性因素作用，包括创新主体认知能力的限制、创新者不能瞬间将物质要素转到创新过程的限制，创新主体间，创新者与用户间关于创新思想及创新价值在客观上存在的沟通障碍，创新要素的短缺等。用 $-nx$ 表示其降低创新成熟度变化的作用，称为阻尼项，其中 n 称为阻尼系数（$n > 0$）。

此外，创新过程还有随机"涨落"力的作用，这里用 $\Gamma_0(t)$ 表示。因此，可构建企业创新系统的演化机制方程，如式（3-2）所示：

$$\frac{\mathrm{d}x}{\mathrm{d}t} = mx^2(1-x) - nx + \Gamma_0(t) \qquad (3-2)$$

对方程（3-2）做变换，令 $u = \sqrt{m}x - \frac{\sqrt{m}}{3}$，则有：

$$x = \frac{1}{\sqrt{m}}u + \frac{1}{3} \qquad (3-3)$$

$$\frac{\mathrm{d}x}{\mathrm{d}t} = \frac{1}{\sqrt{m}}\frac{\mathrm{d}u}{\mathrm{d}t} \qquad (3-4)$$

将式（3-3）和式（3-4）代入式（3-2）并整理得到：

$$\frac{\mathrm{d}u}{\mathrm{d}t} = -u^3 + \frac{m-3n}{3}u + \frac{2m-9n}{27}\sqrt{m} + \frac{\Gamma_0(t)}{\sqrt{m}} \qquad (3-5)$$

令 $\alpha = \frac{m-3n}{3}$，$\beta = \frac{2m-9n}{27}\sqrt{m}$，$\Gamma(t) = \frac{\Gamma_0(t)}{\sqrt{m}}$，则企业创新系统演化机制方程变化为下式：

$$\frac{\mathrm{d}u}{\mathrm{d}t} = -u^3 + \alpha u + \beta + \Gamma(t) \qquad (3-6)$$

（1）稳定与分岔。为了简化分析，令方程（3-6）中 $\beta = 0$，$\Gamma(t) = 0$，只考虑含有单个参数 α 的动力学演化方程：

$$\frac{\mathrm{d}u}{\mathrm{d}t} = \alpha u - u^3 \qquad (3-7)$$

由 $\mathrm{d}u/\mathrm{d}t = 0$ 得到方程（3-7）的三个定态解。根据微分方程的稳定性分析原理可以证明：当 $\alpha < 0$ 时，$u_1 = 0$ 为稳定的定态解，此时，u_2 和 u_3 为虚数，没有实际意义；当 $\alpha > 0$ 时，三个定态解均为实数，此时，$u_1 = 0$ 变为不稳定的定态解，而 u_2 和 u_3 是稳定的定态解。

由此可知，$\alpha = 0$ 为方程（3-7）的分岔点，当 α 从负值增大并跨越 0 点时，企业创新系统既有新定态的创生和稳定态数目的增加，又有稳定性的交换，系统定态性质发生显著改变，表明企业通过强调创新、鼓励知识共享促使企业整体发生质变，从而求得新的发展，是一个由旧结构稳定性丧失到新结构确立的有序演化过程。如图 3-3 所示，控制参量 α 从左向右越过分岔点，随着 α 不断增大，原来的稳定定态失去稳定性而成为不稳定性分支（图中实线表示稳定，虚线表示不稳定）。新的稳定定态形成上下对称的两个分支。方程（3-7）的这种分岔属于义式分岔，是从不动点到不动点的分岔。表明创新成熟度的进化要经历原有知识结构稳定性的丧失和新的知识结构确立这样一个有序度增加的过程。演化的路径不是确定的，具有多样性和选择性。

这个创新演化过程是非线性的，创新系统演化的分岔点：$\alpha = 0$，即 $\alpha = \frac{m-3n}{3} = 0$，亦即 $m - 3n = 0$。说明创新系统演化过程中的临界变化是由动力机制系数 m 和阻尼系数 n 这两者之间的联系及其变动决定的。这恰好是前文所分析的自组织创新的必要条件和内部诱因。当 $m - 3n < 0$ 时，技术创新过程处于初始的

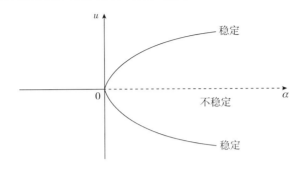

图 3 – 3　创新系统分岔

稳定状态，创新知识和交互作用下的学习、搜索活动还处在较低的层次上，即在有序程度较低状态下满足市场要求，同时为向新的有序结构演化进行量的积累。当动力机制系数增大或阻尼系数减少，使 $m - 3n > 0$ 时，即技术创新有利因素的增加和不利因素减少达到一定程度（即越过临界点）时，原来的生产要素组合和知识结构就变为不稳定的结构。这时系统出现分岔，解 u 不唯一，表明创新过程具有分岔现象，即创新成熟度存在多种状态，演化路径不止一个。实际上，技术创新总是面对多种技术机会和市场机会，并在其中进行选择，一旦某种技术的改进与某类市场匹配起来，即创新者为某类顾客创造了使之满意的新产品或服务，增加企业创新系统的有序度，则使技术创新演化到新的阶段。

（2）渐变与突变。关于方程稳定性的分析说明，创新过程具有从一种状态跃迁到另一种状态的能力，即企业创新系统是有势系统。基本演化方程（3 – 6）的形式的势函数可以由下式求得：

$$V(u) = - \int (-u^3 + \alpha u + \beta) \mathrm{d}u \tag{3 – 8}$$

即

$$V(u) = \frac{1}{4} u^4 - \frac{1}{2} \alpha u^2 - \beta u \tag{3 – 9}$$

这是突变论中典型的尖点突变模型，说明企业创新系统演化过程存在突变现象。方程（3 – 9）的突变流形 M，即系统的定态点是方程（3 – 10）确定的点集合。

$$\frac{\partial V}{\partial u} = u^3 - \alpha u^2 - \beta = 0 \tag{3 – 10}$$

这是三维空间 u、α、β 中的一张光滑曲面，状态变量为 u。控制变量有两个，即 α 和 β，如图 3 – 4 的上半部分所示。从原点（0，0，0）开始，在 $\alpha \geq 0$ 的半空间中，曲面 M 上有一个逐渐扩展的三叶折叠区，就像一块布斜打一个褶一样。可以证明：上叶和下叶是 $V(u)$ 的极小点，势函数稳定；中叶是 $V(u)$ 的极大点，势函数不稳定。

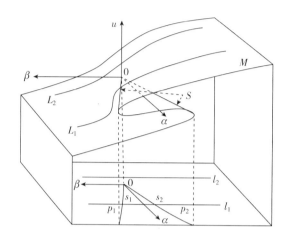

图 3-4　创新系统突变

非孤立奇点集 S 既要满足方程（3-10），又要满足下式：

$$\frac{\partial^2 V}{\partial u^2} = 3u^2 - 2\alpha u = 0 \qquad (3-11)$$

联立方程（3-10）和方程（3-11）消去 u 后整理得到方程（3-12）：

$$\Delta = 4\alpha^3 - 27\beta^2 = 0 \qquad (3-12)$$

从而得到分岔点集，即奇点集 S（突变流形 M 上三叶折叠区的两条折痕）在控制平面上的投影，它是由原点向上半平面引出的两条对称曲线所组成的尖顶曲线（如图 3-5 所示）。

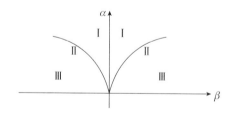

图 3-5　创新系统分岔点集

这两条分岔曲线把控制平面 $\alpha - \beta$ 划分为三个区域，在曲线上方区域Ⅰ和下方区域Ⅲ的势函数都是结构稳定的，而位于曲线上的每一点即区域Ⅱ的势函数

$V(u)$ 是不稳定的。势函数 $V(u)$ 在 II 区的每一个点上都有一个极小点和一个退化拐点，这是造成 $V(u)$ 不稳定的根源。一个微扰动可能使 $V(u)$ 进入 III 区，拐点不再是退化的；也可能使 $V(u)$ 进入 I 区，拐点分裂为一个极小点和一个极大点。 II 区的点在小扰动下这两种性质不同的发展趋势，是系统演化过程中的分岔现象。

经过以上的分析，接下来探讨企业创新系统自组织演化过程形式。在图 3 - 4 中，l_1 是控制平面上一条与两条分岔曲线都相交的曲线，它对应于突变流形曲面 M 上的路径 L_1。若系统从 l_1 上的点 p_1 开始向右移动，在第一次到分岔曲线上的点 s_1 时，系统仍停留在突变流形 M 的下半支，而到达分岔曲线的另一分支上的点 s_2 后，系统从突变流形的下半支（代表着技术创新过程交互作用关系和知识的一种结构）跳到上半支（另一种结构），即系统结构发生突变。反之，若从点 p_2 开始由右向左移动，在点 s_2 不发生突跳，要到达点 s_1 后才会出现突跳。这说明，系统的突变具有方向性，是不可逆的。突变的发生与控制参数 α 和 β 之间特定的联系和变化有关。在突跳点的小区域，控制参数 β 的微小改变可能导致状态变量突然、较大的变化，而突变距离的大小则随 α 值的增加而增加。为了直观地看出控制参数的连续变化导致状态类型的变化，选取 $\alpha \geq 0$ 的常数。此时，图 3 - 4 中的定态曲面转化为 $u - \beta$ 平面中的 S 形曲线，如图 3 - 6 所示。

在图 3 - 6 中，当 $\beta = \beta_a$ 时，系统状态变量处于 S 形曲线的下半支 u_a 点处，当 β 从 β_a 逐渐增加到 β_c 时，状态变量 u 变到 u_c；此时，再增加一个微小扰动，则状态变量从 S 形曲线下半支跃迁到上半支，即由 u_c 突跃到 u'_c。可见系统发生了突变，这种突跃不会导致系统消失，而是使系统脱离了通常的状态特征，获得了新的生存方式。当 β 向 β_a 方向返回的时候，系统不会按照原路径走，而是从 S 形曲线的上半支逐步回到 b 点，即 β 由 β_c 减小到 β_b，状态变量变到 u_b；此时，只要 β_b 再稍微减小一点，系统又会发生突变，状态变量由 u_b 突跃到 u'_b，从 S 形曲线上半支回到下半支。这说明系统演化具有不可逆性。

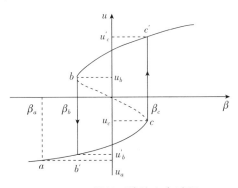

图 3 - 6　创新系统的突变过程

在实际企业创新系统演化过程中，我们经常可以看见这样的现象，创新难点在某一时点上顷刻间突破，创新技术成熟度骤然大幅度提高，从而满足市场需求。企业创新系统发生突变，创新会从一个阶段非常迅速地跃迁到另一个阶段（如研究开发或试制结束，商业化生产开始），或者从一种市场转变为另一种市场。演化模型体现的分岔与突变特征证实了熊彼特关于创新是"创造性破坏"的论断。系统稳定性的丧失，旧结构演进为一系列新的有序结构，是技术创新演化的基本特征，这也说明了技术创新过程具有自组织性。

创新演化过程还存在另外一种情况，即控制平面上的曲线 l_2 不与分岔曲线相交，它对应于突变流形 M 的路径 L_2，当系统沿路径 L_2 演化时不会发生突跳，状态变量随控制参数的变化只能逐渐地增加或减少，它在上下半支的变迁是渐进的（见图 3-4）。突变理论认为状态变量的这种变化行为是平庸的。实际上，这时技术创新过程通过渐变的方式实现其结构的演进，创新是对原有技术的改进和完善。

综上可见，企业创新系统演化过程有两种方式：突变和渐变。这说明，尽管技术创新的机制过程一般表现为以惯例作为创新行为基础的创新生产者和创新用户交互作用下的学习、搜索和选择活动，但创新演化过程可以是间断的，也可以是连续的，即可以是突变的，也可以是渐变的。

（3）涨落及作用。根据前文分析，方程（3-7）中控制参数 α 从 $\alpha<0$ 到 $\alpha>0$，其解发生质的变化。$\alpha<0$ 时，解 $u=0$ 稳定，$\alpha>0$ 时，解 $u=0$ 不稳定，即参数变化越过临界点时，原来的稳定点变为新系统的不稳定点。由于方程（3-7）是确定性方程，演化过程有一个重要特征：初始处于定态的系统将永远停留在定态上。如当初值 $u_0=0$ 时，系统会永远处于这一定态上，即使初态变为不稳定定态。若给定初值 $u_0>0$（或 $u_0<0$），假定 $\alpha>0$ 时，系统将趋向 $u=\sqrt{\alpha}$（或趋向 $u=-\sqrt{\alpha}$）的定态解。当 $t\rightarrow\infty$ 时，系统无穷逼近该定态，而且再也不会离开该定态，不会发生 $u=\sqrt{\alpha}$ 和 $u=-\sqrt{\alpha}$ 之间的逾越。

在现实中，企业创新系统演化过程确实存在其状态在控制参数的改变完成时，系统仍然处于原定态的现象。当各种因素的相互作用使控制参数改变的速度大大高于系统变量的弛豫速度时，创新要素的结构状态就难以迅速改变或调整。表现为技术创新过程不能及时地从一个阶段发展到另一个阶段，不能从适应旧市场需求转变到新的市场需求。有的技术创新由于错失良机，其发展过程陷于停滞（$t\rightarrow\infty$ 时，$u=0$，停留在此状态上），并可能最终导致技术创新的失败。

但另一方面，现实中的企业创新系统演化过程大量存在从旧结构向新结构的跃迁现象，即从初始的定态（$u_0=0$）演化到新的稳定状态（$u=\pm\sqrt{\alpha}$）。耗散结构理论认为，决定和改变系统这种演化命运的是微小的扰动，即随机涨落力。由于非线性机制的放大作用，微小扰动会发展为系统的"巨涨落"。这说明，确定性方程（3 - 7）不能对创新系统的演化进行完善、合理的描述。只有含随机力 $\Gamma(t)$ 的基本演化方程才能够对系统的这种结构演化现象做出更符合实际的描述与解释。即：

$$\frac{\mathrm{d}u}{\mathrm{d}t} = \alpha u - u^3 + \Gamma(t) \tag{3-13}$$

在考虑了随机力的作用后，系统的内容将变得丰富起来，其性质也产生了质的变化。实际上方程（3 - 13）是一个随机微分方程，状态变量 q 也已经变为随机变量。在一般情况下，方程（3 - 13）不能精确求解，因为 $\Gamma(t)$ 的分布形式复杂多变，现考虑 $\Gamma(t)$ 的一种比较简单的形式。假定 $\Gamma(t)$ 为高斯分布形式的白噪声，即 $\Gamma(t)$ 满足下式（N. Johnstone，2010；Perkmann M.，2007）：

$$\begin{cases} E[\Gamma(t_1)\Gamma(t_2)\cdots\Gamma(t_{2n-1})] = 0 \\ E[\Gamma(t_1)\Gamma(t_2)\cdots\Gamma(t_{2n})] = (2D)^n \\ \sum[\delta(t_{i1} - t_{i2})\delta(t_{i3} - t_{i4})\cdots\delta(t_{i2n-1} - t_{i2n})] \end{cases} \tag{3-14}$$

式中，D 为扩散系数，$\delta(t - t')$ 是 δ 函数，当 $p \neq q$ 时，$t_{ip} \neq t_{iq}$，求和是对 δ 函数乘积的所有可能的不同组合进行的，这种组合共有 $(2n)! / 2^n n!$ 个。在此条件下，方程（3 - 13）等效于如下的福克—普朗克方程 [$\rho(u, t)$ 表示系统 t 时刻概率分布密度]：

$$\frac{\partial\rho(u, t)}{\partial t} = -\frac{\partial[(\partial u - u^3)\rho(u, t)]}{\partial x} + D\frac{\partial^2\rho(u, t)}{\partial x^2} \tag{3-15}$$

虽然方程（3 - 15）也不能精确求解，但该方程可以应用随机微分方程的理论和方法近似求解。通过近似求解得出以下结论：①随机涨落力的作用使系统方程（3 - 15）实现由不稳定态向稳定态的演化以及从一个稳定态向另一个稳定态的渡越成为可能。②系统的演化路径在分岔点上不能以确定的方式实现由旧结构向新结构的跃迁，而由 $\Gamma(t)$ 随机决定，在临界点上出现的小偏差将决定系统演化的命运。含有随机力的演化方程对创新过程的描述与解释更切合实际。

3.3 基于 NK 模型的企业创新系统自适应演化机制

3.3.1 概念界定

3.3.1.1 适应度景观理论

适应度景观理论（Fitness Landscape）是 Wright 于 1932 年提出的，它建立在生物进化观点上，认为物种生存不断进化可被看作是一个在有"低谷"和"高峰"的三维景观中游走或迁徙的过程。景观中的每一点代表生物的基因组合，"低谷"代表基因组合的低适应度，"高峰"代表高适应度。不同的基因组合对外部环境的适应度是有差异的，因而三维景观就呈现出峡谷和山脉相间的崎岖地貌。我们称这种三维景观为适应度景观，如图 3-7 所示。

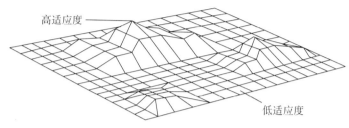

图 3-7 适应度景观

3.3.1.2 企业创新系统构成要素

仿生学进化理论认为，企业创新系统好像一个生命体，要想适应环境，必须对周围环境进行全方位资源交换和对自身要素适时进行适应性调整（J. C. Perrin，1989）。因此，创新系统的各要素状态决定了创新系统对外部环境的适应能力。

许多学者认为，企业创新系统由三大部分构成：主体系统、对象系统和支持系统（J. C. Perrin，1991）。其中，对象系统主要指技术创新过程中所采用的有形资源或无形资源；支持系统主要指影响技术创新过程的制度和环境两大因素。因此，本章将企业技术创新系统的构成要素分为创新主体系统、创新资源系统、创新制度系统和创新环境系统，如图 3-8 所示。

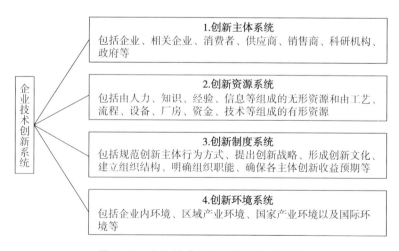

图 3-8 企业技术创新系统的构成要素

3.3.1.3　自适应演化内涵和本质

企业技术创新就是创新企业在动态变化的创新环境中通过适应性动态选择机制，不断调动和组织企业自身各要素以实现技术创新目标的系统工程（J. Foster，2001）。从仿生学进化理论角度看，企业创新系统作为特殊的"生命有机体"，它的演化同生物体进化一样，同样要经历低级到高级的动态自适应演化过程（吕玉辉、丁长青，2006）。

因此，本章是结合适应度景观理论和自组织演化理论来定义企业创新系统的自适应演化内涵。在三维的适应度景观上，企业创新系统不停地变革各构成要素的状态，每变革一次，创新系统就从三维适应度景观的一个地点游走到另一个地点。在游走的过程中，外部环境"适者生存、优胜劣汰"的选择机制使那些做出适应性变革的企业创新系统能够攀上更"高峰"，并成功生存下来。那些没有变革或者做出错误变革的企业创新系统则会长期陷入"低谷"，最终很有可能被淘汰。因此，本书中说的技术创新自适应演化是指：只有使企业创新系统各构成要素保持相对动态一致性并伴随外部动态环境适时变革时，才能不断优化企业整体创新体系，促进创新系统从低级到高级进化，从而获得持续竞争优势，实现企业创新的可持续性发展，这体现在三维的适应度景观地貌上就是作为"生命有机体"的企业创新系统，通过自身的努力，对不断变化的外部环境保持较高适应度，从一个"山峰"游走到更高的"山峰"的过程（J. Markard，2008）。

进一步分析，企业创新系统之所以能够自适应演化，即在适应度景观上不断游走到更高"山峰"，实际上是内外两种因素共同作用的结果（J. S. Metcalfe，1999）。从宏观角度看，是创新系统与外部创新环境相互选择的结果。从微观角度看，是创新系统各构成要素之间相互影响、制约和作用的结果：一方面，系统自身各要素之间的相互作用和影响产生了系统自适应演化的内部动力，如在市场需求刺激下，创新主体为获取最优利益对某种产品的生产技术不断创新并大获成功，必然会极大提高整个企业创新系统的效率；另一方面，外部环境因素的变化也会对系统的自适应演化起到触发作用，如市场中出现更加功能完善、物美价廉的新产品，创新企业就必须适时变革自身原有产品，不然就会有被淘汰的可能。

3.3.2　NK 模型构建

NK 模型是 Kauffman 在 1995 年提出来的，目的是为了定量描述景观的适应度。该模型假设某生物体有 N 个基因，每个基因由许多等位基因组合而成，等位基因分别用整数 0、1、2 等进行标识。若假定基因 i（$i = 1$，2，$\cdots$，N）有 A_i 个等位基因，则该生物体所有基因组合的数量 S 为：

$$S = A_1 \times A_2 \times \cdots \times A_N = \prod_{i=1}^{N} A_i \tag{3-16}$$

同时，假定该生物体每个基因都受到 K 个其他基因的影响，K 的取值范围为 $0 \leqslant K(N-1)$。定义该生物体整体适应度值为所有基因贡献值的平均值，那么，该物种在第 i 个基因组合下的适应度值 p_i（即创新系统在适应度景观中某点的适应度值）表示为：

$$p_i = \frac{1}{N} \sum_{j=1}^{N} f_{ij} \quad (i = 1, 2, \cdots, S) \qquad (3-17)$$

在式（3-17）中，f_{ij} 表示生物体在第 i 个基因组合下第 j 个基因的贡献值，该值取决于第 j 个基因的所有等位基因状态以及影响该基因的 K 个其他基因的等位基因状态。如果假设每个基因都有 2 个等位基因，那么第 j 个基因的贡献值就有 $2^K + 1$ 种可能。

根据上述 NK 模型思想，本书将企业创新系统看作不断进化的生物体，将创新系统适应外部环境动态变化的能力等同为生物体对外部环境的适应度，创新系统的各构成要素等同生物体的各种基因，而将各要素的状态数量则看作每个基因的等位基因数量。根据上文中的企业创新系统构成要素：创新主体（S）、创新资源（R）、创新制度（I）和创新环境（E），可知 $N = 4$。同时，假定这四种构成要素只有两种状态，分别用 0 或 1 表示（0 或 1 只是一种标识，非真实取值）。可知，该创新系统各要素状态组合共有 $2^4 = 16$ 种可能。采用 $S - R - I - E$ 顺序，用四位二进制编码所组成的集合 Ω 来表示企业创新系统构成要素的状态空间：

$$\Omega = \{ S_S S_R S_I S_E \mid S_S = 0, 1; S_R = 0, 1; S_I = 0, 1; S_E = 0, 1 \} \qquad (3-18)$$

在式（3-18）中，$S_S = 0$ 表示独立创新，$S_S = 1$ 表示合作创新；创新资源以有形资源为主，$S_R = 1$ 表示创新资源以无形资源为主；$S_I = 0$ 表示创新制度为专制型，$S_I = 1$ 表示创新制度为民主型；$S_E = 0$ 表示完全自由的创新环境，$S_E = 1$ 表示宏观调控的创新环境。

总的来说，$S - R - I - E$ 四大构成要素相互影响又相互制约，在一定时期内，相互之间保持相对的动态一致性，适应动态变化的外部环境，共同演化（Frenken, K., 2001）。因此，本书假设 $S - R - I - E$ 四个要素彼此之间的影响关系可以组成一个局域型的影响矩阵，即每个要素 i 都受到其他 K 个邻近要素的影响，邻近要素刚好在该要素的两边。本书以 $K = 2$ 为例，建立企业创新系统各要素的相互影响关系图，如图 3-9 所示。

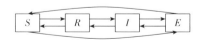

图 3-9　企业创新系统各要素的相互影响关系

最后，根据 NK 模型确定生物体适应度值的方法，企业创新系统在第 i 个要素状态组合下的适应度为：

$$p_i = \frac{1}{4}\sum_{j=1}^{4} f_{ij}(i = i,2,\cdots,2^4) \tag{3-19}$$

在式（3-19）中，f_{ij} 是根据第 j 个要素的状态及与之有关的其他 K 个要素的状态从 $2K+1$ 种状态组合中抽取出来的随机数。本书中，以 $K=2$ 为例，构建出企业创新系统自适应演化的适应度景观，如表 3-1 所示。

表 3-1　企业创新系统自适应演化的一个适应度景观（$N=4$，$K=2$）

Ω				f_{i1}	f_{i2}	f_{i3}	f_{i4}	$p_i = \frac{1}{4}\sum_{j=1}^{4} f_{ij}$	Ω				f_{i1}	f_{i2}	f_{i3}	f_{i4}	$p_i = \frac{1}{4}\sum_{j=1}^{4} f_{ij}$
S	R	I	E						S	R	I	E					
0	0	0	0	0.45	0.93	0.47	0.42	0.57	1	0	0	0	0.84	0.19	0.47	0.67	0.54
0	0	0	1	0.30	0.93	0.20	0.38	0.45	1	0	0	1	0.38	0.19	0.20	0.43	0.30
0	0	1	0	0.45	0.53	0.68	0.68	0.58	1	0	1	0	0.84	0.54	0.68	0.70	0.69
0	0	1	1	0.30	0.53	0.71	0.59	0.53	1	0	1	1	0.38	0.54	0.71	0.64	0.57
0	1	0	0	0.85	0.02	0.19	0.42	0.37	1	1	0	0	0.83	0.86	0.19	0.67	0.64
0	1	0	1	0.30	0.02	0.15	0.38	0.21	1	1	0	1	0.50	0.86	0.15	0.43	0.48
0	1	1	0	0.85	0.50	0.85	0.68	0.72	1	1	1	0	0.83	0.90	0.85	0.70	0.82
0	1	1	1	0.30	0.50	0.82	0.59	0.56	1	1	1	1	0.50	0.90	0.82	0.64	0.72

3.3.3　Matlab 仿真分析

一般来说，企业创新系统是一个非常复杂的系统，其演化也会像其他复杂系统一样呈现出生命周期特征，即演化会经历初期、发展期、成熟期和衰退期这样的完整生命过程（N. Sharif，2009）。但根据自组织理论，成功进化的企业创新系统由于经常处于"远离平衡态"的临界状态，会主动通过变革打破原有"稳定平衡态"，通过适应性行为不断进化，会在相当长时期内处于成熟期。因此，本书将成功的企业创新系统自适应演化过程划分为产生期、成长期和成熟期三个阶段。基于上文的 NK 模型，下面运用 Matlab7.0 仿真软件，探讨和分析企业创新系统自适应演化在三个不同阶段所表现出的特征及规律。

3.3.3.1　产生期——"随机性游走"阶段

在现有文献中，众多学者将企业创建技术创新系统的动力因素总结为企业家个人创新偏好、市场需求拉动、科学技术推动和国家政策。在上述因素触发下，企业经过提出新思想或新概念、分析产品预期收益和市场风险、筹集创新资金、寻找研发合作伙伴、确定研发团队、建立与其他利益相关者良好关系等一系列过程，逐渐建立初期技术创新系统。但此时创新企业整合创新资源的能力和掌握创新环境的信息量都非常有限，只能被动、随机地变革系统中各要素状态来试着适应外部环境，这体现在适应度景观上，就呈现出"随机性游走"的演化机制。当企业创新系统进行"随机性游走"时，并不了解"景观地貌"，因而不能预知随机性游走的结果是攀爬到更高"山峰"还是跌入到更低"山谷"，这导致产生期的企业创新系统生存能力和抵抗力都非常弱，在现实中大多数企业创新系统在创新初期就遭遇挫折或失败。为了更深层次揭露企业创新系统进行"随机性游走"过程中遭遇失败的原因，下文分别在 $K=0$、$K=1$、$K=2$、$K=3$ 下，对企业创新系统适应度景观进行 20 步仿真，每一步仿真都遍历所有要素状态，仿真结果如图 3 - 10 所示。

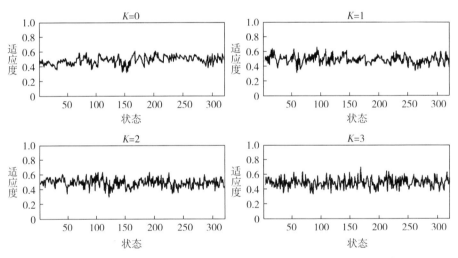

图 3 - 10   企业创新系统"随机性游走"的适应度景观（不同 K 值）

在图 3 - 10 中，当 $K=0$ 时，创新系统适应度值之间的方差 $\text{Var}(K=0)=0.00297$，波动性最小，"景观地貌"最为平缓。这时创新系统各要素之间是相互独立、彼此互不影响的关系，各要素对系统整体适应度值的贡献度也是彼此独立的。当企业随机性变革某一个要素状态时，只是改变该要素自身贡献值，而不影响其他要素的贡献值。随着 K 值的逐步增加，波动性就更加明显，"景观地貌"亦变得更崎岖。尤其，当 $K=N-1=3$ 时，系统适应度值之间的方差 $\text{Var}(K=3)=0.00403$，波动性最大，"景观地貌"亦最为崎岖。此时，创新系统各要素之间相互作用和制约关系最广泛，单个要素对系统整体适应度值的贡献度由该要素自身状态和其他影响要素状态共同决定。也就是说，一个要素状态的改变会影响其他所有要素的贡献度。因此，此时"景观地貌"也最崎岖。

由上述分析可知，采用"随机性游走"演化机制的企业创新系统，容易遭遇失败的原因与系统各要素之间的关系数量值（即 K 的大小）密切相关。系统各要素之间相互关系越复杂，关系数量越多，"景观地貌"越崎岖，创新系统向高点攀爬就需要付出更多的努力，被环境淘汰的概率也就更高。最终，那些与外部环境相适应、市场需求较大、利润预期较高且把握了正确演化方向的企业创新系统通过自组织适应性行为逐步成长起来，从而进入成长期。

3.3.3.2   成长期——"适应性游走"阶段

企业创新系统进入成长期后，通过"干中学"和"学中干"方式，不断增强团队学习，总结"随机性游走"演化过程中的经验教训，积累丰富的创新知识库，不断加强对外部环境的适应能力，因此此时创新企业能够在"有限理性"范围内做出相对"正确"的创新决策，这反映在适应度景观上就是循序渐进有目的地攀登到更高"山峰"的"适应性游走"演化机制，即所谓"短跳"或"局部爬山"过程。

根据演化经济学"惯例形成"过程，本章将企业创新系统"适应性游走"演化机制定位为基于经验学习的"局部搜索"上，即创新主体因为受"有限理性"限制，在变革创新决策时，每次只会变革一个要素的状态，其他 $N-1$ 个要素的状态保持不变。假定 t 时刻创新系统的要素状态组合为 ω_t，对应的适应值为 p_t。然后依次改变其他 $N-1$ 个要素的状态，从中选择适应度值最大且大于 p_t 的要素状态组合 ω_{t+1} 作为下一轮搜索的起点，否则将停止搜索。但是，因为"有限理性"的限制，企业创新系统采用"局部搜索"方式进行"适应性游走"时，往往只能达到局部最高峰，而不能达到全局最高峰。为了揭示上述"适应性游走"演化机制及其局限性，下一步，本书分别对 $K=0$ 和 $K=3$ 时的适应度景观进行仿真，仿真结果如图 3-11 和图 3-12 所示。图中方框表示创新系统要素状态组合及其适应度值，椭圆表示全局最优组合及其最优值，虚框表示局部最优组合及局部最优值。实箭线表示能够到达全局最优值的演化路径，虚箭线则表示只能到达局部最优值的演化路径。

在图 3-11 中，$K=0$，表示企业创新系统各要素之间没有关联，因而不管搜索起点在适应度景观中的哪个地方，通过"适应性游走"演化机制，企业创新系统都能够攀登到最高峰。例如，当随机选定搜索起点在 $\omega_0=0011$ 时，经过"0011→1011→1010→1000→1100"这条演化路径就可以达到最高峰，适应度值亦从原来的 0.422 逐渐提高到全局最优值 0.788。因此，企业创新系统各要素之间的关系数量较小时，通过"适应性游走"演化机制能够极大减少"随机性游走"产生的不确定性,确保在一段时期内企业创新系统的演化能够向适应度值更高的"山峰"攀爬。

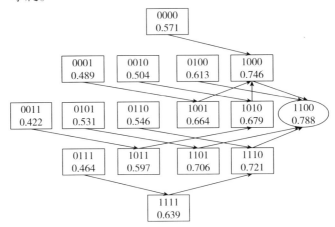

图3-11　企业技术创新系统"适应性游走"的演化景观（$K=0$）

然而在图3-12中,$K=3$时,企业创新系统却有两个局部最优值0.716和0.668,这时企业创新系统是否能够攀登到全局最高峰则主要取决于"搜索起点"的选择。例如,选定搜索起点 $\omega_0 = 1001$ 时,"局部搜索"只能到达局部最高峰0.716,而不能到达全局最高峰0.789。而选定搜索起点 $\omega_0 = 0001$ 时,通过"局部搜索"则能够到达全局最高峰0.789,因为全局最优值刚好是此轮搜索的局部最优值,这再次验证了"取得系统最优绩效点,有时候仅仅起源于一个幸运的位置,从而爬上一座正确的山峰"（Radosevic Regional,2002）。

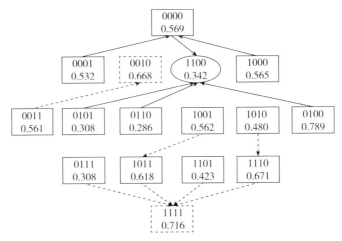

图3-12　企业技术创新系统"适应性游走"的演化景观（$K=3$）

从上述分析可知，成长期企业创新系统通过"适应性游走"演化机制，在一定程度上能够极大提高创新系统搜寻更高适应度值的效率，但由于受"有限理性"限制，适应性"局部搜索"只能到达局部最高峰，容易陷入"局部最优陷阱"中，这就是现实中企业创新过程中普遍存在的"核心刚性"或"相对黏性"现象。"核心刚性"是指创新系统取得一定创新绩效后，利益相关者因担心损失自身既得利益而自觉或不自觉排斥进一步创新变革的现象。"相对黏性"是指创新系统取得一定创新绩效后，利益相关者因担心损失自身既得利益而仍然采用原有路径进行创新从而形成惯性路径依赖的现象。当外部创新环境发生巨变时，"核心刚性"或"相对黏性"都会让创新系统更容易遭遇失败。

3.3.3.3 成熟期——"长跳"和"短跳"相结合阶段

经历成长期"适应性游走"演化（即"短跳"）后，企业创新系统的创新绩效逐渐提升，创新系统上下游关系逐步稳固，创新预期利益逐步实现，技术创新与市场需求之间形成良性循环，企业创新文化逐渐形成，研发团队日益强大，同时与高校、科研院所、政府和中介服务机构等利益相关者建立起稳定的社会关系。总而言之，$S-R-I-E$ 四大要素之间关系逐渐建立，网络结构趋向稳定。但从上文可知，此时企业创新系统容易出现"核心刚性"或"相对黏性"现象，如何摆脱这种惯有的路径依赖，使系统进化到更高级别。那些具有自适应行为特征的企业创新系统则可以通过"长跳"机制成功地摆脱"核心刚性"或"相对黏性"限制，使系统进化到更高层次，逐渐进入成熟期。

首先，成熟期企业创新系统会不断加强团队学习，构建适应性创新制度，建立追求创新的文化氛围，改变员工创新思维，激发员工创新热情，最后将追求创新的愿景和目标转化为员工自觉行为，从而有效减小"核心刚性"的刚度。同时，企业通过不断打造自己的研究团队和研发机构，不断提高自主创新能力，从而拓宽自身创新空间（R. C. Calia，2007）。对那些成功进化的企业创新系统来说，就是在正确的时间里通过一系列"长跳"机制，对系统里各要素进行"突变式变革"，利用创造性破坏来打破旧的技术范式，从而创造出新的创新空间，形成新的技术范式。

"长跳"与"短跳"的结合能够使企业创新系统保持持续的竞争优势。一方面，"短跳"可以使企业创新系统在"有限理性"范围内一直做"正确"的事情；另一方面，"长跳"可以使企业创新系统摆脱"短跳"带来的"相对黏性"或"核心刚性"困境，确保创新系统在一定时期内"正确"地做"正确"的事情。因此，进入成熟期的企业创新系统会将"短跳"和"长跳"有机地结合起来，实现自身的自适应演化和创新的可持续发展，如图 3-13 所示。

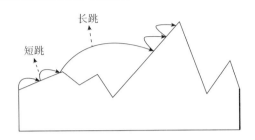

图 3-13　成熟期的企业创新系统自适应演化景观

3.3.4　仿真结果

本章结合 Wright 的适应度景观理论和企业创新的自组织演化理论，阐释了企业创新系统自适应演化的内涵，提出企业技术创新系统的自适应演化可看作是一个在适应度景观地貌中不断游走的生物体通过变革自身各构成要素状态而不断攀爬到更高"山峰"的过程。接着，将四大因素作为企业创新系统的构成要素，利用 Kauffman 提出的 NK 模型，建立起由创新主体、创新资源、创新制度和创新环境四大要素构成的企业创新系统自适应演化的"适应度景观"，并通过 Matlab 仿真软件分别对处于不同演化阶段的演化机制及其困境进行深入分析和探讨，得出如下结论：

（1）产生期企业创新系统采用"随机性游走"的演化机制，创新要素的相互关系越复杂，数量越多，适应度景观地貌越崎岖，创新系统向高点攀爬就越需要付出更多的努力，被环境淘汰的概率也就更高。

（2）成长期企业创新系统采用"适应性游走"的演化机制，极大地提高了创新系统"局部搜索"的能力和效率，但由于受要素间关系和"有限理性"的影响，创新系统只能攀上局部最高峰，容易陷入"核心刚性"或"相对黏性"的"局部最优陷阱"中。

（3）要想摆脱惯性路径依赖，突破局部最高峰的限制，进入成熟期，需要采用"长跳"和"短跳"相结合机制，才能保证创新系统适应环境变化而做"正确的事情"，实现自身可持续发展。

第4章 农业龙头企业技术创新与竞争力现状与评价

目前，农业技术创新成果转化率低是不争的事实，农业龙头企业技术创新成果转化为现实生产力的程度很低，科技与经济结合的问题没有得到根本解决，显然一个非常重要的原因是：农业龙头企业技术创新竞争力依然低下，导致企业创新无法适应外部环境和需求的变化，以及无法形成创新的持续性，农业龙头企业产学研合作停留在"短、平、快"项目合作层面上，无法突破环境变化对技术创新的约束，形成二者的良性循环。

针对上述问题，本章首先结合文献资料和现实调研，探讨农业龙头企业技术创新与竞争力的现状和特征。其次，结合农业龙头企业技术创新特征，从技术创新的系统理论角度，对农业龙头企业技术创新活动从投入到产出的各个阶段考虑其影响因素，构建农业龙头企业技术创新竞争力评价指标体系，利用调研数据，对广东省农业龙头企业技术创新竞争力进行综合评价。最后，在实证研究的基础上，探讨农业龙头企业技术创新竞争力的影响因素。

4.1 农业龙头企业技术创新与竞争力理论背景

技术创新是农业产业化发展的原动力。对中国而言，小规模分散的家庭式农业生产难以容纳先进科学技术，技术创新的重任主要是由农业龙头企业承担。农业龙头企业是以农产品加工、运输为主业和专业批发市场，在农业产业化经营过程中，经济实体利用各种利益联结机制，带动农户，引导生产，使农产品生产、加工、销售有机结合起来。技术创新从本质上来说是指有创造性劳动的产生，是对生产要素和生产条件产生新的组合，技术创新是一种综合活动，它贯穿于整个过程。农业龙头企业产成品的特性、生产特点，使其技术创新除了具有一般企业共有的特征外，还具有特殊性，如高风险性、周期长、地域性和公共属性等。目前我国农业龙头企业在技术创新进程中逐渐形成了自己的技术创新模式，主要包括渐进性技术创新模式（引进—吸收—创新）、产学研合作技术创新模式、创新孵化器模式以及自主创新模式。当前，众多学者建立了农业技术创新体系指导农业企业技术创新发展的相关研究，但侧重企业技术创新影响因素的定性研究，其定量研究相对较少，且未成系统。

4.1.1　技术创新竞争力定义

4.1.1.1　技术创新与竞争力

企业要通过技术的开发形成竞争力，对于企业内部涌现出来的技术创新成果和外部环境中的技术扰动，企业具有一种很强的自催化功能。随着一项技术创新成果在一个企业内部的迅速扩散，成为核心技术，以至成为企业新的核心业务，企业将逐渐形成自己的新的竞争力和技术模式，这时企业的技术结构趋于相对稳定，能够在一个较长的时期内获得高额垄断利润和规模经济效益（乐琦、蓝海林等，2008）。所以，由技术创新能力带来的竞争力超越了具体的产品和服务，以及企业内部所有的业务单元，将企业之间的竞争直接升华为企业整体实力之间的对抗。因此，竞争力的"寿命"比任何产品和服务都长，关注技术创新能力构建起来的竞争力比局限于具体产品业务单元的发展战略更能准确反映企业长远发展的客观需要（潘义勇，2007）。企业只有在核心技术和产品上具有长期积累的特殊能力，才能不断拓展，并形成企业的竞争力。世界许多知名的大企业之所以生命力旺盛、经久不衰，关键的一点便是其通过持续的研究开发，创造和更新核心技术，打造核心产品，并能保证核心产品的更新换代（陈晓慧，2002）。

技术创新成果在企业内部技术扩散是实现技术创新规模经济性、增加创新收益的主要手段。在企业经营中，由技术创新成果构建成的新技术尤其是核心技术在不同产品或产业中的扩散和渗透，使企业技术扩散产生"收益倍放"效应。如佳能（Canon）公司将微电子、激光、精密仪器等方面的核心技术广泛应用和扩散到摄像机、计算机、复印机、传真机、激光打印机、图像扫描仪、细胞分析仪等产品中，可以使同一技术同时在不同的产品市场上获得巨大的创新收益。当然，通常企业技术扩散过程中的收益放大效应主要源于企业多元化经营、国际化经营与纵向一体化生产体系，其实质在于企业内部资源尤其是企业技术创新能力的优化配置，以此构建企业竞争力。

由技术创新能力构建成的企业竞争力可增强企业在相关产品市场上的竞争地位，其意义远远超过单一产品市场上的胜败，对企业的发展具有更为深远的意义，即更关注企业长远发展的需要，追求的不仅是如何在当前的市场中做得更好，而且是如何获得在未来市场中的竞争优势地位。如摩托罗拉（Motorola）公司建立在其无线电通信技术专长基础之上的竞争力，不仅使其在核心业务交换机等通信产品市场上享有持久的优势地位，而且在 BP 机、移动电话和无线移动通信装置的产品领域也遥遥领先。由此可见，用技术创新能力构建成的企业竞争力使竞争对手很难模仿，因而具有较强的特性和进入壁垒。

引用迈克尔·波特（M. E. Porter, 1998）的观点：就世界范围来看，大多数企业已经走出了投资推进型增长方式，并开始从投资推进型向创新推进型转变。大规模的生产往往意味着大规模的固定资产投资，这是大多数企业所难以承受的，同时由此带来的高资产专用性使企业的刚性增加，也难以适应快速变化的市场环境，所以企业的成长发展应着眼于核心能力的培育，立足于技术和产品的创新，创新成为企业成长的根本依托。如英特尔和微软这样的以技术创新为特色的企业并没有庞大的员工队伍，也没有太大的规模，但它们对世界信息技术乃至生产方式的进步却起到了重要的作用。

企业要通过技术革新保持核心竞争能力。企业的命运总是与技术创新相联系的。随着竞争的加剧和时间的推移，某个企业的核心技术会演化为一般技术，企业只有不断进行技术革新，促进工艺创新和产品创新，加速新技术、新材料和新工艺的应用，开发出成本低、有较高使用价值的新产品，创造出消费者对该类产品的新需求，才能保持其竞争能力（Teece D., 1997）。如果缺乏技术创新能力，企业就不可避免地陷入产品结构雷同、竞争乏术的境地，甚至遭到市场的淘汰。

正因如此，技术创新战略是现代企业战略的核心。技术创新使现代企业经营出现了全新的理念。现代企业成功的关键是要确定以技术创新为中心内容的企业竞争战略。迈克尔·波特指出，企业面临现有企业之间、新进入企业、替代品、买方和卖方五种力量的竞争，作为防御者或进攻者可采取的策略中，成本最小化、产品差别化、建立新的学习曲线（实质是采取新的技术路线和标准）、产品和原料替代、开辟新需求等都和技术创新密切相关，没有技术创新，这些策略是无法实现的。

4.1.1.2　技术创新竞争力定义

在本书中，技术创新竞争力是指一个企业利用自己拥有的资源，通过科学研究、技术开发，如技术创新、技术转移等科技活动，产出有价值的、稀有的、难以模仿的、无法替代的研发成果的能力。对于这一内涵，可以从以下几点来理解：

第一，企业技术创新竞争力的高低取决于自己拥有的资源，这些资源主要是一个民营企业进行科技活动的投资，包括人力、物力和财力投入等方面的投资。

第二，企业技术创新竞争力的来源有内生科技和外生科技两个渠道。原则上,对于实力较强的企业可以通过企业内部的技术吸收、自主创新和发明等内生科技活动来获取竞争力;而实力较弱的民营企业则可以通过购买引进、合作开发、委托研究等外生科技活动取得竞争力。当然,实力较强的民营企业也可以通过外生科技,实力较弱的民营企业也可以通过内生科技。这就要求各个企业根据自身的优势和资源来合理选择渠道,从而更加有效地发展技术创新竞争力。

第三,研发活动贯穿于企业科技竞争力培育活动的始终,企业的科技活动具有强烈的应用导向性和市场导向性特征。因为,随着市场生命周期变得越来越快,规模较小、抗风险能力较差的企业如果一味集中保护和维持已经建立的科技竞争力,就会很快被其他企业创造的竞争优势超越,在这种情况下,企业应该利用一切可能的意外机会,通过研发活动不断地开发新的竞争优势,以巩固和增强市场地位。

第四,企业技术创新竞争力一般通过产品、技术和生产模式等创新表现为现实的竞争力,并从中形成知名品牌,获得创新利润和独特的能力。

第五,企业技术创新竞争力是资产竞争力和过程竞争力的统一。其中,资产竞争力是指一个企业拥有的资源条件和现有科研水平,主要包括人力、物力条件和财力资源,以及现有的科研产出(知识积累);过程竞争力主要反映的是将资源转化为科研成果的过程中的能力与效率,它取决于一个企业的策略行为和政府主管部门对该类企业的制度安排。

综上所述,企业技术创新竞争力不仅反映出了一个企业现有科技资源、科研能力、科技环境、科技潜质等方面的综合,也反映出了一个企业技术创新能力促进其高速成长和持续发展、增强其整体经济实力的推动能力及贡献与协调作用。

4.1.2 企业技术创新竞争力评价体系研究

目前国内外对技术创新竞争力的研究仍处于发展阶段,并未形成一致性的理论,国内外学者对技术创新竞争力的看法也不一致。多数学者从企业技术创新能力的视角来理解企业技术创新竞争力(杨智勇、覃锋,2012)。近年来,国内外专家学者相应建立并完善了各种企业技术创新能力评价指标体系,并针对指标体系构建出相应的评价模型。

4.1.2.1 国外专家学者评价指标体系研究

近年来,欧盟已经开展了多次"欧盟技术创新调查"(Community Innovation Survey),在欧洲统计局建立了企业技术创新数据库,其技术创新的评价指标体系也在不断完善中。此外,国外专家学者关于企业技术创新能力评价指标体系的构建主要研究成果有:

Larry E. Westphal(2008)从组织行为的角度,把企业技术创新能力看成是组织能力、适应能力、创新能力和技术与信息获取能力的综合。Steele（2009）采用核对表（Check List）对 R&D 活动进行了评价。Barton（2010）从企业主体视角，认为企业技术创新能力由员工的知识和技能、技术系统、管理系统、科技意识和价值规范等组成。Rogers 以技术传递、技术交换、知识管理和知识创新来评价企业创新能力。Chiesa（2006）建立了包括产品创新、产品发展、工艺创新、技术获取、创新的支持与保障程序五个维度的企业技术创新审计模型。Burgelman（2004）把企业技术创新能力看成是可利用的资源、对竞争对手的理解、公司的组织结构和文化、开拓性战略等能力的组合，注重内部环境与外部环境的共同作用。Terziovski（2001）基于创新的系统集成和网络模型从创新投入、创新流程、创新产品和创新战略四个方面来测评组织的创新能力。

　　Chun – Chu Liu（2012）等对中国台湾高科技企业进行技术创新评价，从产品创新和工艺创新两方面进行评价，产品创新采用专利、R&D 强度、新产品、技术、研发人力资源密度、创新速度等指标来反映；工艺创新通过制造工艺、组装技术以及机械和设备的功能等指标来反映。Guido Capaldo（2010）等基于特定资源与其技术创新能力有密切关系的假设，建立相对应的可以定量分析评价企业技术创新能力的模型。Raoni Barros Bagno（2007）等提出组织内部创新系统（IIS）的概念，并指出战略准备、外部环境、内部组织结构、外部结构的一体化、系统化组织的基本过程、人为因素六个基本要素。Howard Rush（2012）等提出的评价指标，主要包括技术创新的意识与意愿、外部动力、核心竞争力、技术战略发展情况、技术创新的可行性研究能力、获得技术的能力、企业内部技术的实施吸收以及运作的能力、技术创新中的学习能力、与外部的合作和激励机制等。Jesus Perdomo – Ortiz（2013）等在研究全面质量管理与企业技术创新的关系时，提出技术创新的衡量尺度包括产品范围和推出频率、生产系统的技术新颖性、技术创新上的开支、专利等。

　　总体来看，外国专家学者关于技术创新能力影响因素的构成方面各有独创之处，例如，Steele 采用核对表的形式，从不同的问题中反映与技术创新能力相关的主要因素，更具创造性和指导作用；Terziovski 的测评更具有过程性与系统性相结合的特点，因而更具有科学性和现实意义。但有的研究系统性不够，有的在影响因素的划分上存在交叉与混合，整体上仍有待于进一步完善，以使企业技术创新能力评价指标体系更具有科学性和有效性（陈玉和、余其慧，2010）。

　　4.1.2.2　国内专家学者评价指标体系研究

　　我国国家统计局国家经济景气监测中心发布的《中国企业自主创新能力分析报告》，提出的衡量企业自主创新能力的指标体系包括潜在技术创新资源指标、技术创新活动评价指标、技术创新产出能力指标以及技术创新环境指标四个一级指标。此外，国内专家学者对企业技术创新能力评价指标体系的研究可概括为以下三类：

（1）从企业技术创新实现过程中所投入要素的量与质的角度评价技术创新能力的评价指标体系。程涛（2003）基于要素论提出了一个由"人员能力、设备能力、信息能力和组织能力"四个要素组成的评价指标体系模型。察志敏（2009）等将企业技术创新能力划分为企业潜在技术创新资源、技术创新投入、技术创新组织、技术创新产出四个方面，并设计了完整的指标体系。此类指标体系通常过分强调要素对企业技术创新能力的贡献，而忽略了整个企业技术创新的过程性和系统性（柏昊、杨善林，2007）。

（2）从企业技术创新过程的角度评价技术创新能力的阶段型评价指标体系。远德玉等（2011）依据企业技术创新过程的阶段性特征和在不同阶段三类创新资源的配置和利用状况，提出了"机会选择—技术开发—样品制造—批量生产—销售"五阶段模型思想。杨宏进等（1998）提出了"决策—实施—实现"三阶段模型。郑春东等（2012）提出了"需求分析—构思规划—研究开发—生产—价值实现"五阶段模型等。

此类指标体系一般建立于过程论之上，即技术创新是一个包含相互联系相互影响的各个阶段组成的完整过程，分别对这个过程中各个阶段的能力进行评价，从而获取企业技术创新的整体能力（曹萍、陈福集，2010）。虽然强调各个阶段的能力，但忽略了各个阶段之间的相互联系，以及企业环境、资源要素等的影响，因此逐渐被更为全面的指标体系所取代（荣泰生，2009）。

（3）综合了上述两类观点并考虑环境、资源要素等在内的比较系统全面的评价指标体系模型。这一类技术创新能力指标体系在检索到的文献中占大多数，其核心指标大致包括"创新投入能力、创新管理能力、研究开发能力、制造能力、营销能力和创新产出能力"。傅家骥（2009）等将技术创新能力分解为创新资源能力、创新管理能力、创新倾向、研究开发能力、制造能力和营销能力，并受到多数专家学者认可，对以后的研究具有一定的指导意义。魏江等（1995）提出技术创新能力的结构要素包括创新决策能力、R&D能力、生产能力、市场营销能力以及组织能力等方面。董岗（2013）等将指标体系主要分为：外部环境、内部环境、研发能力、信息化水平、制造能力、营销能力、协同能力和经济社会效益等。韩超群（2014）等提出了指标体系主要构成包括创新投入能力、创新管理能力、研究开发能力、制造能力和营销能力等。孙细明（2011）等提出的指标体系主要构成有创新投入能力、创新管理能力、研究开发能力、产品生产能力、创新营销能力和创新产出能力等。刘晓威（2010）提出包含有创新投入能力、创新管理能力、研发能力、创新生产能力、创新营销能力、创新产出能力、信息化能力 7 个一级指标和 37 个二级指标的评价指标体系。李琪（2014）提出的指标体系主要由创新倾向、创新资源投入能力、创新水平、制造能力、营销能力和创新产出能力等构成。曹崇延（2012）等提出了包括 R&D 能力、生产能力、组织管理能力、投入能力、营销能力、财务能力和产出能力 7 个指标类、40 个分指标的评价指标体系。骆珣等（2007）构建了包括企业家综合能力、组织文化、员工综合水平、资源获取能力、资源配置能力、研究开发能力以及营销能力在内的 7 个指标的企业技术创新能力评价指标体系。高启杰（2008）在评价农业科技企业技术创新能力时强调了技术创新投入能力指标、技术创新实施能力指标、技术创新产出能力指标以及技术创新绩效指标四个方面的指标。

此类指标体系的构建不仅从过程上将技术创新的各个环节的能力进行系统评价，还将影响和制约技术创新这一系统活动的各个要素纳入评价范围，使评价指标体系更具系统性与合理性，且为更多学者所接受。

从国内外的总体研究情况来看，评价指标体系的研究取得了很大进步，但是不可否认其仍处于不断探索和开拓的阶段，存在不同程度的不足之处：比如突出产品创新而忽略工艺技术创新，过分依赖研发投入、专利等数据，指标体系中体现企业在时间与环境等因素方面差异性的指标比较缺乏等，因此仍需要深刻理解技术创新本质（张惠茹、李荣平，2010）。

4.1.3　测度企业技术创新竞争力的方法研究

国内外专家学者对于企业技术创新竞争力评价方法的研究主要集中在层次分析法、模糊综合评判法、功效系数法、综合指数法、密切值法和指标倍数法等方面，从方法的运用角度可概括为以下两大类：

4.1.3.1　单一的评价方法

单一的评价方法即对企业技术创新竞争力进行评价时采用单个方法，国内外专家学者采取的方法主要有：美国运筹学家 Saaty 提出了层次分析法（AHP 法）；陈福集等采用应用网络层次分析法（ANP）建立企业技术创新评价模型并评估。Guido Capaldo（2005）等提出了基于组织配置和资源基础理论的一个理论框架，利用基于模糊逻辑的方法来评估企业创新能力；Charnes Coopor（2006）提出了数据包络分析法（DEA），并被国内学者杜栋等广泛采用。杨善林（2009）等针对制造业产业技术创新，采取主成分分析法建立评价模型；段婕、吴永林（2010）等采用因子分析法建立评价模型，对企业技术创新能力进行定量评价和实证分析；李琪、韩超群（2011）等采用模糊综合评判法对企业的技术创新能力进行综合评价；常玉、刘显东（2012）等使用模糊加权评判法；王小黎等（2013）运用 SVM 分类模型对收集的中小企业的技术创新能力评价数据进行学习，再对需要判断的评价数据进行判断，确定被评价企业的技术创新能力；任瑞、刘蕾（2011）等运用密切值法对技术创新能力和技术创新能力要素进行评价等；朱利民等（2004）采用 E－V 模型法；郑春东等（2012）采用综合指数法等。

上述相对单一的评价方法虽早期被很多学者采用，但其弊端逐渐显现出来，比如往往造成数据主观性过强、缺乏检验操作、准确性相对较低等。因此，越来越多的专家学者尝试用不同方法的结合使用来避免上述单一方法评价的弊端。

4.1.3.2 相对综合的评价方法

相对综合的评价方法即对企业技术创新能力进行评价是采用两种及以上方法的相结合使用，取长补短、相互协调，达到更加准确评价企业技术创新能力的目的。国内外专家学者主要采取的方法有：张东亮（2011）等在利用 AHP 法的同时，应用 BP 神经网络对技术创新能力进行评价。卢怀宝（2010）等采用二次相对评价法，首先利用层次分析法（AHP）测算综合指数状态，再用数据包络分析（DEA）方法中的 BCC 模型测算二次相对评价值，形成基于 AHP 和 DEA 的综合评价法，避免了直接应用 AHP 方法排序时判断矩阵的主观性，同时也避免了单纯运用 DEA 方法时无法排序的缺点。

模糊层次分析法也是国内外专家学者常用的评价方法，在一定程度上避免了数据主观性太强的不足，为科学评价企业技术创新能力以及企业有效制定技术创新战略提供科学依据（许志晋、凌奕杰等，1997）。如孙良（2009）等结合层次分析法和模糊综合评判法建立数学模型，对企业技术创新能力进行评价；柳飞红、傅利平（2009）采用不确定性模糊层次分析法（FAHP），即采用三角模糊数构造模糊互补判断矩阵确定权重，最后通过简单的两两比较评判结果进行综合计算处理的方法。

田依林（2011）等应用 Delphi 法通过集成多个专家意见设置评价指标集，运用 AHP 法设计评价指标体系层次递阶图，引用 Saaty 1－9 标度法对指标进行量化，构造了判断矩阵并计算出各指标的相对权重值，引用平均随机一致性指标 RI 值对判断矩阵进行一致性检验，建构起评价基本模型。李荣平（2013）等采取德尔菲法确定指标的权数，并运用改进的功效系数法进行无量纲化处理，并最终采用线性综合评价方法对企业技术创新能力进行评价。Chunhsien Wang（2013）等指出技术创新能力是一个复杂的、不确定性的概念，并考虑多个定量和定性标准，通过采用模糊测度和非可加模糊积分的方法，对高科技企业的技术创新能力进行评价。

采用多种方法结合使用避免了单一的评价方法的缺陷，使得不同评价方法之间取长补短，在一定程度上提高了评价的准确性，被更多的专家学者所接受（陈芝、张东亮等，2010)。近年来，越来越多的学者创造性地运用两种以上的方法综合性地对企业技术创新能力进行评价，并取得了突出的成绩。

总而言之，企业技术创新竞争力的评价方法日趋丰富，但值得注意的问题仍很多，如不同类型的企业是否需要采用不同的评价方法，评价方法在相互补充的同时是否会在一定程度上制约各方法本身作用的实现等。

4.1.4　小结述评

国内外专家学者对企业技术创新能力评价指标体系设计原则的认识渐趋一致，科学性、系统性、现实性与可操作性相结合是其核心；而对企业技术创新竞争力评价指标体系的构建则各有侧重，整体上不断提升全面系统，但指标体系的科学合理性尚需进一步探讨，针对不同类型企业进行分类设计是必然趋势。企业技术创新竞争力评价方法日趋丰富，与实践结合各有优势，但一些缺陷也不容忽视，针对指标体系、结合实际，多方法有效结合运用并不断创新，是更加合理地评价企业技术创新能力的方向。

4.2　农业龙头企业技术创新现状分析：以广东省为例

4.2.1　广东省农业龙头企业发展概况

广东省作为我国改革开放的前沿阵地，经济较发达，市场化程度较高，在实行农业产业化经营方面条件相对成熟，走在全国前列。早在 20 世纪 80 年代初，珠三角地区就出现了各种农工商公司，"公司＋基地＋农户"产业化经营模式初具雏形。如当时广东新兴县的勒竹鸡场（现温氏集团）发展规模生产，带动农户实行一体化经营，采取"公司＋基地＋农户"的产业化模式（即后来闻名全国的"温氏集团模式"）。20 世纪 90 年代，随着"三高"农业的蓬勃发展，广东各地建起了一批"三高"农业商品生产基地，一批农业龙头企业相继出现，贸工农一体化的经营形式进一步完善和发展。截至 2015 年，全省农业龙头企业达到 2403 家，其中，省级以上农业龙头企业 354 家、国家级农业龙头企业 42 家；农业龙头企业销售收入 1991 亿元，其中销售收入超百亿元的龙头企业 1 家、超50 亿元的 4 家、10 亿元以上的 22 家，上缴税金 33 亿元，出口创汇 32 亿美元，实现净利润 129 亿元，带动农户 403 万户，吸纳就业 51 万人，农户年户均增收超过 3000 元。涌现出一批像温氏集团、燕塘乳业、湛江国联水产、东升农场、江丰实业、恒兴集团、广州江南果菜批发市场等一样的国家级重点龙头企业。

4.2.2 广东省农业技术创新现状

4.2.2.1 农业技术创新资源状况

（1）农业科研机构数量扩大。"十二五"期间，广东省农业科研机构数量扩大明显，截至 2016 年，数量达到 147 个，其中国家级 7 个、省级 22 个、市级 41 个。从学科门类看，种植业 72 个，畜牧业 16 个，农垦与农机化类 19 个，此外渔业、农产品加工与检测等其他类别有 40 个。可以看到，广东农业科研机构涉及的门类比较全面，研究方向包括产中、产前、产后全过程。

（2）农业科研经费投入加大。从 2010 年以来，广东省对农业科技协同创新日益重视，持续加大科研经费的投入。如表 4-1 所示，2010~2015 年广东省农业科研机构的经费收入总额是逐年增加的，到 2015 年农业科研机构的经费收入总额已达 2010 年经费收入总额的 2.12 倍。从经费来源看，绝对金额逐年增加的政府财政基金所占的比例最大，占 60% 以上。农业科研机构经费收入与支出相比，收支保持平衡，没有出现严重透支情况，表明农业科研机构的科研活动有比较足够的经费保障。从农业科研经费支出看，经费支出从 2010 年来也保持相对稳定的增长，表明科研机构对农业科研创新与投入也越发重视。

表 4-1　广东省农业科研机构经费情况

年份	经费收入总额（万元）	政府资金来源（万元）	经费支出总额（万元）	科研经费支出（万元）
2010	145351	99541	138033	102071
2011	153808	97170	147080	109966
2012	177661	112223	183924	139088
2013	206378	137844	198623	139022
2014	257464	175628	248776	182463
2015	308653	216129	284375	215674

资料来源：《广东科技年鉴》（2011~2016）。

（3）农业科技人才实力持续增长。主要表现在以下三个方面：①农业科技人才数量增加。2015 年广东省从事农业科技活动的人员达到 5638 人，是 2010 年的 1.56 倍。②农业科技人员结构优化。从学历看，层次大幅提高。2015 年农业科技人才具有博士和硕士学历的比例达到 42.38%，比 2010 年提高了 32.45%。

③农业高层次人才引进和培养成效显著。"十二五"期间,广东省大力引进和培养高层次农业领域科研人才,截至2015年,引进和培养农业领域院士6人、长江学者12人、珠江学者9人、国家突出贡献人才23人、农业部杰出人才10人。

4.2.2.2　农业技术创新科研成果产出情况

"十二五"期间,广东省农业科研机构在农业科学领域发表科技论文共8739篇,出版农业科学类专著169部,在农业领域制定新的国家或行业标准243项。另外,表4-2中的数据显示,广东省在农业科学领域发表论文数量是每年增加的,2015年,发表国外四大索引论文342篇,是2010年的2.87倍;制定新标准61项,是2010年的1.97倍。从获得奖励看,"十二五"成果中,获得广东省和国家科技进步奖有210项,广东省农业技术推广奖有962项,农业部科研成果奖有82项。

表4-2　广东省农业科学领域论文、著作及其他科技产出

年份	科技论文 (篇)	国外发表 (篇)	科技著作 (种)	国家或行业标准 (项)	植物新品种 (个)
2010	1547	119	36	31	27
2011	1397	163	29	22	9
2012	1543	163	25	60	16
2013	1858	332	36	45	15
2014	1962	289	38	55	17
2015	1979	342	41	61	14

资料来源:《广东科技年鉴》(2011~2016)。

4.2.2.3　农业科技成果转化状况

(1)加大实施农业科技成果转化项目。为了进一步与国家财政资金实现联动,2012年广东省科技厅设立农业科技成果转化专项资金,从2012年到2015年一共资助了113项农业科技成果转化项目,金额达到6060万元,累计获得经济效益30亿元,申请通过123项国家专利,培育出54项动植物新品种。同时,广东省还设立了142项农业产业化关键技术应用与推广示范项目,吸引了众多社会金融资本的投入,有效促进了相关农业龙头企业对关键技术成果的应用与转化。

(2)构建农业科技成果转化平台和载体。农业园区是农业科技成果转化的重要平台和载体。"十二五"期间,广东省科技厅通过专项基金大力资助农业科技园区的建设。截至2015年底,广东省已建立了4个国家级农业科技园区(如表4-3所示)和10个省级农业科技园区,地点遍布广州、湛江、珠海、河源、

梅州、韶关、汕头、汕尾等地，是广东省农业协同创新与成果转化的重要载体和平台。

表4-3 广东省国家级农业科技园区

序号	农业科技园区名称	区域
1	广州市国家农业科技园区	珠三角
2	珠海斗门国家农业科技园区	珠三角
3	湛江特色水海产业国家农业科技园区	粤西
4	河源国家农业科技园区	粤东

资料来源：广东省农业厅统计数据。

另外，为了响应国家建设现代农业示范区政策号召，广东省从2010年开始逐步构建了以现代都市农业示范区（顺德、佛冈、从化）、生态型现代农业示范区（梅县、河源、仁化）、外向型现代农业示范区（开平、惠城）和亚热带现代农业示范区（廉江、澄海、阳东）为核心的现代农业示范区战略格局。截至2015年，广东省已建立包括220多个现代农业示范区，其中国家级11个（如表4-4所示）、省级3个。

表4-4 广东省国家级现代农业示范区

序号	现代农业示范区名称	区域
1	开平市国家现代农业示范区	珠三角
2	湛江农垦区国家现代农业示范区	粤西
3	河源市灯塔盆地国家现代农业示范区	粤北
4	仁化县国家现代农业示范区	粤北
5	梅州市梅县区国家现代农业示范区	粤东
6	惠州市惠城区国家现代农业示范区	珠三角
7	汕头市澄海区国家现代农业示范区	粤东
8	佛山市顺德区国家现代农业示范区	珠三角
9	阳东县国家现代农业示范区	粤西
10	廉江市国家现代农业示范区	粤西
11	徐闻县国家现代农业示范区	粤西

资料来源：广东省农业厅统计数据。

（3）建立信息服务平台，创新农业技术推广方式。信息化服务平台能够更方便快捷地为各地农村和农民提高科技信息服务，及时解答农民在生产过程中碰到的技术难点，促进农业新技术的宣传与推广，从而提高农业科技成果转化效率。从 2003 年开始，广东省就着力实施广东农村信息直通车工程，通过联合农业、教育、信息、企业等农业产业化众多部门，整合各类有价值的农业信息，采取"统一品牌、统一标准、统一服务、统一管理"的"四统一"策略和"政府引导、共建共享、企业运营"的模式，构建了集"多渠道、多终端、多元化、多层次"于一身的现代农村信息综合服务平台，极大地促进了农业技术推广的管理创新和服务创新。

4.2.2.4 存在问题

（1）农业科技创新"孤岛现象"仍然突出。科技创新中的"孤岛现象"，主要是指在科技创新体系中，某一环节、要素与其他环节、要素出现"隔离"，在创新体系内部中形成"闭路循环"的现象，导致完整创新链的断裂，致使科技创新和技术转移效率低下。广东省农业科技协同创新也存在类似"孤岛现象"。

1）科研选题与农业产业需求脱节。政府财政基金是课题经费的主要来源，因此项目指南便成了科研人员进行选题的重要依据，这导致科研人员只注重选题的先进性和前沿性，而忽视选题的产业需求和成果转化的市场前景。即使在进行科研课题申报时，有预测选题的产业需求与成果转化情况，但其实这些预测往往是凭主观想法或以往经验得来的，大多数是"纸上谈兵"，很少有基于深入市场调研和数据分析得来的。

2）科研人员与农业生产脱节。高等院校和科研机构对科研人员的考核更注重论文、专利、课题、奖励等主要指标，指标是否完成直接影响科研人员的职称评定、经济收入和工作绩效等。因此，科研人员都将精力放在发表论文、申报课题、申请专利等基础研究上面，而对成果转化、农业生产、技术服务等工作视而不见，导致科研人员空有"理论成果"而与农业生产实际脱节。

3）创新成果与农业市场脱节。科技成果转化可以看作是技术创新最为重要的环节，是新技术、新发明最终实现市场价值的"惊险一跳"，是科技进步支撑经济发展的关键所在，也是科研成果在高校科研院所研究出来后经过一系列的中试、大试、推广、示范等阶段，实现商业化应用的复杂过程。农业科技成果的转化面临更加复杂的过程，除了要经过一系列的中试、大田实验、推广等过程外，还受到许多严格的外部环境限制。例如，植物新品种会受到土壤、气候等外部条件限制，这就要求该品种在成果转化的过程中，需要建立相关的配套技术。因此，更加苛刻的限制条件导致广东农业科技成果更多地只停留在实验室，缺乏需求性、成熟性与适用性，离农业产业化市场距离较大。

（2）农业科技成果供给结构不合理，转化率低。"十二五"期间，广东省农业科技成果产出众多,但在成果转化过程中却面临农业科技成果供给结构失衡,成果转化率低的窘境:一方面,有大批农业科技成果被鉴定,并获得国家或省级科技成果奖。另一方面,大批科技成果却只停留在实验室,未能有效提供和解决农业产业化生产中需要的技术。广东农业科技协同创新仍然面临科技与经济"两张皮"的困境,究其原因主要有两个:一是农业科研活动结构缺陷,科研人员的研究主要集中在产中农业技术的研发与创新上,而忽视产后的农产品贮藏与深加工技术,使成果转化的链条断裂。二是多数农业科技成果的适用性和实用性不高,不能满足农业企业或农民的需要。例如,广东特色优势产业——蚕桑业,经济效益高,但却存在"家蚕发病率高,劳动强度大"的问题。但科研人员却未能针对农民对养蚕"省力化、轻简化"的需求,仍将研究重心放在"产茧量高、单茧丝长、丝质好"的育种目标上,导致广东农民逐渐放弃"劳力重、风险高"的养蚕业而转移到"省力化、风险小"的种田业,昔日特色优势的养蚕产业而今逐渐萎缩。

(3)农民接受能力低下,对农业科技成果有效需求不足。在中国,农民是最主要的农业生产者,也是最主要的农业科技成果的最终用户。然而有众多的数据表明,农民对新技术、新品种的接受能力低下,对农业科技成果的有效需求不足。在广东,这个问题尤为明显。由于地处发达的珠江三角区,广东农民面临更多的到珠江三角区打工的条件和机会,从而造成大量的农村青壮年劳力外流,滞留老人妇孺在家种田,其对农业科技成果的接受能力更低,直接制约了广东农业新成果的推广和转化。另外,当前的农业科技成果主要以规模化、机械化、专业化、集约化农业生产为主,而广东大部分地区属于山谷盆地,农业生产以家庭承包为主的经营模式,规模较小,土地条块划分,零散分布,分割严重,极不利于当前农业科技成果的推广和转化,也造成广东农民对需要大规模土地使用的农业机械化、生产专业化、生物防治等农业科技成果的有效需求严重不足。

(4)农业技术推广体系不完善。农业技术推广是一项非常复杂的综合性系统工程,需要农业科研机构、高等院校、农业推广机构、农业合作社、农业生产者等众多主体进行有效衔接,协同完成。广东省农业推广体系主要采用自上而下的"单向式"推广模式,与基层机构缺乏互动,造成基层机构管理涣散,"上面推广"的技术与基层需求脱节,造成农业技术推广成效低微。其具体症结表现在:①上下科研机构缺乏联动。省级科研机构拥有先进的农业科技成果,然而缺少成果转化的服务人员,很少参与到成果转化的中试和推广过程。地市级科研机构科研实力较弱,科研投入较少,因此本地化适用技术的研究和开发比较滞后。两者之间联系桥梁的断裂造成了广东省农业科技成果的推广难以达到产业化成果转化的要求和标准。②基层农业技术推广机构不受重视,甚至有些地方下放乡镇管理。机构人员"待遇低、晋升少",导致"积极性不高、人心浮乱、队伍不稳",农业技术推广效率低下。③农业技术推广内容以单项实用性为主。目前广东省基层农业推广人员科研素质较低,在推广内容上多以单项实用技术为主,缺乏对本地化适用的现代农业综合配套新技术进行研究、试验和推广。④推广服务不能满足生产需求。当前广东省农业技术推广服务在方式上大多仍停留在"走村串户、以会代训、口传面授"的传统方式上,而本地化适用的农业新技术实地试验、示范和推广却很少,造成技术推广服务难以满足实际农业生产需求。

4.2.3　广东省农业龙头企业技术创新现状

本书在 2014～2015 年对广东省 40 家农业龙头企业进行了相关的调研,具体调研方法见 4.3.1.4。根据调查,广东省农业龙头企业技术创新状况主要有如下几个方面:

4.2.3.1　技术创新推广模式成果显著

在受调查的样本中,88.5% 的农业龙头企业建立了"政府支持、大学依托,市场引导、企业主体"的技术创新推广模式,开展农业先进技术示范和农业科技成果转移的推广体制,调动了农业企业技术创新的积极性。例如,东进农牧(惠东)有限公司的"公司 + 农户 + 科技人员"模式,广东温氏集团的"公司 + 科技人员 + 基地 + 农户"模式都初步建立了以农业企业为主体的产业链推广模式。龙头企业将产业价值链的上下游环节进行整合,降低产业价值链中资金、信息、产品交换运作的成本,实现了各个环节的增值。在此种模式下,科技成果转化率明显提高。

4.2.3.2　企业技术创新模式多元化

农业龙头企业技术创新包括原料创新、工艺创新和产品创新。龙头企业选择某一项开展技术创新活动,或者从多个方面开展技术创新。受调研的 40 家龙头企业中,9 家企业开展原材料创新活动,18 家企业开展工艺创新活动,13 家企业重点开展产品创新活动。企业技术创新模式包括:独立创新、合作创新、引进创新模式等。不同的创新模式有其优缺点。独立创新模式下企业充分利用自身的技术资源,拥有技术研发和使用的绝对控制权,但是由于所需的资本投入比较大,技术开发成本高,存在的风险也比较大。合作创新模式则使企业很快地获取所需的技术和资源,通过合作,有效地分摊风险和降低成本,也为企业提供了更好的学习机会。但是也要注意在合作时避免出现知识产权不清、技术外溢等竞争风险。引进再创新模式降低了企业技术获取成本,跨越式地缩小与技术先进企业的差距,但是要注意防止出现引进—落后—再引进—再落后的恶性循环,造成如我国 DVD 产业的悲剧重演。

农业龙头企业根据企业发展现状、创新战略，或选择一种创新模式，或选择多种创新模式相结合的形式。受调研的 40 家样本企业中，15 家企业采用一种创新模式，多数企业采用多种创新模式相结合的方式。企业开展自主创新模式的有 15 家，开展产学研合作的共 20 家，企业之间合作的共 4 家，引进再创新模式的共 15 家，如图 4－1 所示。

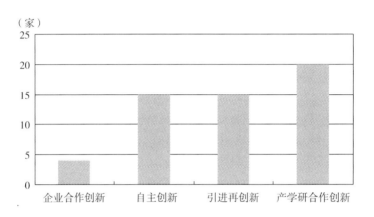

图 4－1　不同创新模式的企业数量

　　当前，我国农业企业的科技资源还比较缺乏，技术水平比较低，通过产学研合作，大力利用外部科技资源提升内部技术创新能力是必然的选择。发达国家也非常重视产学研合作，通过政府财政支持，在许多学校都设立了技术转移办公室（Technology Transfer Office，TTO）（Santoro，Chakrabarti，2002）。在所调查的样本中，开展产学研合作创新模式的企业个数有 20 家，其中，22.9% 的企业选择技术转让的合作方式，48.6% 的企业选择与科研单位联合开发模式，2.9% 的企业直接将创新活动委托给研究单位，40% 的企业跟科研单位开展技术咨询，28.6% 的企业参与科研机构举办的培训课程和学术会议，17.1% 的企业跟科研机构共用设备和实验室。

4.2.3.3　农业龙头企业技术创新体系逐步完善

　　以农业企业为主体的技术创新体系也不断完善，农业企业不断发挥创新主体作用，有 80.2% 的农业龙头企业在企业内部建设专业的技术创新平台，企业的自主创新能力不断提升，出现了一批拥有自主知识产权的核心技术与产品。40% 的农业龙头企业单独设立或与高校、科研单位合作设立研发中心，开展产品技术研发。其中，以广东燕塘乳业股份有限公司、广东省现代农业集团有限公司、广东粤禽育种有限公司、广东海大集团股份有限公司、深圳市光明集团有限公司、惠州东进农牧股份有限公司、东莞市沙田顺发畜禽实业有限公司、广东长江食品集团有限公司、广东恒兴饲料实业股份有限公司、广东温氏集团食品集团股份有限公司等为代表的农业龙头企业建立了较高水平的研究中心，并聘请高级科研人员，开展技术创新活动研究，取得了显著的成效。

4.2.3.4　企业技术创新资金投入持续增加

虽然研发费用投入逐年增长，但研发费用占企业营业收入比重仍然处于较低的水平。有学者研究表明：一个优秀的企业用于研发的投入比重要大于 5%。受调研的 40 家广东省重点农业龙头企业的研发投入比重大多处于 0% ~ 3%，仅广东温氏集团达到了 5%。

4.2.3.5　利益联结机制日趋完善，辐射带动能力增强

农业龙头企业与农户建立公平合理的利益联结机制，是农业产业化经营的核心和内在动力。在所调查的样本中，合同、合作、股份合作这三种较为稳定的利益联结方式所占比例达到 90%。产业化组织通过为基地农户提供优良品种、技术培训等方式，不断增强服务功能。龙头企业通过保护价和加价收购农产品、股份分红等形式，实现企业与农民共享产业化发展成果。

4.2.3.6　政府支持力度逐渐增大

为贯彻落实《国务院关于支持农业产业化龙头企业发展的意见》（国发〔2012〕10 号）精神，进一步支持广东省农业龙头企业做大做强，提升广东省农业组织化程度，加快农业发展方式转变，促进农民就业增收，推动现代农业强省建设，广东省省委根据本省龙头企业的实际情况，制定了大量具体的、可操作性的促进龙头企业发展的政策措施，并出台了《广东省人民政府关于支持农业产业化龙头企业发展的实施意见》（粤府〔2012〕130 号）。

（1）加大财政支持，落实税收优惠。设立有关农业高新技术产业项目、农产品深加工项目专项资金，鼓励龙头企业积极承担项目，对农业科技型企业加大农业综合开发资金、企业发展专项资金、科技成果转化资金等资金支持。对农业高新技术企业，自获利年度起，两年免征企业所得税，而后按 15% 税率征收。龙头企业遇到严重自然灾害，经批准，可减征或免征一年企业所得税。龙头企业研究开发新产品、新技术所发生的费用，按 150% 抵扣当年应纳所得税。研发使用的仪器设备可采用加速折旧法计提管理费用。

（2）积极提供信贷支持。鼓励和支持创新信贷服务模式，完善金融综合服务体系，支持龙头企业发展壮大。鼓励农业发展银行、进出口银行等政策性金融机构继续加大对龙头企业农业科技研发、技术引进消化吸收项目以及对外合作投资的支持力度。鼓励农业银行等商业性金融机构，整合信贷资源，将符合国家产业政策和信贷政策的省、市级龙头企业列为重点支持和服务对象。

（3）推进技术创新战略联盟、创新型企业、服务平台三大载体的建设。鼓

励龙头企业建立研发机构，并加强与科研院所、大专院校的合作，联合开展农业关键和共性技术研发。支持龙头企业加大科技投入，引进国外先进技术和设备，消化吸收关键技术和核心工艺，开展集成创新。积极争取并统筹安排国家和省农业科技计划，支持符合条件的龙头企业实施农业科技攻关计划与星火计划，建设农业科技园区。健全农业技术市场，建立多元化的农业科技成果转化机制，支持龙头企业承担农业科技推广项目，加快科研成果的推广应用。引导龙头企业为农民提供技术指导、培训等服务。鼓励龙头企业采取多种形式培养业务骨干，积极引进高层次人才。

4.2.4　广东省农业龙头企业技术创新存在问题

（1）企业技术创新的主体性不强，缺乏原始创新。在本次调查的 40 家农业企业中，40% 的农业企业单独设立了研发中心或研发机构，60% 的农业企业还没有设立研发机构。在没有设立研发机构的农业企业中，有 49.8% 的农业企业依靠科级单位或者高校的研究成果支撑其技术创新活动；53.6% 的被调查农业企业对主营产品的核心技术拥有自主知识产权，41.5% 的被调查农业企业不拥有自主知识产权；57.4% 的被调查农业企业采取与高校、科研机构合作开发的技术开发形式，41.2% 的被调查农业企业选择直接通过购买设备完成技术开发，25.6% 的被调查农业企业选择技术引进的方式，只有 50.2% 的被调查农业企业可能会采用独立进行项目研发的方式。从这几项调查中我们可以看出，广东省农业龙头企业的技术开发或者主导产品的技术开发主要还是依赖外部主体，农业龙头企业过分依靠政府对技术创新的支持和高校科研机构在技术开发、创新方面的主导作用，自身的主导性不强（王博文、侯军岐，2006），还没有体现出农业企业在技术创新中的主体地位，缺乏主体和市场需求之间的衔接。

（2）企业技术人才缺乏，创新激励机制不完善。在所调查的 40 家农业企业中，从事 R&D 研究和开发工作的人员占员工总人数的 27.6%；在所有从事 R&D 研究与开发工作的人员中，按学历比例来分，硕士研究生占 7.6%，本科生占 51.3%，大专生占 33.3%，其他学历水平人员占 7.8%。由这些比例可以看出，高学历人员占从事研发工作的人员的比例不到 10%。由于学历水平可以在一定程度上反映出企业研发人员的能力，可见广东农业龙头企业技术人员的层次水平还有待提高。Kim（1999）指出，为了提升企业的技术能力，企业需要引进较高层次的人力资源。所以，广东农业龙头企业还需要加大研发人才的投入。良好的和完善的激励机制是企业吸引和留住优秀的技术研发人才的重要手段。在本次调查的农业企业中，激励创新机制只采取一种激励方法的企业占到了 61.5%，采取两种激励方法的占 15.3%，采取两种以上激励方法的只有 23.2%；在所调查样本中，农业龙头企业所采取的激励手段最多的就是岗位技能工资，占到了41.2%，而很少的企业采取了进修深造、技术入股等激励手段。可见广东农业龙头企业对技术研发人员的激励手段比较单一，难以从多方面满足研发人才的需求，这也造成了技术人才缺乏的现状。

（3）企业技术创新信息渠道窄，评估改进能力差。技术创新信息的获取对一个企业提高和改进其技术创新能力是非常重要的。在本次调查的农业企业中，获得技术创新信息的渠道方式一到两种的占到了66.7%，并且以本企业研发机构和营销机构为主，两种以上信息渠道方式的只有33.3%。可见广东农业龙头企业技术创新信息获得渠道很少，难以获得比较全面的有效信息。而从整体来看，企业采用政府部门和同行业其他企业作为信息渠道方式的很少，这一比例只有8%。可见企业技术创新信息主要来自本企业，和政府、其他企业沟通交流少，这样就会造成企业获得的市场信息少，技术创新不能很好地适应市场需求。由于企业缺乏来自政府和其他企业的信息，所以他们很少对自身技术创新能力进行评估，并缺乏对其自有或引进技术改进的意识。如果企业的自主创新能力不够，就需要在吸收改进能力方面加强提高其技术创新能力。而在调查的35家农业企业中，只有41.5%的企业对引进技术进行评估，而评估后进行改进的企业就只占50%。可见广东农业龙头企业可能更多的只是进行单纯的引进，而对引进技术进行评估改进的能力较弱。

（4）企业技术创新环境亟待完善，政府支持尚需加强。相比我国其他地区，广东有着科技、产业、人才等创新环境优势。但由于目前很多农业龙头企业还处于孵化状态，政府政策对这些企业的扶持力度还不够，这些农业企业技术创新能力的提高受到了很大的限制。根据对这40家农业企业的调查，52%的农业龙头企业认为广东创新环境一般，42%的农业龙头企业认为良好，只有6%的农业龙头企业认为好；33.8%的被调查农业龙头企业没有得到过政府的帮助，20.8%的农业龙头企业只得到过政府的一种帮助；8%的农业龙头企业认为广东省技术创新扶持政策差，30%的农业龙头企业认为一般，43%的农业龙头企业认为良好，只有19%的农业龙头企业认为好。从这几项调查来看，首先，广东省技术创新环境虽然得到大部分农业企业的认可，但尚需完善。其次，调查数据反映了一部分农业龙头企业并没有得到政府优惠政策的支持，对政府所实行的政策评价一般。而政府政策属于创新环境的一部分，农业龙头企业的技术创新活动需要政府政策的支持。

（5）农业企业融资手段单一，难以满足资金需求。技术创新活动一般需要企业大量资金的投入，以此满足 R&D 的需求。在本次调查的35家农业企业中，企业在选择技术创新活动和项目资金需求采取的解决方式时，有58.4%的企业只选择了一种方式即自有资金，33.3%的企业选择了两种方式，仅有8.3%的企业选择了三种方式。可见在解决技术创新活动的资金需求时，大部分农业企业的融资手段只有一两种，手段较为单一。在调查到企业存在的主要融资障碍因素问题时，有50%的企业认为企业融资渠道狭窄，42%的企业认为企业缺少政府资助，25%的企业认为企业投资回报时间太长。这项调查反映出了农业企业进行技术创新活动之所以融资难，就是因为融资渠道狭窄，即手段单一，难以满足技术创新活动对资金的需求。这一情况造成农业企业的技术创新投入受到限制，难以提高企业的技术创新能力。

4.3 农业龙头企业技术创新竞争力实证研究：以广东省为例

4.3.1 农业龙头企业技术创新竞争力评价指标体系构建

4.3.1.1 构建原则

构建农业龙头企业技术创新评价模型，对广东省农业龙头企业的技术创新竞争力进行评价，一方面，有助于企业之间通过横向比较，了解自身技术创新水平的同时，与优秀企业进行比较，认清自身的优缺点，有则改之，无则加勉，从而为企业进一步科技创新活动指明方向，提高技术创新能力；另一方面，农业龙头企业是我国农业企业的典型，在企业发展、管理、生产效率、市场营销、辐射带动等方面相对优势比较明显，通过对农业龙头企业技术创新竞争力的研究，揭示农业龙头企业在技术创新方面的更多先进理念和管理模式，对一般农业企业具有借鉴意义。

关于农业龙头企业技术创新评价指标体系的构建原则，众多学者都提出了自己的观点（刘海云，2010）。综合而言，本书认为农业企业技术创新竞争力评价指标体系的建立应该遵循如下原则：

（1）科学与实践相结合的原则。评价指标体系的构建首先要建立在科学的基础上，要符合科技创新理论、企业管理理论、农学理论等一系列科学学科的基本知识。评价指标的测量要采取科学、标准的方法：定量指标的定义要尽量采用国际、国内通用的统计公式，定性指标也要符合统计学的一般规则（陆春菊、韩国文，2002）。同时，要结合农业龙头企业的特点、农产品的特点，设立能够反映其特殊性的指标，保证指标体系建立在科学、合理的基础上。

（2）系统与层次相结合的原则。农业企业技术创新竞争力的评价应基于国家科技创新系统的研究，要系统、全面地反映农业企业技术创新能力的各个方面。评价要以企业技术创新全过程为核心，设置系统、全面的评价指标体系。另外，指标的设立要考虑总体的层次性，各个指标之间的相互关系避免重复、对立的指标同时出现。指标结构层次清晰、合理，有助于科学、详细地评价技术创新竞争力的各个方面。

（3）准确与模糊相结合的原则。准确和模糊是针对指标的具体数值类型而言的。对于可定量的指标要尽量保证数据的准确性。这就需要在设立指标时，充分考虑数据的可获得性：目前是否存在该项数据的统计，企业是否愿意提供该项数据等问题。同时，要尽量利用现有的统计系统公布的数据，保证定量指标的数据来源准确。在处理数据时也要考虑到数据统计口径、范围、指标含义的不一致，要通过数据的标准化处理，保证数据之间的可比性。另外，对于无法定量分析的指标，要根据指标的属性，转化成描述性语言，进行模糊评价。对于程度性定性指标，也可以通过一些统计方法（如李克特量表法）转化成定量指标，再进行比较。

4.3.1.2　构建逻辑

农业龙头企业的技术创新竞争力是企业从创新构思的形成到具体的技术创新研发实验再到实际投产生产加工、市场销售最终为企业带来利润的能力，同时也是能够推动农业产业的发展进步，为地区农民增收、经济发展起到辐射作用的能力（杜江、刘渝，2010）。农业龙头企业的技术创新能力代表的是一种企业资源整合水平，它贯穿于企业创新的全过程，在企业技术创新的不同阶段，通过各种资源要素的整合，达到资源的优化配置。

根据系统理论，农业龙头企业技术创新活动（如图 4 - 2 所示）是一个系统过程，它不但受企业自身条件的影响，也受到系统其他要素的影响。对企业技术创新竞争力评价也就是按照企业技术创新系统理论，在企业技术创新活动的起点到终点再循环全过程分阶段考虑影响因素，建立企业技术创新竞争力评价指标（李政、刘韬等，2013）。具体的农业企业技术创新阶段分为：农业龙头企业根据市场需求的变化，结合目前行业技术发展水平和企业自身的创新能力形成新的创新构想。新产品采用不同的创新模式开展实验室阶段的技术研发，实际投产阶段的生产加工，最终将新产品投入市场，形成企业利润。企业受到销售收入的激励，继续不断地改进和开发新产品，形成技术创新循环。在企业技术创新活动过程中不断形成企业技术创新能力，最终形成企业核心竞争力。

在农业龙头企业技术创新的过程中，技术创新环节可简单归纳为：决策—研发—生产—销售。在创新项目决策阶段，我们不仅需要确定创新项目，还要投入各种技术创新资源保证技术创新过程的顺利实施；在创新项目研发阶段，技术创新竞争力主要体现在企业研发能力上；在实际生产阶段，技术创新竞争力主要表现为企业生产水平；在市场销售阶段，企业要凭借良好的营销能力保证产品获得市场认可。农业龙头企业技术创新的最终目的是取得经济利润和带动当地农业的发展，所以创新产出能力既包括了企业产品的经济效益，也包括了社会效益。在整个技术创新活动中，创新管理贯穿于全过程，管理能力保证了创新项目的顺利实施，通过计划、激励等手段达到管理目标（柳飞红、谢蔽玲，2013）。

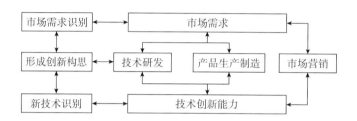

图 4-2　农业龙头企业技术创新活动过程

如图 4-3 所示，在本研究中，我们将农业龙头企业技术创新竞争力评价体系分为技术创新投入能力 A_1、技术创新管理能力 A_2、技术创新研发能力 A_3、技术创新生产加工能力 A_4、技术创新营销能力 A_5 和技术创新产出能力 A_6 六大能力。这些能力要素以企业技术创新活动为中心，以提升技术创新能力为目标，相互配合、协同发展。

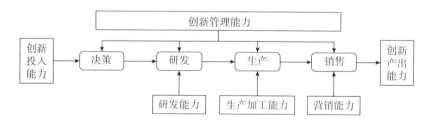

图 4-3　基于系统论的技术创新竞争力要素构成

4.3.1.3　指标体系初步分析

（1）技术创新投入能力。技术创新投入能力是企业技术创新能力的前提。企业要发展技术创新活动，必须要投入各项资源，否则战略计划再完美都是空谈。相比于一般工业企业技术创新活动，农业企业技术创新活动具有很强的社会公益性，所以政府通过各种方式鼓励农业企业技术创新（段云龙，2010）。故而农业企业技术创新投入不仅包括企业内部资源的投入，还包括外部公共部门资源的投入。外部公共部门的资源投入主要是指农业企业获得的国家宏观政策支持，具体包括农业专项资金补贴政策和一系列的税收减免额。企业内部资源的投入是指企业科技人才、资金、生产加工设备的投入（如表4－5所示）。

表4－5　技术创新投入能力的指标构建

一级指标	二级指标
	政府的财政补贴力度 A_{11}
	政府的税收支持力度 A_{12}
技术创新投入能力 A_1	研发费用投入强度 A_{13}
	研发人员投入强度 A_{14}
	研发人员的专业素质 A_{15}

具体的指标度量如下：

目前，国家或地方对农业龙头企业主要的财政补贴方式为专项资金补贴政策，包括农业产业化专项资金补贴、农业综合开发资金补贴等。税收优惠主要体现在增值税减免和所得税减免上。不同的农业企业由于规模、销售收入、带动农户的能力不同，获得的资金补贴、税收优惠就会不同。因此，本书衡量政府财政补贴力度、税收支持力度的计算公式为：

财政补贴力度 = 企业获得的资金补贴/企业年销售额

税收支持力度 = 企业税收减免额/企业年销售收入

研发费用投入强度指标是衡量企业对研发支持力度的重要体现。黄季焜等（2000）的研究表明，企业研发费用占销售额低于1%的企业难以生存，低于2%的企业仅能维持生存，只有研发费用投入达到5%以上的企业才具有较强的竞争能力。其计算公式为：

研发费用投入强度 = 企业研发费用投入/企业年销售收入

研发人员投入力度和研发人员的专业素质指标体现了企业 R&D 整体水平。研发人员是企业技术创新的主体，是推动技术创新的主观力量（胡艺、吴宏，2007）。研发人员的综合水平决定了企业研发的层次、速度、质量。其计算公式为：

研发人员投入力度 = 企业研发人员数量/企业职工人数

研发人员的专业素质 = 研发人员中研究生以上学历人数/研发人员数目

（2）技术创新管理能力。农业龙头企业的技术创新活动是一项有计划、分层次、逐步推进的企业战略的实施，在创新战略实施的全过程中，有效的企业技术创新管理保证了企业创新资源要素的优化配置、创新文化氛围的建设、创新激励制度有效、创新资金充裕，促使农业企业技术创新活动进入"创新—盈利—再创新"的良性循环。可以说，农业企业技术创新管理能力是企业技术创新的核心。目前，技术创新管理能力的衡量指标大多无法通过具体数据支撑（冯绍金，2010），所以本书采用程度性指标来描述企业的技术创新管理能力（如表4-6所示）。

表4-6 技术创新管理能力的指标构建

一级指标	二级指标
技术创新管理能力 A_2	企业领导层的创新精神 A_{21}
	企业技术创新文化氛围 A_{22}
	科研人员创新的积极性 A_{23}
	企业创新激励机制的完备性 A_{24}
	企业在资本市场的融资能力 A_{25}

具体的指标度量如下：

企业领导层的创新精神决定了企业技术创新的未来发展方向。企业领导者的创新积极性渗透在企业经营的各个环节和层面上，使企业形成鼓励创新的文化氛围，并将创新理念传递到员工（范爱军、刘云英，2006）。该指标为定性指标。企业领导层的创新精神从程度上划分，可分为五个评价等级：高、较高、一般、较低、低。

企业技术创新文化氛围是影响企业技术创新的因素之一。企业的愿景、价值观等文化氛围是企业支持员工创新的动力。将企业的技术创新文化氛围从程度上划分为五个层级：高、较高、一般、较低、低。

科研人员创新的积极性是反映企业创新文化氛围是否有效的指标。决定了科研人员是否全心全意为企业发挥最大作用。该指标为程度性指标，同样适用李克特五级量表法。

企业创新激励机制的完备性是从企业制度层面支持创新的举措。以兰斯·戴维斯和道格拉斯·诺斯等为代表的制度创新学派认为制度创新决定技术创新，好的制度选择会促进技术创新，不好的制度设计将扼制技术创新或阻碍创新效率的提高。企业激励创新制度的完善度能够有效地激发员工创新的最大积极性。该指标为程度性指标。

企业在资本市场的融资能力是企业技术创新活动的保证（焦玉灿、罗亚非，2005）。农业企业需要不断地注入资金持续进行创新活动，才能保证技术的持续领先性。若企业融资能力不强，将导致创新资源投入不足、创新过程无法顺利实施、创新产出无法达到预期效果。该指标为程度性指标。

（3）技术创新研发能力。农业龙头企业的技术创新研发能力直接决定了企业产品的科技含量、产品的质量。技术创新研发能力是企业技术创新的基础和核心（胡恩华，2001）。一个企业脱离了研发能力而谈企业技术创新，那就不是真正意义上的技术创新，只能是企业管理创新、制度创新等。企业的技术研发能力具体体现在企业拥有的专利、品种权、技术许可数量、企业研发人员的科研效率和产品的技术先进水平上（如表 4 - 7 所示）。

表 4 - 7　技术创新研发能力的指标构建

一级指标	二级指标
技术创新研发能力 A_3	企业拥有的专利、品种权、技术许可 A_{31}
	研发人员的科研效率 A_{32}
	产品的技术先进水平 A_{33}

具体的指标度量如下：

衡量企业技术创新研发能力的最直接指标即为企业拥有的科研成果数量——专利数量。鉴于农业企业与一般企业的不同，农业龙头企业的科研成果不单包括专利数量，还包括企业登记的品种权、技术许可、企业参与的课题数目等。该指标为定量指标。

研发人员的科研效率指标反映了企业科研人员技术创新的效率。企业研发与科研单位、高校的研究不同，企业研发的目的是最终投入市场，获得市场利润（冯英娟、滕福星，2007）。投产率越高，企业的研发能力就越强。具体公式为：

$$企业技术研发人员的科研效率 = 企业拥有的专利、品种权、技术许可数量 / 企业研发人员数目$$

产品的技术先进水平指标是企业研发成果的技术领先水平的体现。该指标为定性指标。

（4）技术创新生产加工能力。农业企业技术创新生产加工能力是企业把研究成果转化为商品的过程。生产加工能力是研发成果从实验室搬到实际生产过程中仍然能够保证质量、数量等实验室成果同时还能批量生产的重要保证。企业员工的劳动生产率、原辅材料的稳定供应和生产设备的先进水平是提升生产加工能力的重要影响因素（如表 4 - 8 所示）。

劳动生产率指标反映了企业技术创新成果进入生产阶段时，企业员工生产创新产品的效率。通过不同企业间的横向比较，该指标能够反映企业员工数量是否

表 4 – 8   技术创新生产加工能力的指标构建

一级指标	二级指标
技术创新生产 加工能力 A_4	劳动生产率 A_{41}
	原辅料供应链的稳定性 A_{42}
	农产品加工设备的先进水平 A_{43}
	企业对产品在质量、安全、环保等问题上的重视程度 A_{44}

冗余、员工专业素质是否需要提升等问题。因此，劳动生产率指标是引导企业提升生产效率、提高员工素质、提升技术创新能力的重要指标。具体计算公式为：

劳动生产率 = 企业年销售收入/企业职工人数

原辅料供应链的稳定性指标是农业企业需要高度重视的指标。农业企业的原辅材料大多是农产品，具有自然风险和市场风险并存的特点。一方面原材料的供应数量和价格受到季节性、自然条件的影响很大，另一方面目前农业企业跟农户的合作方式大多采取订单合同制，合同的法律约束力比较低，农户很可能在利益诱惑下单向撕毁合约，这些影响因素均会增加企业产品的原材料成本，给企业正常生产带来不便。如何保证企业原辅料的质量和数量不受季节、气候等非人为因素的影响和市场供给、市场价格等人为市场因素的影响，是企业能够顺利进行技术创新、维持企业供应链上游稳定的重要课题。该指标为定性指标。

农产品加工设备的先进水平指标是指农业企业创新产品的生产加工设备的先进水平。加工设备的先进水平是企业技术创新的助推器。农业企业技术创新分为产品创新和工艺创新。若企业研发出创新产品，则需要有先进的生产加工设备来保障生产出预期的产品；若企业在提升产品的工艺水平方面进行创新，则关注于改进企业生产加工设备，使生产设备处于同行业的领先水平。该指标为定性指标。

企业对产品在质量、安全、环保等问题上的重视程度反映了企业在生产加工过程中是否遵循政策法规。随着三聚氰胺事件、瘦肉精事件的曝光，食品安全问题越来越受到广大消费者的关注。2002 年颁布的《农业法》中规定了国家建立健全的农产品加工制品质量标准，要加强农产品加工过程中的质量安全管理、监督。龙头企业作为农业企业的典型，更要注重企业产品的质量安全管理。目前通用的认证有：HACCP 认证、质量认证、环境认证等。这些认证也是消费者衡量企业产品质量的重要标准。所以，本书将企业对产品在环保、技术、安全等相关标准认证方面的重视度作为衡量企业技术创新产品的生产加工能力。

（5）技术创新营销能力。创新产品是否能够顺利进入市场、为企业带来经济效益是衡量企业技术创新是否成功的标志。企业的技术创新营销能力就是为企业开拓新市场或者分享现有的市场空间，引导消费、创造消费需求。企业应当根据自身的产品情况、企业实力、市场需求情况、竞争对手情况等一系列要素，进行市场划分，或通过另辟新市场，或细化市场需求范围，从而确定目标消费者，采取适合的市场营销方法，为创新产品创造市场空间。良好的营销能力一方面通过搜集最新的市场需求信息，为企业下一步的技术创新研发提供方向；另一方面通过品牌推广、拓宽销售渠道、增加销售网点等方式提高企业产品的市场占有率。企业技术创新营销能力的强弱，可以从企业对产品市场信息的了解程度、新产品的宣传力度、技术创新产品品牌的知名度和产品的销售范围等方面来衡量（如表4-9所示）。

表4-9 技术创新营销能力的指标构建

一级指标	二级指标
技术创新营销能力 A_5	对产品市场信息的了解程度 A_{51}
	新产品的宣传力度 A_{52}
	技术创新产品品牌的知名度 A_{53}
	产品的销售范围 A_{54}

对产品市场信息的了解程度指标是衡量企业对市场需求、市场变化、竞争对手情况等问题的了解程度的指标，所谓"知己知彼，百战不殆"。企业通常需要获得产品的市场需求、竞争对手情况、客户需求情况进行产品的 SWOT 分析。该指标为定性指标。

新产品的宣传力度指标是企业为提升产品知名度、提高销售量，支付给传媒的费用。具体计算公式为：

新产品的宣传力度＝新产品的广告费用/企业年销售收入

技术创新产品品牌的知名度指标反映了消费者对商品的质量、功能的认同度。品牌知名度越高，说明消费者对产品的认可程度越高。

产品的销售范围是衡量企业销售渠道是否充分利用的标志。虽然不存在销售范围越广，企业产品销量越大的对应关系，但是销售范围越大，产品销售网点就越多，企业产品的潜在未来销量增大。因此，可以使用产品销售范围作为衡量企业营销能力强弱的指标之一。

（6）技术创新产出能力。农业企业参与市场竞争，投资主体是企业和社会资本的利益相关者，所以农业企业的技术创新产出能力评价首先要考虑到项目的盈利能力和产出效益，如项目投资收益率、项目投资回收期、市场占有率等。在这些具体的衡量指标中，有一些指标需要使用时间序列数据才能获得，受数据的限制，本书只采用企业营业利润率、项目投资回收期来反映企业的技术创新产品的盈利状况。同时，农业企业通过技术创新，解决了品种改良、标准化生产、农民科学种植、养殖技术培训等社会公益技术服务，为农业产业结构升级调整、农民增收提供技术保障。所以农业企业技术创新产出能力的评价指标还包括企业潜在的社会公益性指标，如基地签约农户的数量、企业原材料从基地采购的比重等（如表4-10所示）。

表4-10 技术创新产出能力的指标构建

一级指标	二级指标
技术创新产出能力 A_6	创新产品营业利润率 A_{61}
	项目投资回收期 A_{62}
	创新产品的市场占有率 A_{63}
	基地签约农户数 A_{64}
	主要原料基地采购额 A_{65}

创新产品营业利润率反映了企业的创新项目的盈利能力。具体计算公式为：

创新产品营业利润率＝创新产品净利润/企业销售收入×100%

项目投资回收期是衡量企业经营风险的重要指标。在企业经营过程中，投资回收期过长会导致企业的经营风险增大，因为企业无法准确预测，故为定性指标。

创新产品的市场占有率是指企业创新产品的销售量占市场上全部同类产品销售量的比重。企业通过技术创新，利用降低生产成本、改进产品功效等方式扩大市场份额，提高经营绩效，故产品的市场占有率也反映了企业的技术创新能力。市场占有率指标无法准确衡量，所以从模糊的角度，形成定性指标。

基地签约农户数、主要原料基地采购额均反映了企业对农户的带动、对促进农户就业的扩散作用。企业签约农户数反映了企业促进农民就业的扩散力量。主要原料基地采购额反映了企业与农户利益共享的合作关系。企业技术创新产出能力越强，对农户的带动作用越明显。为了便于不同企业之间的横向比较，采用相对数值进行比较。

企业签约农户倍数＝签约农户数量/企业职工人数

基地原料采购额占企业原料总采购额比重＝原料年基地采购额%/原料采

购额

4.3.1.4　样本及数据

本研究首先通过广东农业产业化网站了解农业龙头企业的基本情况，并根据其提供的资料筛选出调研对象。本研究主要通过以下三种渠道发放问卷：①实地访谈法。利用外出调研的机会，对所在地区的加工型农业龙头企业进行调研，并对企业的高层管理人员进行访谈，了解企业的食品安全管制措施。②电子邮件法。通过网络查找到相关企业的邮箱地址，先后两次向相关企业发送电子邮件。③利用本校"农业推广专业硕士"资源，委托在各地农业局或政府机关部门工作的在职研究生发放问卷。

此次调查共涉及 45 家农业企业，发放问卷 45 份，回收问卷 40 份，有效问卷 40 份，有效率为 88.9%。45 家农业龙头企业按农业行业分，主要涉及：谷物、饲料、植物油加工业，水产品加工业，水果、蔬菜加工业，畜禽、肉类加工业，食品制造业，棉、纺织、茧丝制造业，木材加工、花卉制品业。

4.3.1.5　指标体系的确定

通过相关性检验确定评价指标之间的关联度。常用的衡量两个或多个变量之间参数的相关分析方法有：

简单相关分析，通过比较 Pearson 相关系数，来确定相关关系的方向和强弱。样本相关系数 r 的取值范围为（-1，1）。具体公式为：

$$r_{xy} = \frac{\sum_{i=1}^{n}(X_i - \overline{X})(Y_i - \overline{Y})}{\sqrt{\sum_{i=1}^{n}(X_i - \overline{X})^2}\sqrt{\sum_{i=1}^{n}(Y_i - \overline{Y})^2}}$$

当变量不服从正态分布或为有序变量时，通过比较 Spearman 或 Kendall 等级相关系数确定指标之间的相关性。本章利用 SPSS 统计软件，进行指标之间的相关性分析。

通过检验可以发现：企业技术创新文化氛围 A_{22} 和企业领导层的创新精神 A_{21}、科研人员创新的积极性 A_{23} 的相关度都比较高（0.742、0.756），同时 A_{21} 和 A_{23} 也具有较高的相关性（0.632），企业在资本市场的融资能力 A_{25} 和农产品加工设备的先进水平 A_{43}、企业对产品在质量、安全、环保等问题上的重视程度 A_{44} 相关性较高（0.684、0.568），同时 A_{43} 和 A_{44} 两者的相关度也较高（0.622），技术创新产品品牌的知名度 A_{53} 和 A_{25}、A_{43}、A_{44} 相关系数也较高（0.608、0.502、0.695）。因此，本章将某些指标（企业技术创新文化氛围，企业在资本市场的融资能力，企业对产品在质量、安全、环保等问题上的重视程度，技术创新产品品牌的知名度）删除，最终形成对广东省农业龙头企业技术创新竞争力评价的指标体系，共 6 个一级指标、22 个二级指标，具体如表 4-11 所示。

表4-11 广东省农业龙头企业技术创新竞争力的指标体系

一级指标	二级指标
技术创新投入能力 A_1	政府的财政补贴力度 A_{11}
	政府的税收支持力度 A_{12}
	研发费用投入强度 A_{13}
	研发人员投入强度 A_{14}
	研发人员的专业素质 A_{15}
技术创新管理能力 A_2	企业领导层的创新精神 A_{21}
	科研人员创新的积极性 A_{22}
	企业创新激励机制的完备性 A_{23}
技术创新研发能力 A_3	企业拥有的专利、品种权、技术许可 A_{31}
	研发人员的科研效率 A_{32}
	产品的技术先进水平 A_{33}
技术创新生产加工能力 A_4	劳动生产率 A_{41}
	原辅料供应链的稳定性 A_{42}
	农产品加工设备的先进水平 A_{43}
技术创新营销能力 A_5	对产品市场信息的了解程度 A_{51}
	新产品的宣传力度 A_{52}
	产品的销售范围 A_{53}
技术创新产出能力 A_6	创新产品营业利润率 A_{61}
	项目投资回收期 A_{62}
	创新产品的市场占有率 A_{63}
	基地签约农户数 A_{64}
	主要原料基地采购额 A_{65}

4.3.2 农业龙头企业技术创新竞争力评价指标权重

4.3.2.1 权重确定的方法：模糊层次分析法

确定农业企业技术创新竞争力指标权重是建立科学的企业技术创新竞争力评价模型的关键。确定权重也就是比较各个指标在评价技术创新竞争力指标体系中的相对重要性。目前确定指标权重的方法包括主观赋权和客观赋权。主观赋权包括专家打分法、德尔菲法、头脑风暴法等；客观赋权包括主成分分析法、因子分析法、模糊评价法、BP 神经网络模型、灰色关联度分析等。

T. L. Saaty 等于 20 世纪 70 年代提出了一种具有较强功能，能够反映人们主观判断，便于使用的决策方法——层次分析法（AHP）。AHP 是一种定性和定量相结合的、系统化、层次化的分析方法。它的基本步骤为：首先把问题按主次关系或支配关系进行分类，构造递阶的层次结构；其次两两问题进行比较判断分析，确定每一个因素的相对重要性；再次递阶层次结构内通过某种算法进行合成，得到决策因素的相对重要性的排序；最后根据排序结果，结合实际，分析解决相关问题。如何确定每个因素的相对重要性，进而确定相对权重，是 AHP 分析法的核心。目前，在确定判断矩阵是否具有一致性，一致性检验的判断标准上，学术界仍然存在争议。本章根据模糊层次分析法（FAHP）的相关理论，首先通过专家打分法主观赋权建立模糊一致性判断矩阵，再根据模糊一致性判断矩阵中的元素和权重之间的关系，建立模型，从而确定指标的权重。

（1）模糊一致性判断矩阵相关定义。

定义一：设矩阵 $A = (a_{ij}) n \times n$，$n \in \mathbf{N}$，若有 $0 \leqslant a_{ij} \leqslant 1$，则称矩阵 A 为模糊矩阵。若对于任意 i，$j \in \mathbf{N}$ 都有 $a_{ij} + a_{ji} = 1$，则称矩阵 A 为模糊互补矩阵。

定义二：矩阵 A 为模糊互补矩阵，若对于任意 i，j，$k \in \mathbf{N}$，都有 $a_{ij} = a_{ik} - a_{jk} + 0.5$，则称矩阵 A 为模糊一致性判断矩阵。

$$A = \begin{Bmatrix} a_{11} & a_{12} & \cdots & a_{1n} \\ a_{21} & a_{22} & \cdots & a_{2n} \\ \vdots & \vdots & \ddots & \vdots \\ a_{n1} & a_{n2} & \cdots & a_{nn} \end{Bmatrix}$$

对于模糊一致性判断矩阵 A 有如下性质：

1）对于任意 $i \in N$，有 $a_{ij} = 0.5$。

2）对于任意 i，$j \in N$，都有 $a_{ij} + a_{ji} = 1$。

3）对于任意 i，j，$k \in \mathbf{N}$，都有 $a_{ij} = a_{ik} - a_{jk} + 0.5$。

4）模糊一致性判断矩阵的合成矩阵仍为模糊一致性判断矩阵。

（2）利用模糊一致性判断矩阵确定权重。

建立两两因素相比较确定权重的模糊一致性判断矩阵，从而确定所有因素之间的权重关系。设某评价指标体系共有 n 个指标因子，分别是 n_1，n_2，n_3，$\cdots$，n_n，两两指标之间的程度标度如表 4 - 12 所示。

表 4 - 12　评判标准及其含义

一级指标	二级指标
0.1	表示两数相比，后者比前者极端重要
0.2	表示两数相比，后者比前者极端重要

续表

一级指标	二级指标
0.3	表示两数相比，后者比前者极端重要
0.4	表示两数相比，后者比前者极端重要
0.5	表示两数相比，后者比前者极端重要
0.6	表示两数相比，后者比前者极端重要
0.7	表示两数相比，后者比前者极端重要
0.8	表示两数相比，后者比前者极端重要
0.9	表示两数相比，后者比前者极端重要

构建的模糊一致性判断矩阵 A 与指标之间的关系如表 4-13 所示。

表 4-13　A 与指标关系

因素	n_1	n_2	n_3	…	n_n
n_1	a_{11}	a_{12}	a_{13}	…	a_{1n}
n_2	a_{21}	a_{22}	a_{23}	…	a_{2n}
n_3	a_{31}	a_{32}	a_{33}	…	a_{3n}
⋮	⋮	⋮	⋮	⋮	⋮
n_n	a_{n1}	a_{n2}	a_{n3}	…	a_{nn}

设指标 n_1，n_2，n_3，…，n_n 的权重分别为 w_1，w_2，w_3，…，w_n，由定义可知，任意 a_{ij} 表示指标 n_i 和 n_j 的重要程度的关系。由评判标准及其含义可知，a_{ij} 越大，则指标 n_i 与指标 n_j 相比，指标 n_i 的重要度越高，相应地，在评价指标体系中，对应的权重 w_i 越大。权重（$w_i - w_j$）表示指标 n_i 与 n_j 的相对重要性程度，a_{ij} 也表示指标 n_i 与 n_j 的相对重要性，所以，可以建立关于 a_{ij} 和（$w_i - w_j$）的函数 $f(x)$，表示为：$a_{ij} = f(w_i - w_j)$。

由以上分析可以得到如下关于函数的结论：

1）由定义可知，$a_{ij} \in [0, 1]$，a_{ij} 越大，（$w_i - w_j$）越大，故函数 $f(x)$ 在区间 $[0, 1]$ 内为递增函数。

2）由定义可知，当 $i = j$ 时，$a_{ij} = 0.5$，$w_i - w_j = 0$，故函数 $f(x)$ 中当 $x = 0$ 时，$f(0) = 1/2$。

3）$i, j \in N$，$\sum_{i=1}^{n} w_i = 1$。

4）当 i 为固定值，矩阵 A 的任意第 i 行的和 $\sum a_{ij} \in \left[\frac{1}{2}, n - \frac{1}{2} \right]$。

设函数 $f(x)$ 为多项式函数，即 $f(x) = a_0 + a_1 x + a_2 x^2 + a_3 x^3 + \cdots + a_n x^n$，由

函数 $f(x)$ 的性质可知：

1）$f(0)=a_0=1/2$。

2）矩阵 A 为模糊一致性判断矩阵，得 $a_{ij}=1-a_{ji}$，根据函数 $f(x)$ 的定义，$a_{ij}=f(w_i-w_j)=1-f(w_j-w_i)$，令 $x=w_i-w_j$，$f(x)=1-f(-x)$。

$f(1)=a_0+a_1+a_2+\cdots+a_n$

$f(-1)=a_0+a_1+a_2+\cdots+a_n(-1)^n$

$f(1)+f(-1)$ 得：

$2a_0+2a_2+2a_4+\cdots+2a_{2k}=1$

$\because a_0=1/2 \quad a\geqslant 0$

$\therefore a_2=a_4=\cdots=a_{2k}=0$

得到 $f(x)=1/2+g(x)$，$g(x)$ 为 $f(x)$ 的奇数项组成的函数。

3）矩阵 A 为模糊一致性判断矩阵，对于任意的 $i,j,k\in N$，都有 $a_{ij}=a_{ik}-a_{jk}+0.5$。

$\therefore f(w_i-w_j)=f(w_i-w_k)-f(w_j-w_k)+0.5$

令 $x=w_i-w_k$，$y=w_j-w_k$

$\therefore f(x-y)=f(x)-f(y)+0.5$

$\therefore g(x-y)=g(x)-g(y)$

$\therefore g(x)$ 为一次函数 $g(x)=a_1x$

$\therefore f(x)=1/2+a_1x$

$\therefore a_{ij}=f(w_i-w_j)=a(w_i-w_j)+1/2$

4）由 $a_{ij}=f(w_i-w_j)=a(w_i-w_j)+1/2$，可得：

$w_i=1/a(a_{ij}-1/2)+w_j$

$$\sum_{j=1}^{n}w_i=1/a\sum_{j=1}^{n}a_{ij}-n/2a+\sum_{j=1}^{n}w_j$$

$$\because \sum_{j=1}^{n}w_i=nw_i,\sum_{j=1}^{n}w_j=1$$

$$\therefore w_i=1/n+\sum_{j=1}^{n}a_{ij}/na-1/2a$$

5）由 $w_i=1/n+\sum\limits_{j=1}^{n}a_{ij}/na-1/2a$，$w_i\geqslant 0$，可得 $a\geqslant n/2-\sum\limits_{j=1}^{n}a_{ij}$，根据模糊一致性判断矩阵的性质 $1/2\leqslant\sum\limits_{j=1}^{n}a_{ij}\leqslant n-1/2$，可知 $a\geqslant\dfrac{n-1}{2}$。由 $w_i=1/n+\sum\limits_{j=1}^{n}a_{ij}/na-1/2a$ 可知，a 越大，w_i 越小。在 $a_{ij}=f(w_i-w_j)=a(w_i-w_j)+1/2$ 中，当 n 扩大时，(w_i-w_j) 越小，为了保证指标之间的可比性，取 $a=\dfrac{n-1}{2}$。

6）综上可得，$w_i = \dfrac{1}{n(n-1)}\left(2\sum\limits_{j=1}^{n} a_{ij} - 1\right)$，设有 M 个专家对该指标打分，由于每个专家的打分对结果同等重要，根据加权平均法，则：

$$\overline{w_i} = \frac{1}{n(n-1)}\left[2\sum_{k=1}^{m}\sum_{j=1}^{n}\frac{1}{m}a_y^k - 1\right]$$

4.3.2.2 权重的确定

为避免指标打分的片面性，确定指标权重的打分表的调研对象广泛，包括农业企业经济理论研究方面的专家、宏观农业政策研究的科研人员和拥有丰富农业企业管理经验的企业领导人。总共发放问卷 10 份，有效利用的为 5 份。下面以技术创新竞争力评价指标体系中的一级指标技术创新投入能力的各层次指标（三级指标）的权重确定方法为例，按照模糊一致性判断矩阵的权重确定公式，确定各指标的权重。

一级指标技术创新投入能力的分项指标包括：政府的财政投入、税收优惠、企业研发费用投入、企业科技人员数目和科技人员的专业素质。专家通过五项指标两两比较相对重要性，进行打分。从而可以建立如下五个矩阵，经检验，均为模糊一致性判断矩阵。

$$A_1 = \begin{pmatrix} 0.5 & 0.9 & 0.9 & 0.9 & 0.9 \\ 0.1 & 0.5 & 0.1 & 0.1 & 0.3 \\ 0.1 & 0.9 & 0.5 & 0.8 & 0.8 \\ 0.1 & 0.9 & 0.2 & 0.5 & 0.8 \\ 0.1 & 0.7 & 0.2 & 0.2 & 0.5 \end{pmatrix} \quad A_2 = \begin{pmatrix} 0.5 & 0.6 & 0.1 & 0.2 & 0.1 \\ 0.4 & 0.5 & 0.7 & 0.8 & 0.9 \\ 0.9 & 0.3 & 0.5 & 0.2 & 0.3 \\ 0.8 & 0.2 & 0.8 & 0.5 & 0.2 \\ 0.9 & 0.1 & 0.7 & 0.8 & 0.5 \end{pmatrix}$$

$$A_3 = \begin{pmatrix} 0.5 & 0.6 & 0.5 & 0.7 & 0.3 \\ 0.4 & 0.5 & 0.4 & 0.5 & 0.3 \\ 0.5 & 0.6 & 0.5 & 0.8 & 0.5 \\ 0.3 & 0.5 & 0.2 & 0.5 & 0.4 \\ 0.7 & 0.7 & 0.5 & 0.6 & 0.5 \end{pmatrix} \quad A_4 = \begin{pmatrix} 0.5 & 0.6 & 0.2 & 0.3 & 0.2 \\ 0.4 & 0.5 & 0.2 & 0.4 & 0.3 \\ 0.8 & 0.8 & 0.5 & 0.7 & 0.3 \\ 0.7 & 0.6 & 0.3 & 0.5 & 0.3 \\ 0.8 & 0.7 & 0.4 & 0.7 & 0.5 \end{pmatrix}$$

$$A_5 = \begin{pmatrix} 0.5 & 0.6 & 0.9 & 0.8 & 0.7 \\ 0.4 & 0.5 & 0.1 & 0.2 & 0.3 \\ 0.1 & 0.9 & 0.5 & 0.6 & 0.7 \\ 0.2 & 0.8 & 0.4 & 0.5 & 0.6 \\ 0.3 & 0.7 & 0.3 & 0.4 & 0.5 \end{pmatrix}$$

根据模糊一致性判断矩阵的性质，该三级指标体系的权重向量 $W = (W_1, W_2, W_3, W_4, W_5)^T$ 的任意 W_i 可以由公式 $w_i = \dfrac{1}{n(n-1)}\left(2\sum\limits_{j=1}^{n} a_{ij} - 1\right)$ 得到。其中，$N = 5$。本书共采用五位专家的打分意见，所以可得 $M = 5$。利用 Excel 建立

函数关系，获得权重矩阵：

　　专家 1 确定的权重向量：$W_1 = (0.36, 0.06, 0.26, 0.2, 0.15)^T$。

　　专家 2 确定的权重向量：$W_2 = (0.1, 0.28, 0.17, 0.2, 0.25)^T$。

　　专家 3 确定的权重向量：$W_3 = (0.21, 0.16, 0.24, 0.14, 0.25)^T$。

　　专家 4 确定的权重向量：$W_4 = (0.16, 0.14, 0.25, 0.17, 0.28)^T$。

　　专家 5 确定的权重向量：$W_5 = (0.3, 0.1, 0.23, 0.2, 0.17)^T$。

　　根据公式 $\overline{w_i} = \dfrac{1}{n(n-1)}\left[2\sum_{k=1}^{m}\sum_{j=1}^{n}\dfrac{1}{m}a_y^k - 1\right]$，可得农业企业技术创新投入能力各二级指标的权重向量为：$W_i = (0.226, 0.148, 0.23, 0.182, 0.214)^T$。

　　按照上述方法，通过整理数据，建立模糊一致性判断矩阵，最终可得到农业企业技术创新竞争力评价指标权重（如表 4-14 所示）。

表 4-14　广东省农业龙头企业技术创新竞争力评价指标权重

一级指标	权重	二级指标	权重
技术创新投入能力 A₁	0.183	政府的财政补贴力度 A₁₁	0.226
		政府的税收支持力度 A₁₂	0.148
		研发费用投入强度 A₁₃	0.230
		研发人员投入强度 A₁₄	0.182
		研发人员的专业素质 A₁₅	0.214
技术创新管理能力 A₂	0.168	企业领导层的创新精神 A₂₁	0.45
		科研人员创新的积极性 A₂₂	0.25
		企业创新激励机制的完备性 A₂₃	0.3
技术创新研发能力 A₃	0.207	企业拥有的专利、品种权、技术许可 A₃₁	0.327
		研发人员的科研效率 A₃₂	0.287
		产品的技术先进水平 A₃₃	0.387
技术创新生产加工能力 A₄	0.115	劳动生产率 A₄₁	0.353
		原辅料供应链的稳定性 A₄₂	0.267
		农产品加工设备的先进水平 A₄₃	0.380
技术创新营销能力 A₅	0.163	对产品市场信息的了解程度 A₅₁	0.213
		新产品的宣传力度 A₅₂	0.367
		产品的销售范围 A₅₃	0.420
技术创新产出能力 A₆	0.165	创新产品营业利润率 A₆₁	0.238
		项目投资回收期 A₆₂	0.156
		创新产品的市场占有率 A₆₃	0.218
		基地签约农户数 A₆₄	0.228
		主要原料基地采购额 A₆₅	0.160

资料来源：本书整理。

4.3.3 广东农业龙头企业技术创新竞争力评价

4.3.3.1 样本数据的标准化处理

为了消除原始指标数据之间量纲不同的影响，使数据之间具有可比性，需要将数据进行无量纲处理。无量纲处理的方式有多种，本章利用 SPSS 软件，对原始数据进行 Z – Score 转换。无量纲处理后，各变量平均值为 0，标准差为 1。数值大于 0 意味着高出平均水平，小于 0 意味着低于平均水平。具体计算公式为：

$$Z(X_j) = \frac{X_j - \overline{X}}{\sqrt{\sum_{i=1}^{n}(X_i - \overline{X})^2}}$$

4.3.3.2 评价公式

设企业技术创新竞争力评价指标的一级指标分别为 A_1，A_2，A_3，$\cdots$，A_6。二级指标分别为 A_{11}，A_{12}，A_{13}，$\cdots$，A_{15}，A_{21}，A_{22}，A_{23}，$\cdots$，A_{25}，$\cdots$，A_{61}，A_{62}，A_{63}，$\cdots$，A_{65}，则：

$$A_i = \sum_{k=1}^{l} W_{ik} B_{ik}, A = \sum_{i=1}^{m} W_i B_i$$

其中，W_{ik} 表示指标 A_{ik} 的权重，l 表示一级指标 A_i 的二级指标个数，m 表示一级指标的个数，B_{ik} 表示指标 A_{ik} 的综合评价值，B_i 表示指标 A_i 的综合评价值。对样本数据进行标准化处理之后，可能存在正值或者负值，每个指标的综合评价值也有可能为正或者负。对正值或者负值要有正确的理解：若企业的技术创新竞争力综合评价值为正，则企业的技术创新能力具有较高的竞争力，在同行业中处于领先位置。数值越大，企业技术创新竞争力越强。若企业技术创新竞争力综合评价值为负，则企业在样本企业中处于劣势，数值越小，相对劣势越明显。

4.3.3.3 评价结果分析

利用综合评价模型，对广东省农业龙头企业的技术创新竞争力进行系统的评价。将农业龙头企业按照企业类型进一步细分，对农业龙头企业一级指标技术创新综合能力和二级各分项指标分别进行评价，在增加企业之间的可比性的同时，通过分项指标的对比，更详细地反映出企业技术创新竞争力的差异，评价结果如表 4 – 15 和表 4 – 16 所示。

（1）技术创新综合竞争力评价。

总体而言，广东省农业龙头企业的技术创新竞争力水平属中等偏上。受调查的 40 家农业龙头企业中，技术创新综合能力大于 0 的企业为 21 家，占总样本的 52.5%。技术创新综合能力最强的为广东温氏集团，达到 0.95，最低分为韶关七里香粮油实业有限公司，总分为 – 0.72。从分项指标的测定结果可以发现：广东省龙头企业的技术创新管理能力、技术创新研发能力和技术创新产出能力相对较

强，测定结果大于 0 的企业分别有 24 家、22 家和 22 家，分别占 60%、55% 和
55%。技术创新生产加工能力和营销能力水平一般。测定结果大于 0 的企业都为
16 家。技术创新投入能力相对较弱，仅有 17 家企业的投入能力大于 0，且集中
于畜禽、肉类加工业和食品制造业。

表 4 – 15　按照行业划分农业龙头企业技术创新竞争力评价结果

行业分类	企业名称	投入能力	管理能力	研发能力	生产加工能力	营销能力	产出能力	综合能力	行业排名	行业内部平均值
谷物、饲料、植物油加工业	恒兴饲料实业	0.08	0.47	0.49	0.88	0.06	0.08	0.32	1	-0.03
	现代农业集团	-0.22	0.81	0.28	1.54	-0.32	0.20	0.31	2	
	深圳天俊实业	-0.49	-0.2	-0.23	0.37	0.69	-0.67	-0.13	5	
	韶关七里香粮油实业	-0.66	-1.83	-0.45	0.34	-1.41	-0.48	-0.72	7	
	东莞太粮米业	1.07	0.14	0.08	-0.47	-0.53	-0.01	0.09	4	
	珠海世海饲料	-0.14	0.14	-0.13	-0.17	-0.77	-0.42	-0.24	6	
	汕头粮丰集团	0.26	-0.19	0.23	-0.53	0.65	0.20	0.14	3	
水产品加工业	深圳水产公司	-0.05	0.04	-0.32	0.6	-0.28	-0.47	-0.12	5	-0.10
	湛江国联水产	-0.24	0.49	-0.63	0.5	-0.33	0.68	0.05	3	
	广东海大集团	0.32	0.49	0.35	0.72	-0.3	-0.43	0.18	1	
	汕头大洋公司	-0.09	0.47	-0.3	1.01	-0.35	0.03	0.06	2	
	汕头侨丰集团	-0.04	1.13	-0.32	-0.37	-0.24	-0.37	-0.03	4	
	阳江谊林海达速冻水产	0.35	-1.83	-0.56	-0.49	-1.32	-0.04	-0.64	7	
	广州陆仕水产	-0.31	0.1	-0.45	-0.1	-0.32	-0.26	-0.24	6	
水果、蔬菜加工业	汕头海特果菜	0.04	-0.53	-0.88	-0.53	0.4	-0.24	-0.30	5	-0.11
	广州从玉菜业	-0.21	-0.19	0.61	0.04	0.21	0.13	0.13	1	
	深圳果菜贸易	-0.31	0.81	-0.16	-0.57	0.04	-0.81	-0.21	3	
	宏辉果蔬	-0.42	0.46	-0.55	-0.56	0.30	-0.53	-0.22	4	
	深圳源兴果品	0	-0.53	0.33	-0.54	0.63	0.22	0.06		
畜禽、肉类加工业	东进农牧司	0.40	0.78	0.95	0.61	0.46	0.54	0.64	2	0.37
	顺发畜禽实业	-0.38	-0.19	0.27	0.11	-0.41	0.71	0.02	5	
	广东温氏集团	0.61	1.11	1.45	0.7	0.78	0.88	0.95	1	
	广州江丰实业	0.34	0.14	0.12	-0.15	1.33	-0.45	0.24	4	
	深圳光明集团	1.67	0.14	-0.93	-0.21	1.7	-0.01	0.39	3	
	惠州金种家禽	-0.32	-1.5	1.02	0.41	0.38	-0.16	-0.02	6	

续表

行业分类	企业名称	投入能力	管理能力	研发能力	生产加工能力	营销能力	产出能力	综合能力	行业排名	行业内部平均值
食品制造业	广东燕塘乳业	0.09	0.79	0.36	0.06	0.03	0.32	0.29	1	0.12
	广东康辉集团	0.12	0.045	0.42	0.13	0.11	0.35	0.21	3	
	汕尾国泰食品	−0.20	0.14	−0.23	0.04	0.11	0.12	−0.02	5	
	广东长江食品	0.15	0.36	0.18	0.34	0.21	0.44	0.27	2	
	丰顺源金食品	−0.31	−0.1	0.02	0.09	−0.04	−0.16	−0.09	6	
	广东锦丰实业	0.08	0.21	0.11	012	−0.23	0.08	0.06	4	
棉、纺织、茧丝制造业	始兴金兴茧丝绸	−0.54	1.02	−0.91	−0.39	−0.03	−0.1	−0.18	2	−0.28
	英德大信茧丝绸	0.06	−0.85	−0.7	−0.77	−0.49	−0.04	−0.45	4	
	广东丝绸纺织	−0.15	−0.19	−0.23	−0.06	−0.02	0.32	−0.06	1	
	广东石棉布公司	−0.64	−1.16	−0.12	−0.46	−0.32	0.01	−0.44	3	
木材加工、花卉制品业	五联木业集团	−0.06	0.04	−0.04	−1.24	0.07	0.08	−0.13	5	0.02
	陈村花卉世界	0.08	0.48	0.31	−0.56	0.1	0.16	0.08	3	
	广东威华	−0.21	0.37	0.24	0.09	−0.23	0.25	0.09	2	
	广州友生园林	−0.47	−0.98	0.87	−0.54	0.04	−0.2	−0.12	4	
	广州花卉科技园	0.35	−0.86	0.86	−0.24	−0.09	0.64	0.16	1	

资料来源：本书整理。

表4-16 广东省农业龙头企业技术创新竞争力排名

企业名称	综合能力	排名	企业名称	综合能力	排名
广东温氏集团	0.95	1	顺发畜禽实业	0.02	21
东进畜牧司	0.64	2	惠州金种家禽	−0.02	22
深圳光明集团	0.39	3	汕尾国泰食品	−0.02	23
恒兴饲料实业	0.32	4	汕头侨丰集团	−0.03	24
现代农业集团	0.31	5	广东丝绸纺织	−0.06	25
广东燕塘乳业	0.29	6	丰顺源金食品	−0.09	26
广东长江食品	0.27	7	深圳水产公司	−0.12	27
广州江丰实业	0.24	8	广州友生园林	−0.12	28
广东康辉集团	0.21	9	深圳天俊实业	−0.13	29
广东海大集团	0.18	10	五联木业集团	−0.13	30
广州花卉科技园	0.16	11	始兴金兴茧丝绸	−0.18	31

续表

企业名称	综合能力	排名	企业名称	综合能力	排名
汕头粮丰集团	0.14	12	深圳果菜贸易	−0.21	32
广州从玉菜业	0.13	13	宏辉果蔬	−0.22	33
东莞太粮米业	0.09	14	珠海世海饲料	−0.24	34
广东威华	0.09	15	广州陆仕水产	−0.24	35
陈村花卉世界	0.08	16	汕头海特果菜	−0.3	36
汕头大洋公司	0.06	17	广东石棉布公司	−0.44	37
深圳源兴果品	0.06	18	英德大信茧丝绸	−0.45	38
广东锦丰实业	0.06	19	阳江谊林海达速冻水产	−0.64	39
湛江国联水产	0.05	20	韶关七里香粮油实业	−0.72	40

资料来源：本书整理。

（2）行业技术创新竞争力分析。

按照农产品加工业企业的分类：在排名前 10 位的企业中，有 4 家属于畜禽、肉类加工业，3 家为食品制造业，2 家为谷物、饲料、植物油加工业，1 家为水产品加工业。在排名后 10 位的企业中，2 家属于谷物、饲料、植物油加工业，2 家属于水产品加工业，3 家为水果、蔬菜加工业，3 家为棉、纺织、茧丝制造业。

从行业平均综合技术创新竞争力的角度看，畜禽、肉类加工业企业综合实力最强，为 0.37；其次是食品制造业企业，为 0.12。略高于平均值的有木材加工、花卉制品业，为 0.02。其他行业技术创新竞争力都低于平均值。谷物、饲料、植物油加工业为 −0.03；水产品加工业为 −0.1；水果、蔬菜加工业为 −0.11；棉、纺织、茧丝制造业类企业在行业比较平均值最低，为 −0.28。

（3）行业内部技术创新竞争力评价。

1）谷物、饲料、植物油加工型企业比较：样本中共 7 家属于该行业的农业龙头企业，除韶关七里香粮油实业有限公司外，其余企业的技术创新综合能力都比较强。韶关七里香粮油实业集团属于谷物粮油加工企业，企业主要产品为米粉、淀粉、麻薯类、花生、豆类，企业产品的科技含量偏低，总体的技术创新能力也偏低。在技术创新能力评价指标的二级指标中，企业生产加工能力、管理能力、投入能力相对较强，营销能力处于明显劣势，研发能力也偏弱。故谷物、饲料、植物油加工型企业需要在重点提高技术创新营销能力的基础上，提升企业研发能力。

2）水产品加工型企业比较：样本中共 7 家水产品加工型龙头企业，企业技术创新综合能力较弱，研发能力、生产加工能力、营销能力均处于劣势。由于水产品加工型企业一般靠近江湖、大海，企业产品大多直接从自然获取，且以初加工为主，深加工能力较弱。水产品加工型企业若想提高技术创新能力，提高企业的市场竞争力，就必须提高企业的研发能力、生产加工能力、营销能力，促使产品从初加工向深加工过渡。

3）水果、蔬菜加工型企业比较：样本中共有 5 家果蔬加工类企业，这 5 家企业的技术创新综合能力都相对较弱，企业生产加工能力、投入能力、产出能力弱势比较明显，但企业的技术创新营销能力相对较强。企业需要加大技术创新投入力度，提高生产加工能力和产出能力。

4）畜禽、肉类加工型企业比较：该行业类型龙头企业的技术创新综合能力最强，二级分项指标水平都处于明显领先水平，研发能力更是远高于其他行业。从数据结果上看，企业的技术创新管理能力偏弱，需要在提高管理水平的基础上，促进企业技术创新水平带来更高层次的发展。惠州金种家禽受地理、资金投入等因素的影响，企业的技术创新竞争力在同行业中相对较弱。企业可以向同行业其他企业借鉴经验，提升创新能力。

5）食品制造业企业比较：样本中共 6 家该类型龙头企业，广东燕塘乳业股份有限公司为该类型企业中技术创新能力最强的企业。该类企业的管理能力和研发能力较强，符合实际食品制造业加工企业的特征，相对于其他能力，企业的营销能力和投入能力也较弱。

6）棉、纺织、茧丝制造业企业比较：样本中共 4 家该类型龙头企业，棉、纺织、茧丝加工型企业是传统型生产加工企业，目前企业的技术创新综合能力弱势明显，企业技术创新综合能力、各分项指标能力均有提升的空间。同时我们要认识到棉、纺织、茧丝加工型企业的辐射带动作用很强，所以企业的技术创新产出能力相对较强。对于棉、纺织、茧丝加工型企业要在确保带动作用的情况下，开展技术创新活动，增强企业的技术创新能力，使传统棉、纺织、茧丝企业向现代化高科技型过渡。

7）木材加工、花卉制品企业比较：样本中共有 5 家该类型龙头企业，广州花卉科技园为农业龙头科技企业，企业的技术创新综合能力较强，目前对于该类型的企业，需要重点关注的是企业技术创新管理能力和生产加工能力的提升。

4.3.4 广东农业龙头企业技术创新竞争力影响因素

为了进一步了解农业龙头企业技术创新竞争力水平的影响因素，从而为提高广东省农业龙头企业的创新水平提供帮助，在问卷的第二部分设计了有关这方面的选项，即"企业技术创新项目成功与否的影响因素"，根据已有的参考文献和相关理论分析设计了选择项。现有的参考文献中大多数是要求被访问者进行单项选择排序，这往往与实际情况不符，因此本书要求被访问者对选择项进行选择排序，认为最重要的在选项填 1，如果同时最重要可同时写 1，次重要写 2，以此类推。

由于问卷设计的每个选择小项不是必选项，而且被选择项按照其重要程度是由小到大进行排序的，为了更好地反映实际情况，分两步对得分情况进行计算：首先计算出所有选择某小项的企业给出的平均得分，其次结合被选择的频率，计算出最终得分（即平均得分除以被选频率）。分值越小，说明此选择项对技术创新能力的影响越大。其具体结果如表 4 - 17 所示。

表 4 - 17   技术创新竞争力影响因素统计

选项	总分	被选次数	平均得分	被选频率	最终得分	排名
资金投入	60	38	1.58	0.95	1.66	1
企业的技术水平	82	36	2.28	0.9	2.53	2
企业的文化	128	32	4	0.8	5	8
企业的组织协调能力	119	30	3.97	0.75	5.29	9
主要领导的支持	84	35	2.4	0.88	2.72	3
所获得的信息	121	28	4.32	0.7	6.17	12
政府的政策	119	32	3.72	0.8	4.65	7
外部的合作机会	138	30	4.6	0.75	6.13	11
关键技术人员	105	38	2.76	0.95	2.90	4
与顾客的亲密接触	133	31	4.29	0.78	5.5	10
组织内部交流与沟通	168	28	6	0.7	8.57	14
外部市场环境的变化	135	27	5	0.68	7.35	13
企业的战略	99	31	3.19	0.78	4.09	5
组织对创新人员的激励	158	37	4.27	0.93	4.59	6

（1）资金投入、企业的技术水平、主要领导的支持、关键技术人员、企业的战略是影响企业技术创新竞争力的关键因素，排在 14 个选项中的前 5 位。其中有 38 家企业认为资金投入是影响企业技术创新竞争力的关键因素，而且其平均得分为 1.58，在各种因素中最终排名第 1。资金投入成为企业创新发展的重要制约因素。这与国内许多学者的研究结论相同。而束军意（2004）对中国与欧盟等国企业技术创新情况的比较也显示，中国企业认为"缺乏资金"等微观因素是阻碍技术创新的最重要原因。

（2）36 家企业认同企业的技术水平对创新项目有重要影响，即企业自身的技术积累对技术创新竞争力的提高具有重要作用，其最终排名是第 2 位。与之形成鲜明对比的是企业对外部合作机会的漠视，在 14 个影响因素中排名第 11 位。从原始数据的统计分析来看，投入能力较强的企业，其综合能力相对较强。在 40 个样本中，有 23 家企业投入能力小于 0。在当前我国农业龙头企业自身技术积累比较差的情况下，企业如果不重视技术引进和外部吸收将很难发挥自己的后发优势，难以在短时间内快速提高自己的技术竞争力。

（3）企业非常重视人，尤其是核心人物在技术创新中的关键作用，关键技术人员和主要领导的支持对创新项目的影响都比较大。有 38 家企业认可关键技术人员对企业技术创新项目的重要作用，在所有影响因素中其被选择的频率是最高的。众所周知，人员积极性的增加将会提高工作的效率，有 37 家企业认可了组织对创新人员激励的作用，但是企业对其重要程度的评价相对较低，因此其总体的影响力相对较弱，排名第 6。张会元、唐元虎（2003）通过对河北 532 家企业的调研也显示，影响企业技术创新最强的 4 个内部因素中就包括研发人员素质、领导的重视程度。

（4）相对于资金投入、企业的技术水平、关键技术人员、企业的战略、主要领导的支持这些内部影响因素而言，外部因素如政府的政策、外部的合作机会、与顾客的亲密接触、外部市场环境的变化对企业技术创新项目的影响力相对较弱。在所有的外部影响因素中，政府的政策对企业技术创新的影响最大，排名第 7。而张会元、唐元虎的模糊聚类分析也表明，在影响企业技术创新的外部环境中，政策因素对企业技术创新的影响程度最强，其中科技开发贷款政策、科技人员奖励政策、融资政策、减免税政策、技术政策、知识产权保护政策、产业政策、关税保护政策八个政府政策因素对企业技术创新的影响最强。但弗里曼等在英国的研究项目表明，创新成功与否的区别在于成功者更注重用户教育、宣传、市场预测和销售，以及了解客户需求。

第5章 农业龙头企业技术创新自适应演化内在机制

从上述的 NK 模型理论可知，企业技术创新自适应演化主要分为三个阶段：产生期"随机性游走"阶段、成长期"适应性游走"阶段和成熟期"长跳"与"短跳"相结合阶段。在"随机性游走"阶段，由于企业不了解"景观地貌"，有可能跌入更深的"山谷"，导致技术创新在初期就遭遇失败。在"适应性游走"演化阶段，虽然"局部搜索"能够大大提高创新效率，但由于受"有限理性"的影响，企业创新会经常出现"核心刚性"或"相对黏性"现象，易陷于"局部最优陷阱"中。"长跳"和"短跳"的结合能够使企业摆脱演化路径依赖，避免掉进"局部最优陷阱"中，实现企业创新的可持续发展。我们的问题是：①如何减少产生期"随机性游走"阶段的不可预知性，避免创新初期的失败？②如何摆脱企业创新自适应演化的路径依赖，避免掉进"局部最优陷阱"中？③决定"短跳"机制能够有效提高"局部搜索"效率的关键因素是什么？决定"长跳"机制有效帮助企业摆脱惯有路径依赖，实现创新可持续发展的关键因素有哪些。本章以广东温氏集团为例，在上述三个问题方面，探讨农业龙头企业技术创新自适应演化内在机制。

5.1 案例背景：技术创新与温氏集团发展历程

5.1.1 温氏集团发展历程

广东温氏集团食品集团股份有限公司（以下简称"温氏集团"），创立于1983 年，由 7 户农民集资 8000 元起步，现已发展成一家以畜禽养殖为主、跨地区发展的现代农牧企业集团。温氏集团发展历程主要经历了以下几个阶段：

（1）探索发展时期（1983～1993年）。1983年，由温北英、温鹏程、严百草等7户农民8人每人出资1000元，共集资8000元，创办了勒竹畜牧联营公司，开始了温氏集团的创业历程。1984年合股农户与集体农场中止联营，以15年为期限全面承包了此集体农场，办起了勒竹养鸡农场。1986年，公司开始有了第一批合作农户，开始了"公司＋农户"经营模式。到1989年，公司鸡舍面积由1984年的800平方米增加到6200平方米，合作户由1987年的30多户发展到180多户，初步建立起黄鸡农业产业化生产基地。

温氏集团是以7户农户以股带劳的合作形式创办的，鸡场的发展带动了更多的农户入股。1990年，公司开始发行内部员工股票，全员股份制的雏形形成。1990年，公司建立和完善了计算机经营管理系统。1992年10月，公司以10%的技术股邀华南农业大学动物科学系加盟。以上两个举措解决了鸡场急剧扩张所面临的管理和技术问题。1993年7月，肇庆市人民政府批准勒竹鸡场组建新兴县温氏集团食品集团，肇庆市首家农民股份制企业集团建立，勒竹鸡场更名为新兴温氏集团食品集团有限公司。

（2）扩张发展时期（1994～2004年）。1994年10月集团正式更名为广东温氏集团食品集团有限公司。1994～2004年，温氏集团每年新办公司3～4家，到2004年底，温氏集团下属公司达67家，其中一体化养殖公司40多家，分布在国内13个省、市、自治区，温氏集团进入扩张发展时期。

1994年1月，温氏集团与新兴县食品公司联合创办温氏集团食品联营养鸡公司，这是温氏集团第一次尝试与其他类型的企业合作。同年9月，河南禹州温氏集团公司的成立意味着温氏集团迈开了在外省发展的步伐。同年10月，新兴县温氏集团食品集团升格为广东温氏集团食品集团，全国首家民办育种机构——温氏集团南方家禽育种公司成立，并开始向社会推出商品代种鸡苗，温氏集团开始发展种苗育种。

1996～2002年，随着各地温氏家禽有限公司相继成立。温氏集团以广东为基地，以上海为中心的华东区、以武汉为中心的华中区、以成都为中心的西南区、以南宁为中心的广西区的地理战略布局逐步凸显。2000年，温氏集团确定稳步发展养鸡，大力发展养猪，探索发展养牛，加快发展上下游产品及相关行业的战略。随后，相继建立目前全国最大的养猪人工授精站、乳业公司、百万良种商品猪生产加工基地，并与河南双汇集团合作，进入食品加工业。2002年，温氏集团实现日上市肉鸡125万只，肉鸡单日上市首次突破百万只。

1998年5月，以温氏集团为龙头的广东新兴县示范区，入选国家"持续高效农业技术研究与示范"项目，成为全国首批、广东唯一的一个持续高效农业科技示范区。1999年，广东省政府命名温氏集团为"农业龙头企业"，并获省"农业龙头企业奖励基金"，为广东省首批 20 家农业龙头企业。2000 年，温氏集团成为全国首批 151 家企业农业产业化国家重点龙头企业。

2004 年，温氏集团已发展成为一个有员工 10000 人，养户 25000 户，实现上市肉鸡 2.92 亿只、肉猪 60 万头，动物保健品和食品加工产值过亿元，全年销售收入 55 亿元，全年全体合作养户获利 49500 万元，以养鸡业为主，兼营猪、水产、饲料、肉品加工，跨省跨地区，农工科贸一体化经营的大型企业集团。

（3）跨越发展时期（2005～2010 年）。从 2005 年开始，也就是开始实施集团的第二个五年计划的时候，集团步入了跨越发展时期。在这一时期温氏集团不但在规模上不断扩大，产品质量也逐步提升。

2006 年，由华南农业大学、广东温氏集团食品集团等单位参加完成的"H5 亚型禽流感灭活疫苗的研制及应用"项目，获国家科技进步一等奖。2007 年，规模跃上新台阶，销售收入突破 100 亿元，率先成为广东省经营规模超百亿元的农业龙头企业。2008 年，开展国际化发展探索，鹏福公司香港写字楼落成，这是温氏集团谋求国际化之路的重要一步。

从 2009 年下半年开始，集团公司各项业务都得到了稳健发展，重点加大了养猪业发展布局。先后在湖北咸宁、重庆渔南、安徽南陵、广西桂林、海南琼海筹建成立了一体化养猪公司，同时计划在辽宁、江苏、湖南、湖北、江西、福建等地进一步布局一体化养猪公司。温氏集团成为农业产业化国家重点龙头企业、国家火炬计划高新技术企业，成为国内规模最大的肉鸡、肉猪养殖集团。

（4）进入资本市场时期（2011 年至今）。2011 年，成功推动大华农上市，成为云浮首家上市公司。公司股票于 2011 年 3 月 8 日成功在深交所创业板挂牌上市（股票代码为 300186），大华农成功上市对整个温氏集团来说具有里程碑意义。通过上市公司的运作，为集团引进了一套先进的管理理念和管理制度，为集团的进一步稳健发展提供了有力的保障。

2015 年，温氏集团以换股吸收合并的方式吸收合并大华农，本次吸收合并完成后，温氏集团实现了整体上市，正式进入资本市场。目前，温氏集团股份已在全国 23 个省（市、自治区）建成 170 多家一体化公司。温氏集团股份现有合作家庭农场 5.3 万户、员工 4 万多人（其中，硕士 386 人、博士 65 人）。2015 年，温氏集团销售商品肉鸡 7.44 亿只、商品肉猪 1535 万头，营业收入 482.37 亿元。

5.1.2　温氏集团技术创新自适应演化阶段

家禽饲养业生产经营风险较高、可控性弱、不确定性强。一旦遭遇风险，而组织又无法提供利益保障，农户就会使用其退出权。温氏集团办场伊始，在原董事长温北英的领导下，便确定了"科技兴企"的战略方针，并采取了一系列措施和政策。19 年来，畜禽生产技术水平在不断提高，如种鸡产蛋率、种蛋受精率、种蛋孵化率、肉鸡成活率、母猪产仔率、瘦肉率、产奶量、饲料转化率等重要指标都超过了广东省畜禽企业的平均水平，有的指标已达到国内领先水平。回顾集团的发展历史，技术的进步与升级是温氏集团实现跨越式发展的重要源泉。

（1）第一阶段：技术粗放阶段（1983～1988 年）。温氏集团在改革开放初期社会物质短缺的市场形势下，得到了极大的发展，走上了"公司 + 农户"的农业产业化道路。但随着公司的发展，却面临一个严重的技术瓶颈。在肉鸡的生产流程中，一些关键环节都需要极高的技术含量，因此公司或者农户都面临着高风险。这决定了与公司签订合同的普通农户经营规模不可能太大。因此，无论是在主观上还是在客观上，温氏集团的进一步发展和壮大都离不开先进科技的支持。

因此，在这个阶段，温北英先生除了自己努力钻研外，还积极地寻找科技的合作对象。邀请华南农业大学的教师作为技术顾问，是温氏集团走出产学研合作技术创新的第一步。当时有一位被称作"星期六工程师"的，尤其让人印象深刻。他名叫岑德光，是华南农业大学兽医系的一位在动物解剖学上很有研究、颇有造诣的老讲师。他往往是星期六来，住一个晚上，星期天便走，偶尔也会一连住几天。他进场以后用不着客套，有时是骑着自行车径自往"合作农户"的鸡舍里走，有时是到种鸡场里检查种鸡的生长情况，更多的时候是站在黑板前，向场员灌输他的养鸡理论。

（2）第二阶段：技术萌芽阶段（1989～1992 年）。随着企业的发展和改革开放的深入，企业开始注意到科学技术在养殖中的作用，逐步增加了和外界的技术交流，注重引进先进技术。期间，勒竹鸡场与外界沟通接触增加，开始注意引进新技术。勒竹鸡场引进当时国内黄鸡最优良的品种 882，通过引种接触到系统的先进养鸡技术，提高了种苗的生产技术，降低了生产成本。1991 年，勒竹鸡场又引进世界优秀品种 AA 鸡，吸收到世界种鸡饲养的新技术。这时，勒竹鸡场也开始建立饲料分析室、疫病诊断实验室等，科学配制饲料日粮，及时准确地监测与诊断疾病。通过新技术的引进与吸收，勒竹鸡场的领导者认识到技术在企业创造利润中的重要作用，更加渴望应用新技术，因而，他们于1992 年底，以 10% 的技术股力邀华南农业大学畜牧系加盟勒竹鸡场，对企业作全面的技术支持。

（3）第三阶段：技术发展阶段（1993～1995 年）。以华南农业大学加盟温氏集团为标志，温氏集团进入了技术发展阶段。华南农业大学畜牧系以技术入股加盟广东温氏集团后，派出了多位技术人员进驻集团，对生产技术作了全面的改进，并且在技术研究方向上对集团进行引导与把握，对温氏集团日后能跻身行业的前端起到了关键作用。与此同时，温氏集团开始向社会广纳人才，相继有大批大专生、本科生、研究生加盟集团，集团生产技术得到了长足的发展，每一个技术指标都基本可控，技术努力方向基本明确，生产成本大幅降低。这个阶段，集团开始组织科研攻关，解决关键技术问题，如家禽育种（也即研究新产品）。他们投入相当大的资金建设场地，配套各种软硬件，招收人才。1995 年以后，育种成果渐渐凸显，使集团的产品能随市场的变化，快速更新换代，为企业提高市场占有率、创造巨大的效益起到了关键作用。

（4）第四阶段：技术成熟阶段（1996 年至今）。温氏集团的技术随着科研的大规模开展而进入良性的循环。集团建立了肉鸡试验场、肉猪试验场、种鸡试验场等先进实验设施并广泛使用。集团每年从销售值中提取一定比例的科研基金用于研究开发，促使技术快速进步。集团每项关键技术都由硕士或博士把握，不但能很好地维持正常的生产，还可针对自己的薄弱环节开展前沿性的研究工作。他们了解国内外先进的生产技术，在合适的时候引进使用。在 2008 年，广东温氏集团各项技术指标已居全国前列，如当年 4 亿只肉鸡成活率达 96.5%，100 多万头猪料肉比达 2.4 : 1 等，这些指标都与世界先进水平同步，成熟的技术保证了集团生产的连续稳定，总体生产成本为全国同行业最低，企业很具竞争力。

多年的实践表明：温氏集团所创立并发展的"农业龙头企业＋基地＋高校与科研院所"的产学研科技创新模式紧紧抓住了科技成果迅速转化为现实生产力以及用高新技术改造传统产业这个关键，保证了企业快速、健康、持续发展。

温氏集团还成立了自己的研发队伍，在 2007 年成功获准组建省级技术研究院，加快了技术成果转化为生产力的进程。集团现有博士后科研工作站一个，拥有一支由 65 名博士、386 名硕士、3000 多名本科以上学历技术人员组成的梯队结构合理的科研人才队伍。同时，公司还拥有一批包括中科院院士、重点实验室组成的外部专家队伍群体，使行业的最新技术成果都能够最先在温氏集团推广和运用。

在管理手段上，温氏集团在 1991 年建立了电脑管理网络系统，在私营畜牧企业界率先实现了管理手段现代化。目前，已在原有的专业户结算系统的基础上，设计并引入了办公自动化系统、饲料原料采购系统、饲料营养系统及产品销售系统，同时已开始实施 ERP 工程。企业信息化水平的进步使整体决策水平、企业运行效率、管理现代化程度得到显著增强。

5.1.3　技术创新自适应演化对温氏集团发展成效

回顾集团的发展历史，技术创新的自适应演化与升级是企业实现跨越式发展的重要源泉；尊重人才、始终坚持把技术创新作为推动企业发展和综合竞争力提升的重要力量,是温氏集团赖以取得巨大成功的宝贵经验之一。集团每年从销售值中提取一定比例的科研基金用于研究开发,促使技术快速进步。集团每项关键技术都由硕士或博士把握,不但能很好地维持正常的生产,还可针对自己的薄弱环节开展前沿性的研究工作。通过持续的技术创新,温氏集团取得了丰硕的成果。

(1)科技创新成果。研发出有自主知识产权的先进技术80余项,其中具有国际领先水平的3项、国际先进水平的5项、国内领先水平的20余项,授权或受理专利10项,通过审定的新品种4个、新产品138个。目前广东温氏集团承担了包括国家"863"计划、国家重点科技攻关计划等省部级以上重点科研课题及产业化项目26项,研究创新了有自主知识产权的先进技术近80项,其中具有国际领先水平的3项,达到国际先进水平的5项,达到国内领先水平的40多项,授权或受理专利28项,通过审定的新品种23个、新产品238个。疫苗研制方面,温氏集团建成了5间GMP灭活疫苗生产车间,取得研究成果15项,申报专利27项,有8个产品获得农业部颁发的新兽药证书,9个产品获得农业部中试批文。

在温氏集团跨越式发展的2003~2008年,温氏集团累计获得地市级以上科技奖励18项。其中省级科学技术奖6项、国家科学技术进步奖2项。其中"优质肉鸡产业化研究"获国家科技进步二等奖,"新兴矮脚黄鸡配套系的选育与产业化"和"禽流感灭活油乳GMP规范生产和推广"项目获全国农牧渔业丰收二等奖,"优质高效瘦肉型种猪生产示范"项目获广东省农业推广二等奖、2003年度广东省科学技术奖三等奖。这是集团第3次获得广东省科学技术奖。2005年,由股份公司副总经理蓝天主持的"瘦肉型猪一体化养殖疾病防疫体系的建立与推广应用"以及集团营养部副总畜牧师汪汉华主持的"温氏肉鸡饲养标准研究"成果,分别获得云浮市科学技术奖一等奖、二等奖。2005年,科技成果"农业龙头企业产学研科技创新模式与示范"项目,获得广东省科学技术奖特等奖。2008年,由温氏集团主持完成的"瘦肉型猪规模化养殖技术体系研究与产业化示范"项目荣获广东省科学技术奖一等奖。

(2)经济效益。在成果的实践上,广东温氏集团各项技术指标均居全国前列,如2013年12.25亿多只肉鸡上市率达到97.0%,632多万头猪"料肉比"降至2.34~2.39等,这些指标都与世界先进水平同步。温氏成熟的技术和持续的技术创新保证了集团生产连年稳定,总体生产成本为全国同行业最低,极大地增加了企业的竞争力。例如2003~2008年,温氏集团总销售量实现年均约25%的增长速度,其中肉鸡销售量年均增长15%,肉猪销售量年均增长38%。到2009年,集团已拥有员工20000人,养户55000户,实现上市肉鸡7亿只、肉猪350

万头，生产牛奶 2 万吨，肉鸭 650 万只，蛋品 1700 吨，供应 1700 万套父母代种鸡，外销 100 万头肉猪的父母代种猪配套系，实现食品加工业销售 10 亿元、生物制药 6 亿元，粮食及进出口贸易等其他产业超过 10 亿元，集团总销售收入 150 亿元，合作养户增收 12 亿元。

（3）社会效益。农业龙头企业的创新与示范，在使企业获得巨大经济效益的同时，也取得了显著的社会效益。从 1995 年开始，温氏集团按照上述农业产业化管理模式，开始走出集团本部，把分公司开到了广西、河南、福建、湖南、湖北、江苏、浙江、四川及重庆等省（直辖市、自治区），加上在省内的郁南、三水、高明、河源、清远等地开办的分公司，目前共有 40 多家集种苗生产、饲料供应、技术服务、农户管理、产品销售等环节为一体的分公司。温氏集团在广东省外开办分公司之时，总部只派少量的管理人员（包括总经理），企业管理和运行机制都是拷贝温氏集团总部的模式，这些分公司也像温氏集团总部一样很快就取得了成功，其中江苏的太仓温氏家禽有限公司等省外公司还成为省级农业龙头企业。

温氏集团"公司 + 基地 + 农户"的产业模式大大提升了农村生产力水平，原来一户农户一年饲养 300 只鸡都算较大的，农户跟温氏集团合作后，现在的饲养管理水平已经提升到了一年饲养肉鸡 13000 只左右，最大农户一年可饲养 30 多万只，与此同时，农户通过与温氏集团合作，不但享受到温氏集团的技术培训，提高了农村的生产力水平，而且通过温氏集团这座桥梁走向了大市场，为农村经济的发展闯出了一条新路。从 1992 年到 2004 年，温氏集团的合作农户从 6500 户增加到 30000 户，农户累计获利 25 亿元，平均每户农户年获利 1.7 万元。

优质鸡产业化关键技术群的集成创新与推广应用，使温氏集团获得了极大的成功。目前"温氏集团"在全国 17 个省（市、区）建成 40 多家一体化养殖公司，为农村大量的剩余劳动力找到了出路，农民增收显著。"温氏集团"的合作养鸡户达 3 万户，1995～2004 年，养鸡户获得的直接经济效益超过 25 亿元，企业的产值从合作当年的 4200 万元增长到 2004 年的 55 亿元，增长了 130 多倍，取得了显著的社会效益。目前，温氏集团是全国最大的民营养殖企业和国家农业产业化重点龙头企业，成为全国农业产业化的一面旗帜。温氏集团的成功，奠定了广东在全国乃至全世界优质肉鸡研究与开发利用方面的领先地位，也促进了全国优质肉鸡产业的发展，从而促进了我国肉鸡品种结构的改变。

5.2 温氏集团技术创新自适应演化内在机制：基于 NK 模型解构

5.2.1 产生期"随机性游走"演化机制：企业家人力资本与才能

由前文 NK 模型理论可知，技术创新初期，由于企业对创新资源的整合能力和对创新环境掌握的信息量有限，只能被动、随机地变革系统中各要素状态来试图适应周围的环境，这反映在适应度景观上就呈现出"随机性游走"的演化机制。而因为企业不了解"景观地貌"，在"随机性游走"时，有可能跌入更深的"山谷"，从而导致很多企业在技术创新初期就遭遇失败。那么温氏集团是如何克服"随机性游走"的这种不可预知性呢？从温氏集团的经验看，这得益于温北英的企业家人力资本积累、创新精神和卓越的企业家才能。

5.2.1.1 基于企业家的精英治理理论

（1）关于企业的企业家理论。从资源依赖和特质性资源角度出发，企业的企业家理论蓬勃发展。方竹兰（1997）认为人力资本是企业风险的真正承担者、是企业财富的创造者。周其仁（2002）论证了人力资本的产权特性：只能激励不可压榨、只属个人不可渡让，他认为企业家应该得到利润分享权和企业控制权。杨瑞龙（1998）区分了资产"专有性"和"专用性"，论证了企业家才能的"专有性"特征，特别是在企业创业初期他们能独享组织租金，并指出"最有生命力的企业制度是最能吸引关键性生产要素的所有者的制度"。杨其静（2005）指出"企业是企业家人力资本的自我定价的特殊装置，用于保护和实现企业家的人力资本价值"。

（2）温北英人格特质。企业家是企业总体价值的化身，组织力量的缩影，是企业文化的代表性人物，他的一言一行都体现了企业的价值观念。根据同事回忆，温北英极具人格魅力。作为一名成功的企业家，他具备超前的思维，果敢的决策能力。企业是一个经济关系的契约集合，也是社会契约的集合，社会意识形态必然对企业家的决策产生影响，儒释两家思想对温北英影响较大，两种文化的融会贯通，体现在温北英的口头禅上："修身齐家治国平天下。"他所倡导的"为农户承担风险"，"关注企业利益者，共创美好生活"，体现了费孝通的"礼俗社会"的温情。养殖业是风险相对较高的行业。化解行业风险，宗族和乡土纽带形成的小共同体，为温北英在创业初期提供了合作的基础。

温氏集团是温北英一辈子苦心经营的成果。长期的人力资本投资，以及对养殖行业的热爱，已经内化成为温北英勤奋工作、敬业爱岗的内在驱动力。即便在弥留之际，他还会为"找到客户"解决卖难的问题，露出欣慰的微笑。

（3）企业文化创建体现了企业家价值观。企业文化是一个涵盖范围很广的概念，按照朱成全（2005）的分类，企业文化可以分为企业的物质文化、行为文化、制度文化、精神文化。本章以企业文化代指企业精神文化。随着企业建立，企业文化逐步形成。企业家人力资本的"异质性"和"专有性"特征，使他们成为企业创立和发展过程中的关键性资源，也使他们成为企业文化的创建者。企业家的决策和行为一方面受到市场生存法则约束，即追求经济利润指标；另一方面，他的决策也受其价值观的影响。因此，企业文化的创建，既体现了企业家的价值观念，又受到社会意识形态、所处地理环境、经济环境和人文环境，以及从事行业等方面的影响。

5.2.1.2　企业家人力资本与温氏集团发展

1932 年，温氏集团创始人温北英出生于簕竹公社石头冲村一个旧式书香之家，其父毕业于燕京大学中文系，曾以教书为职。在父母的严格要求和教导下，温北英自小就得到了较好的文化熏陶。在温北英的初中阶段，其班主任马德光（解放后担任以培养南方干部为主要目的的南方大学经济部主任）是共产党的地下党员，他通过语文教学把共产主义的思想传输给热爱文学的温北英，通过班主任，温北英接触了大量的欧洲文学作品，欧洲文化开拓了他的视野，活跃了他的思想。温北英萌生养鸡的兴趣，是受其香港的岳父的影响。最初，是岳父告诉他关于鸡的市场需求较大的信息，并买书给他，使他开始了最初的学习。温北英花了 20 年时间钻研养鸡技术，积累了肉鸡的育种、饲养和疾病防治等方面的丰富经验，在簕竹镇有一定的声望。在温北英自己在家做群鸡饲养的实验并取得成功的时候，生产队化肥紧缺，公社为此决定养鸡换化肥。正是当地领导的这一决策，使温北英有机会展示自己的才智学识，他被请出来指导全社各队办鸡场，培训养鸡农民，当时公社 99 个生产队办起了 60 个养鸡场。同时，他得以有机会参加食品公司举办的技术培训班，首次系统地接触养鸡的知识技术，成功地掌握了包括温室孵化和鸡病防治的群鸡饲养技术。当地组织提供的种种机会，使温北英可以将"干中学"与"学中干"相结合，成功地掌握了包括温室孵化和鸡病防治的群鸡饲养技术，促进了温北英人力资本的积累。

1983 年，温北英毅然辞去技术员的工作，以二儿子温鹏程的名义承包了广东省新兴县簕竹镇的一个农场，正式注册成立簕竹畜牧联营公司。公司共有 8 位股东，分别是温北英、温鹏程、温木桓、温金长、温湛、严百草、梁洪初、温泽星。温北英和温鹏程是父子，算是一户两股。每股出资 1000 元，温氏集团父子持有股份比例25%。这就是温氏集团发展史上著名的"7户8股"。

由于当时是典型的短缺经济、卖方主导的市场结构，簕竹畜牧联营公司的养鸡产业飞速发展，每年都要以翻番的速度递增。到1985年，由于公司所需的种苗大幅度增加，公司开始饲养种鸡，走上自养自销的一体化道路。年底，公司规模达到上市肉鸡5万只，年产值35万元。

1986年，为了帮助经济周转困难的养鸡户何凤林，温北英向他提供鸡苗、饲料、药物和技术服务，并帮忙出售肉鸡。这一创新，就是后来被社会各界高度评价的"公司＋农户"模式。到1987年，随着种苗的增加、市场扩大和自身场地不足的限制，公司正式走上"公司＋农户"的农业产业化发展道路，将肉鸡饲养环节交给合作农户饲养，公司为合作农户提供种苗、饲料、药物、技术服务。农户养大肉鸡后，簕竹鸡场负责全部收购，正式建立了"公司＋农户"的生产经营模式。到1989年，簕竹畜牧联营公司发展成为广东省最大的养鸡企业，当年上市肉鸡36万只，总产值235万元。从1985年到1989年的短短4年时间，簕竹畜牧联营公司的产量和产值都增长了600%左右，年平均增长率达60%以上。

5.2.1.3　企业家意识与合作创新

温氏集团在取得长足发展的同时，面临一个严重的技术瓶颈，导致公司不能进一步的壮大：公司集团创建之初，是主要生产肉鸡的。在肉鸡的生产流程中，饲料配置、肉鸡育种、疾病防疫等关键环节都需要极高的技术含量，因此无论公司还是农户，都面临着肉鸡生产的高风险。这决定了与公司签订合同的普通农户经营规模不可能太大。否则，瘟疫的出现会导致农户的大规模亏损，必将对"公司＋农户"的产业化模式产生致命的打击，最终拖垮企业。温北英非常重视技术创新，早在1987年温北英通过自己的实践，总结出科学的"养鸡36条"，把自己的养殖技术用文字的方式，系统性总结出来。但温北英敏锐地意识到，单靠自己总结的"养鸡36条"远远不够，"公司＋农户"生产规模的进一步扩大，需要更加先进的科学技术的支持。

可是在信息封闭的20世纪80年代，如何寻找先进技术的支持呢？巧合的是，温北英的儿子温鹏程（现温氏集团董事长）当时正在华南农业大学畜牧系就读。温北英敏锐地抓住了这个机会，在温鹏程的引见下，非常真诚地来到学校，结识了学校动物科学系的老师和领导，并虚心地向他们求教。在双方逐渐熟悉和认同的基础上，温氏集团邀请了动物科学系的一些老师作为公司技术顾问，负责教授理论和解决一般的技术问题。从1985年起，簕竹鸡场邀请了华南农业大学畜牧系里在动物解剖学上颇有造诣的岑德光老师到鸡场做技术指导。岑老师往往星期六来，星期天就走，由此被称为"星期六工程师"。岑老师有时到合作户的鸡舍里走走，有时去种鸡场里检查种鸡的生长，更多的时间是向场员教授养鸡理论。"技术顾问"的出现，是温氏集团寻求合作创新的第一步。

在向华南农业大学学习和技术顾问的帮助下，温北英越来越意识到科学技术在养殖中的作用，逐步增加和外界的技术交流，注重引进先进技术。1990年，温氏集团引进当时国内黄鸡最优良的品种882。黄鸡822品种的引进，使温氏集团开始接触先进的、系统化的养鸡技术。1991年，尝到甜头的温氏集团又引进世界优秀品种 AA 鸡。通过先进技术的引进，温氏集团开始建立饲料分析室、疫病诊断实验室等，以便科学地配置肉鸡饲料，准确及时地诊断与监测肉鸡疾病。

5.2.1.4　企业家才能与技术入股

通过技术顾问和先进技术的引进，温氏集团充分认识到先进技术能够为企业带来巨大的利润，更加渴望获得和掌握新技术。因此，1992 年温氏集团开创了高校技术加盟企业的先河。以技术入股的方式与华南农业大学开展全面合作。华南农业大学动科学院成为企业的一名股东，学院负责人成为董事会成员，参与公司重大问题的讨论和决策。学院组成专家组，深入现场指导生产。选派多名优秀教师到企业兼职，担任企业的技术中心经理、总经理助理、种鸡场场长等重要技术职务，全面参与优质肉鸡育种、饲料营养研究、鸡病疫情监测、经营管理、技术培训等工作，开创了高校以技术持股加盟企业的先河。

温氏集团与华南农业大学的合作与众不同之处在于，它不仅是一种股份合作的新型合作方式，而且动科学院的教授、专家等高技术人才在温氏集团担任职务，既把华南农业大学的技术成果、精神作风带到温氏集团，也把温氏集团的文化和做法带回学校，为学校的人才培养、队伍建设、基地发展等提供了新型模式。华南农业大学精神与温氏文化的交融、互补，促进了双方的发展。

2012 年 11 月 2 日，华南农业大学动物科学学院与温氏集团合作 20 周年双赢座谈会上，温氏集团董事长温鹏程回忆说，1992 年温氏集团的前身还只是一间路边小养鸡场，自华南农业大学动物科学学院以技术入股的形式与企业开展合作以来，年产值从当年的 3000 万元增加到现在的 300 亿元，增长了 1000 倍，成为亚洲最大的现代农牧集团的"温氏奇迹"。2011 年为华南农业大学带来净利润 1.22 亿元，华南农业大学党委书记李大胜感慨地说，这笔钱解决了华南农业大学经费的燃眉之急，这是华南农业大学与企业合作最成功的案例。

由此可见，华南农业大学"技术入股"，是温氏集团实现跨越式发展的关键。而"技术入股"的成功，则有赖于温北英卓越的企业家才能。当温北英慷慨地拿出公司 10% 的股份换取华南农业大学的技术支持时，企业大部分骨干和员工都提出反对意见，认为自己辛辛苦苦赚来的钱白白送给人家，心有不甘。在当时，温北英凭借卓越的见识和企业家才能，力排众议，促使公司以 10% 的股权吸引华南农业大学生物系加盟，在华南农业大学未进行任何物质资本投入的情况下，认定其为公司股东之一，动物科学系主任以董事会成员的身份参与公司重大问题的讨论和决策，专家、教授等则担任技术中心经理、总经理助理、种鸡场场长等重要技术职务，深入现场指导生产。同时，为了让华农专家和教授在温氏集团安心地进行科学研究，温北英通过多种措施改善他们的生活，并为他们建造专家楼。可以说，温氏集团与华农紧密合作关系的建立，离不开温北英卓越的企业家才能，正是他对自身优劣势的准确判断，在合作中找准了企业在创新链中的位置，并对合作进行科学的分工部署，从而有效实现了华农科学链和温氏产业链的有机衔接。

5.2.2 成长期"适应性游走"演化机制：温氏集团特色的"短跳"

凭借温北英卓越的企业家才能，温氏集团通过技术顾问、技术引进和技术入股的方式，顺利克服了技术创新初期"随机性游走"带来的不可预知性，并通过"干中学"和"学中干"的方式，进行系统的学习、总结和积累，不断丰富企业自身创新知识库，增强自身对外部环境的适应能力，顺利进入成长期"适应性游走"演化阶段。然后温氏集团在"适应性游走"过程中，碰到了如下问题：

（1）缺乏高素质的技术专才和经营管理人才。温氏集团在企业创业初期的经营管理人员大部分出自"洗脚上田"的农民，或从乡镇企业管理者以及农技部门的干部转化而来，整体素质不高，普遍缺乏掌握现代农业高科技及具备现代企业管理知识，熟悉国际贸易知识 WTO 中有关农产品交易规则的人才；企业的职工绝大多数来自于农村，文化技术素质普遍较低。同时，由于企业地处粤西山区及经济不发达地区，难以吸引高素质人才，企业发展规模和综合竞争力面临严峻的"人才瓶颈"。

（2）产学研一体化水平不高，协调机制松散。1992 年 10 月，温氏集团前董事长温北英先生针对企业地理位置偏远、高素质人才紧缺、技术水平落后等现实情况，做出了远见卓识的重大举措，赠予华南农业大学 10% 的科技股与之开展技术合作，开创了农业产业化领域校企合作的先河。这种产学研合作模式具有无与伦比的优势，极大地发挥了各合作方的资源优势和积极性，取得了较为突出的成果。但是这种模式最初的合作模式以"公司 + 大学"模式构成战略同盟，超越了简单的技术合作模式，通过技术入股、专家驻点等灵活方式合作，在保证合作双方相对独立和平等的同时，也由于缺乏专门有效的合作协调机构而制约着这种产学研合作模式的进一步发展。合作各方的合力相加在有效沟通、协调一致的情况下会取得较好的合作共赢效果；但是在各种政治、经济、社会和技术因素影响制约下，一旦沟通不畅、协调失效，就会极大制约合作联盟的运作，难以实现共赢效果。

（3）产业链短，农产品附加值不高。20 世纪 90 年代中期以前，温氏集团同当前大多数龙头企业一样，产业结构单一，在畜牧业的产前、产中和产后之间缺乏有机连接，企业规模小，抗风险能力弱，辐射带动能力不强。此后，温氏集团开始强化生产环节的有机连接，以产中环节为核心，向农产品生产的上下游产业延伸，但是由于前期的产业链主要侧重于打造"产学研合作"模式，重视与上游产业如种质资源研发、饲料及疫苗研制等，在产学研一体化，产前、产中一体化方面取得较突出成绩的同时，产中与产后的合作相对薄弱，农产品加工和销售的模式还停留在传统状态，没有与现代化、信息化的农产品深加工技术、保险技术和市场营销技术相结合，因而尽管集团总体规模发展得越来越大，但是肉鸡、肉猪等产品总体加工水平还不高，产品销售还以业务推销和市场销售为主，市场开拓以规模广度为主，忽视原有市场新需求的挖掘以及品牌吸引力的经营，产业链后向延长水平不高，附加值有限。

针对上述问题，温氏集团在华南农业大学技术入股的基础上，实施了一系列"正确"的创新决策，形成了具有温氏集团特色的创新系统"短跳"机制，大大提高了企业创新系统的效率，促使企业创新系统向更高的水平进行演化。

5.2.2.1　构建企业主导的产学研合作机制

（1）产学研合作创新企业主导机制。以市场为引导、企业为主体的产学研创新理论基础主要有两个（张米尔、武春友，2001）：一是明确和强化企业在产学研结合中的主体地位，有利于在产学研结合中引入市场机制，实现研发工作的市场导向，从而在制度上保证持续技术创新的实现；二是由于企业具有贴近市场、了解客户需求方面的优势能够较为准确地把握市场现在和未来的技术需求，从而有利于在产学研结合中正确把握研发方向，迅速地把高校、科研院所和企业的科技资源整合起来，提供有市场前景的产品和服务，提高产学研结合的成功率和效益。实践中，如何发挥企业的主体地位呢？在这方面，温氏集团做得非常成功。

1）温氏集团是产学研技术创新的决策与投资主体。温氏集团在合作创新形成之前，已根据自身的利益和对市场的认识，自主选择适合本企业发展目标的合作创新项目进行筹资、投资，并且承担相应风险，大学和科研院所及政府的专家共同参与项目的筛选和论证。

2）温氏集团是产学研技术创新的研发主体。作为研发主体，并不是说合作研究开发工作一定要在温氏集团进行，而是温氏集团在研究开发的整个活动中把握其产业化方向，在开发研究的每一个阶段从产品设计、原材料选择、生产方式到项目管理都积极参与，以保证研发和创新紧贴企业的产业化能力。

3）温氏集团是合作创新利益的主要分配主体。合作研究一旦形成产品，在各方达成一致的基础上，温氏集团可以自己申请专利，对创新产品进行必要的保护。同时在合作之初，就详细规定利益分配的方式，合作成功之后除满足大学和科研院所协议规定的利益外，温氏集团有权对其收入进行自主分配。

4）温氏集团是技术转移的主体。对于高等学校和研究机构因政府资助所得的研发成果在进行技术转让时，温氏集团负责与他们制订详细的技术开发计划，并且确定能有效达成技术商业化目标的合理期限。

（2）企业主导的产学研合作模式演化。在温氏集团的主导下，集团与华南农业大学的合作逐渐从"顾问型""契约型"转向"实体型"合作，具体的操作从单一的技术服务、技术引进、技术入股转向全面的多元化的合作模式，包括技术服务、技术转让、联合攻关、组建合资企业、共建研发平台。2000年，温氏集团与华南农业大学共同投资创建大华农生物制品有限公司，公司业务向生物制品和乳业拓展。2003年，华南农业大学研制的获得国家兽医药品认证的"禽流感灭活疫苗"项目，600万元技术转让给大华农生物制品有限公司。在2004年的"禽流感"灾疫来临之时，避免了集团12亿元的损失。2006年和2011年，温氏集团与华南农业大学（以学校名义）正式签订了产学研全面合作协议，双方的合作实现了由单一学院、单一学科向多学院、多学科的跨越式转变，学校为企业提供全方位、多领域的技术服务和支持，包括养鸡、养猪、蔬菜、加工、兽医、兽药、肥料、信息、金融、管理等。2008年，温氏集团与华南农业大学等多家高校合作成立了"温氏集团研究院"，华南农业大学兽医学院与温氏集团子公司（广东大华农动物保健品股份有限公司）共同合作先后创建了"大华农宠物保健品工程中心"和"南方动物疫病诊断中心"。在华南农业大学的协助和支持下，温氏集团创建了企业技术中心、农业技术创新中心、博士后科研工作站等多个省级研发机构，大大增强了温氏集团自主创新的能力和高水平科研工作的能力。

（3）企业主导的产学研合作创新内容。经过20多年的实践，温氏集团与华南农业大学形成了"成果共有、利益共享、风险共担"的企业主导型产学研合作模式，有效地整合了企业的"市场、资金、基地"与高校的"人才、技术、信息"等资源，形成了"公司＋基地＋高校与科研院所"的产学研科技创新模式。这种模式以企业为主导，以科技创新为根本，"产、学、研"相结合，以大规模产业化条件下畜禽品种繁育、饲料营养、养殖技术为突破口，创新一大批有自主知识产权的畜牧养殖业产业化先进技术，科学组装成为优质肉鸡产业化关键技术群、优质肉猪产业化关键技术群、动物保健品关键技术群三大产业化关键技术群：①以大规模产业化条件下优质肉鸡品种繁育、饲料营养和生物安全三项技术为突破口，逐步建立起以商业育种为龙头、饲料营养和饲养管理为核心、鸡病生物安全为重点、养殖环境的生态安全为保障的优质肉鸡产业化关键技术体系，建成了全国最大的优质鸡生产基地。②以瘦肉型猪育种技术、安全饲料技术、疾病控制技术和环境控制技术为突破口，建立起以瘦肉型猪繁育技术为龙头的安全瘦肉型猪综合生产技术体系，建成了全国最大的瘦肉型猪安全生产示范基地。③以禽流感疫苗的研制和推广应用为突破口，开展禽流感疫苗的研制和产业化生产。兽用生物制品和化药制品的研制成功及其产业化，为畜禽养殖提供了安全保障，为我国控制畜禽传染病的流行做出了重要贡献。很快，温氏集团将这种产学研合作创新模式扩展到哈尔滨兽医研究所、华中农业大学、南京农业大学、西南农业大学、四川农业大学、中山大学、中科院广东分院、中国兽医药品监察所、佛山科学技术学院、原福建农业大学、华南理工大学及澳大利亚昆士兰大学等国内外高等院校和研究所（张日新、彭思喜，2009）。

（4）企业主导的产学研合作创新的运行机制。总结温氏集团主导的产学研模式（如图5-1所示），基本机理是：在产学研联合体中，温氏集团处于主导或核心地位，企业为了满足市场需求，提升自己的市场竞争力，自动地寻求与高校和科研院所的合作。并根据企业自身的基础和能力，以技术顾问、技术引进、委托开发、技术入股、合作开发或共建研究机构的形式，灵活地寻求高校的技术支持、技术服务、技术咨询和技术转移等。高校或科研院所则针对企业的需求，被组织在其中，发挥各自特长积极参与温氏集团的技术攻关，并积极与温氏集团合作申报和承担各级各类科技项目。政府主要提供政策法规、产权保护、市场环境和融资渠道等方面的支持。中介机构和其他组织主要提供中介和辅助服务，也发挥了一定的积极作用。

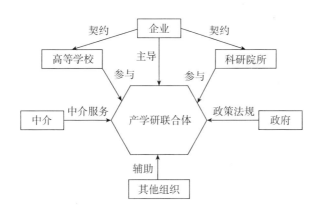

图5-1 温氏集团主导的产学研合作技术创新模式

温氏集团主导的产学研合作技术创新模式取得成功的重要因素就是它将"官""产""学""研"各方的个体力量在统一的战略目标下,有机结合成"资源共享,优势互补"的系统。这种由政府推动,企业、高校和科研机构共同参与的目标型技术联盟,实现了资源的合理配置及优化,为温氏集团技术创新的顺利开展提供了技术和组织上的保证。从资源配置的角度看,温氏集团主导的模式克服了技术链、产业链和技术创新链之间在通常情况下存在的结构性失衡,实现了技术创新链要求的从科研选题到产业化的连续过程,有效地提高了科技成果转化率,实现了资源的优化配置。其具体的运行机制如下:

1) 构建产学研科技创新平台。在华南农业大学的全力支持下,温氏集团致力打造"公司 + 基地 + 高校与科研院所"科技创新平台,积极寻求政府支持与引导,组建了多个省级研究开发机构,大大增强了企业汇集行业高素质人才、开展高水平研究工作的能力;建立并完善了企业科技创新组织体系,大力加强科技创新平台与基地建设,企业科技创新的战略定位更加清晰、准确,创新实践活动得到科学管理与引导,质量与水平显著提升;始终把企业信息化建设作为及时把握集团动态与外界信息、提升决策及管理水平的重要手段,有效实现了集团产业链的集中管理。

"公司 + 基地 + 高校与科研院所"科技创新平台的建立,有效地帮助温氏集团解决了企业的生产实际技术问题,实现了企业的转型升级,从传统的单一养鸡业务向养猪、养鸭、养牛业务的成功转型,从过去的"单一养鸡"这一条腿走路升级到"以鸡猪为主、牛鸭并举,食品加工、粮食贸易等产业链配套"的现代大型农牧企业集团,并成功将"公司 + 基地 + 农户"的发展模式从养鸡业有效复制到养猪、养鸭等业务,并迅速推广到全国,实现了温氏集团的跨越式发展。

2) 充分发挥政府在产学研合作中的积极推动作用。在温氏集团产学研合作技术创新模式中,政府并不作为主体直接参与联盟,而是在重大技术创新活动中给予扶持和帮助,为温氏集团产学研联盟提供良好的合作环境,并通过完善的市场机制、加强监督、设立技术合作基金、加大对技术联盟的投入力度,促使产学研联盟获得理想的创新效应。温氏集团积极寻求政府支持与引导,获得了"广东省农业龙头企业"和"国家重点龙头企业"的称号。这些荣誉让温氏集团能够享受国家和广东省有关的政策支持。同时,温氏集团产学研联盟通过申请国家和广东省科研项目,获得政府资金的支持,缓解了资金不足的困难。

3) 构建产学研联盟的约束与协调机制。由于产学研联盟是由产学研各自相对独立的个体组成,联盟各方之间的冲突在所难免。这些冲突包括成本、风险、利益等多方面的分配不合理;联盟各方由于背景、文化差异造成的冲突;有限理性及机会主义等。这些冲突若没有一个协调和约束机制来管理和解决，将会直接导致联盟的失败。在温氏集团产学研联盟中，技术创新中心就是这样一个协调各联盟主体间的冲突、约束各联盟主体行为的机构，同时也对创新成果的分配实行监控和协调。这种较为完善的协调、约束机制缓解或避免了联盟各方的冲突，保证了温氏集团产学研联盟的稳定与技术创新链的顺利实施。

4）构建成果共有、风险共担的合作机制。在市场经济条件下，利益机制是推动产学研合作的动力和维系产学研合作良性运转的纽带，协调多种参与主体的"利益"机制，是产学研成功并持续发展的关键（雷永，2008；罗利、鲁若愚，2006；陆晓晔等，2007）。温氏集团通过建立合理的利益分配机制，充分调动各方的积极性，产生应有的合力。

对于高校——产学研合作的对象，温氏集团以技术入股的方式与高校形成了风险共担、成果共有、利益共享的产学研合作机制。对于企业员工——产学研合作的参与者，温氏集团建立股份合作制，不仅提高了每个职工的风险意识，而且也构造了风险共担机制。而对于农户——产学研合作技术成果的使用者，公司创建了"公司＋农户"的经营模式：公司为合作养殖户提供种苗、饲料、药物、技术及销售等一条龙服务，承担着技术和市场风险；养殖户负责肉鸡、肉猪的饲养管理，承担着生产风险。依靠这种模式，温氏集团把广大农民紧紧团结在周围，形成一个巨大的利益共同体，为产学研合作创新成果的推广提供了有力的保障。

5）构建有机统一的产学研运行机制。温氏集团产学研合作技术创新模式取得成功的另一个主要因素是建立了有机统一的产学研合作运行机制：市场引导的目标导向机制、完善的利益分配机制和产学研各方风险共担机制保证产学研合作的长效性，是产学研持续发展的关键；员工股份合作制、技术创新投入机制保证了温氏集团每年能够从经营的利润中提取一部分资金专门用于技术创新的投入；产学研合作组织机制保证了有专门的科研部门和人员从事技术创新活动；激励机制能够充分激发和调动科研人员进行技术创新的积极性和主动性。

5.2.2.2　构建"高校＋基地＋农户"的技术创新成果转化机制

传统技术创新过分关注科研成果的产生，但往往忽略成果的转化和推广，造成一种本末倒置的局面，使大量的科研经费并没有产生真正的生产力。

（1）建立从事科技创新的研究基地。技术创新成果转化是技术创新过程中最重要的一个环节，技术创新成果导入机制的建立和不断完善可以有效提高科技成果的转化率，实现技术和经济的完美结合。目前，我国产学研结合创新成果的转化率不高，一个关键的制约因素就是成果导入机制不够完善，在技术成果的应用过程中遇到很多问题和阻碍。温氏集团通过建立自己的研究基地，作为产学研合作创新成果的中试基地与实验场所，一方面，通过实验发现新的创新成果在应用中的问题，从而完善了产学研合作技术创新成果导入机制，提高了产学研合作创新成果的转化率。另一方面，在实验中，企业本身的科研知识和科研能力不断得到提高。同时，对"学、研"方而言，也非常需要这些研究基地作为他们科研成果的实践和实验场所。这样，"学、研"方对"产"方也产生了除资金之外的其他内在需求。从动力促进理论分析，这会加深他们之间的合作。

早在 2000 年前，温氏集团就拥有现代化的肉鸡试验场 2 个，共 23 栋试验肉鸡舍；原种猪场 2 个，肉猪试验场 2 个，含 8 栋试验肉猪室；种鸡试验场 1 个，含 6 栋试验种鸡舍及 1 个现代化孵化室。各实验室（饲料质检中心、生物工程中心、疫苗质检中心、生物制品研究室、信息中心）设施齐全，配备了大量先进的科学仪器，如 NIR 近红外测定仪、原子吸收仪、液相色谱仪、热能测定仪、PCR 仪、冷冻离心机、凝胶成像及分析系统、密理博纯水系统、冰冻切片机、ELISA、厌氧培养箱、稳压稳流电泳仪等，科研设施越来越好。能满足开展从分子水平、细胞水平到动物群体水平的各类研究项目的需要。

（2）构建"公司＋农户"的技术创新成果推广模式。"公司＋农户"科技推广模式的基本做法是：公司为合作养户提供种苗、饲料、药物、技术及销售等一条龙服务，承担着技术和市场风险；养户负责肉鸡、肉猪的饲养管理，承担着生产风险。依靠这种模式，温氏集团把广大农民紧紧团结在周围，形成一个巨大的利益共同体，为公司的发展提供了有力的保障。在"公司＋农户"这种模式中，一个个的挂钩养鸡、养猪户实际上成了公司的一个个生产小车间，单个的农户无力直接进入市场，但是众多的养鸡、养猪小车间组织成社会化的商品生产，把公司和农户双方联结在一起，形成一股强大的合力，通过温氏集团这个媒介间接地进入了市场。

温氏集团通过不断完善的"公司＋农户"的经营和技术管理机制，对合作农户实施全程技术指导、培训和监督，全程要求农户按照公司制定的管理制度规范操作，以确保禽畜生产安全和产品质量符合安全食品的要求。2001 年 8 月，温氏集团的《家禽生物安全系统的建立及推广运用》获得了国家科技部等四部委联合颁发的"九五"国家重点科技攻关计划优秀成果奖，温氏集团经过长期的实践，建立和完善了农户的管理程序和操作规程，并且将当初的"公司＋农户"提升至"公司＋基地＋农户"的模式，实现了规模化生产，标准化管理，确保了产品质量。通过"公司＋基地＋农户"模式的运作，公司与农户实行优势互补、资源互补，实现了资金、劳力、场地、技术、管理、市场等多项资源的优化组合，形成了紧密的利益共同体，实现了共赢。

（3）建立了层级清晰、运作高效的技术创新成果推广服务网络。温氏集团通过成果推广服务网络，企业的科研人员更容易发现创新成果的技术和应用问题，从而及时反馈给"学、研"方科研人员，调整"学、研"方的科研方向和内容。另外，在实践中企业的科研人员也更容易掌握技术解决应用中的难题，从而提高企业自身的科研能力。而通过向客户推广，客户也更容易认识到新的科技成果价值，也更方便熟悉和掌握新的创新成果的使用，从而保证了新的创新成果的市场需求性，促进了产学研合作创新的发展。

5.2.2.3 基于产业链增值创新机制

（1）温氏集团产业链拓展。农业产业链是指由与农业初级产品生产密切相关的具有关联关系的产业群所组成的网络结构，这些产业群依其关联顺序包括为农业生产准备的科研、农资等前期产业部门，农作物种植、畜禽饲养等中间产业部门，以农产品为原料的加工业、储存、运输、销售等后期产业部门，即农业产前、产中及产后部门。由于产业链中各项业务互相依赖、互相作用，会形成"关联效应"，这种关联效应随着产业链环节增加而整体增强；不仅如此，产业链中某些环节的加强可以带动与其密切相关的产业发展。

对畜禽养殖而言，其产业链条由主体链条和辅助链条所组成，主体链条包括畜禽种苗育种与供应、畜禽产品生产与供应（养殖与贸易）、畜禽产品加工、畜禽产品销售，最后到达消费者等几个环节；而辅助链条则包括畜禽科研、技术推广与服务（养殖、防病等）、畜禽养殖场地建设、畜禽养殖设备制造、畜禽养殖物资供应以及市场中介等环节（如图5-2所示）。

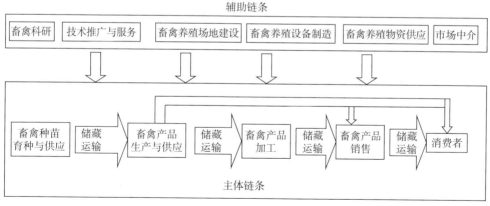

图5-2 畜禽养殖产业链

温氏集团以养鸡为核心业务，进行相关多元化，全方位拓展畜禽养殖产业链：

一是延伸产业链的长度，跨入了畜禽产品屠宰加工、畜禽疫苗及保健药品的开发与生产、粮食及进出口贸易等领域，尽可能提高农产品精深加工比例，实现价值增值。其具体措施有：以发展鸡、猪食品初级加工产品为重点，逐步在集团养殖产业布局的其他区域发展屠宰加工产品，实现产业链的有效延伸，力争建立起集生产加工、科研开发、商业贸易为一体，组织管理体系完善，产品丰富多样，市场竞争能力较强的专业化公司；以在广东省内投资为主，形成研发基地与加工基地的紧密结合，生产能够满足集团养殖业发展的疫苗及保健药品，巩固内部市场供应，加大力度开拓外部市场，逐步形成以本部为研发及生产供应中心，并辐射全国；成立系列的专业化公司，扩大集团在粮食贸易、物流管理及国内外市场开拓的业务量，使其成为集团新的经济增长点。

二是增加产业链宽度，尽可能提高综合利用程度，使各个产业环节和产品功能得以扩充。其具体措施有：实现养猪和养牛业务的区域多元化，巩固和完善集团现有在广东区域的养猪业布局，稳步推进海南、广西以及逐步启动华东、福建等区域发展养猪业；养牛则坚持以广东投资发展为主，邻近省市发展为辅，保持管理跨度合适，将集团养牛业发展成为广东最大的优质原奶供应商。

三是扩大产业链的厚度，壮大农业产业链的规模。温氏集团的养鸡、养猪、养牛以及生物制药、食品加工、粮食贸易、油脂加工等产业均有了长足发展，产业发展基础更加扎实。2007 年生产商品鸡苗 6.56 亿只，猪苗 227 万头，饲料 293 万吨。投放鸡苗 5.74 亿只，猪苗 220 万头，鸭苗 860 万只。实现上市肉鸡 5.3 亿只，肉猪 181.7 万头，肉鸭 680 万只。

温氏集团通过提升养鸡业务的实力，扩大畜禽养殖产业的关联度，促进畜禽优良种苗繁育技术的产业化，推动畜禽的规范化养殖和综合示范成套技术与装备进步，带动生物制药、食品加工、粮食贸易、油脂加工、畜牧养殖器械制造的发展和产业化，取得了良好成效。截至 2007 年，集团总销售收入 117 亿元，其中养鸡业实现 85.8 亿元；养猪业实现 34.2 亿元；配套和相关产业实现 20.5 亿元。农户 3.65 万户，农户获利 11.35 亿元，户均获利 3.1 万元；向国家上缴税金 1.17 亿元。根据温氏集团的产业发展思路，在未来的 5 年内，温氏集团将以稳步发展养殖业为基础，以管理创新和技术进步为龙头，以产业深化为重点，以生物制药、食品加工、粮食和进出口贸易为新增长点，促进各产业的协调和可持续发展。

（2）不同时期的产业价值链创新。温氏集团以稳步发展养鸡、大力发展养猪、探索发展养牛、加快发展上下游产品及相关行业的产业结构发展战略，结合"以内部市场为生存基础，以外部市场为发展空间"的发展方针，使温氏集团逐步形成以养殖业为主导、向上下游产品延伸的产业链条。在养殖产业链中，共有品种培育、种苗生产、饲料供应、饲养管理、防疫管理、产品上市等流程。温氏集团将产业链的全过程进行产业大整合，以公司为产业发展平台，集合行业的各项优势资源，自己创办育种公司、种苗场、孵化厂、饲料厂和动物保健品厂，并推行规范和高效的产业化流程管理，促进了产业化大生产的高速发展。

从温氏集团的产业链价值创新看，温氏集团坚持以"产供销一条龙、科工贸一体化"为原则，建立了一条较为完整的企业生产和经营管理产业链，解决了利润保障问题。具体是通过完善产业全程管理，运用现代科技与管理，从购进玉米、豆粕等原料，到产出活鸡、活猪和鸡肉、猪肉，将原料采购和饲料、种苗生产、肉鸡饲养、技术配套、销售和加工五个环节在集团内部严格按计划有步骤地进行。如图5-3所示，由集团承担市场风险，并对内部各环节的利益进行平衡，实行综合经营。而农户则主要承担生产风险，只要农户按规定的程序认真搞好饲养管理，就能获得稳定的行业平均利润。

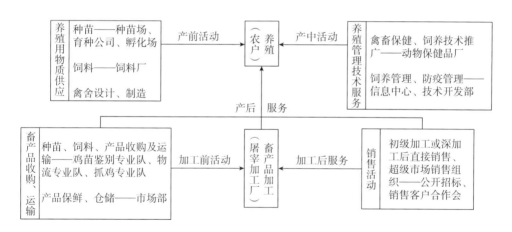

图5-3 温氏集团产业链价值创新

从不同时期的产业价值链创新看，温氏集团最初的探索发展时期，主要是经营风险较大的肉鸡饲养这一产业链，因及时发展了饲料生产与肉鸡销售产业链，降低了生产成本，同时温氏集团采用"公司+农户"的形式，弱化了企业生产风险。温氏集团凭借低成本、低风险优势，打开了省内市场。

到了扩张发展阶段，温氏集团逐步形成自己的核心增值产业链，公司将育种、饲料、药物、疫苗、销售等流程的管理及配套体系作为核心增值产业链，向市场和农户提供相关产品及服务。而合作农户则负责肉鸡（猪）的饲养管理。通过对核心增值产业链的掌控与发展，温氏集团很快获得了专业化经营优势。同时，温氏集团进一步通过发挥全员股东制的作用，增强公司内部凝聚力；通过建立和完善农户的管理程序和操作规程，激发农户合作的积极性。这一模式被成功应用到省外，温氏集团终于成功地开辟了华东区、华中区、西南区及广西区四大区域市场。

跨越发展时期，温氏集团除了巩固养殖业的核心增值产业链外，开始寻求调整生产经营结构、开拓新市场的途径。养猪业、养牛业得到稳步的发展，食品加工、种植业、物流等非养殖业也迈出了探索的步伐。积极进入全国市场，开拓国际市场，创造新的市场占有份额及新的产业链增值点成为温氏集团发展时期的关键机制。

（3）温氏集团产业价值链创新运行机制。温氏集团自建立至今始终以养鸡业为主导产业，温氏集团发展的历史就是温氏集团养鸡业发展的历史，通过内生于养鸡业价值链间的制度，可以透视温氏集团产业价值链创新的运行机制（如图5-4所示）。

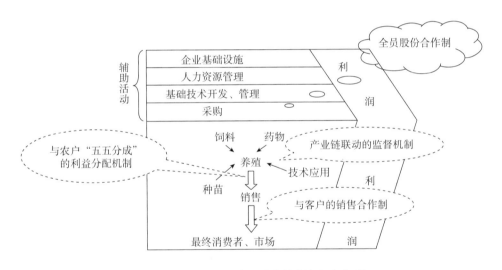

图5-4 温氏集团产业价值链创新运行机制

由于农业企业具有弱质产业特征，既要承担自然风险，又要承担市场风险，与农民的交易及与消费市场的交易都存在较强的不确定性。因此，如果在农产品的生产、管理和配套服务提供过程中，产权界定、交易及相应的管理组织机构、运行机制设计等存在缺陷，往往会导致农业企业活力不足、效率低下。这不仅将会降低农业企业的竞争力，而且由于农产品与农业发展、农民收入息息相关，因而还将危及农村的可持续发展能力。而温氏集团的发展历程证明，选择恰当的基于资源特性的价值增值活动与相匹配激励制度，进行有效的产权管理，可以降低农业企业的交易费用与经营生产风险，是农业资源有效配置和农业企业发展的根本原因。

温氏集团养鸡业价值链的内在联系反映为各种价值活动有机联系。这种有机联系表现为实施某一价值活动，由此导致另一价值活动的成本或效益发生变化。因此，温氏集团的发展既来源于单项价值活动，更有赖于优化的、协调的价值活动系统，而这一价值系统的有效运转必须要借助嵌入的制度来保证。

温氏集团养鸡业的利润主要来源于企业的种苗、饲料、药物、防疫、产品销售等活动及其辅助活动，而由产业无缝连接联动形成的纵向一体化产品间的监督机制、企业与农户"五五分成"的利益分配机制、企业与客户的销售合作制及全员股份合作制是价值活动实现增值的重要保证。

首先，全员股份合作制与辅助活动的平衡运作。在温氏集团的辅助活动中，如果没有贯穿企业基础设施、人力资源管理、技术开发与管理、采购等活动的全员股份合作制，很难想象以 8000 元起家的温氏集团会有今天如此高效的产业链全程管理系统及运营系统。"以劳动报酬体现劳动价值，以年度奖金体现绩效，以福利待遇体现平等，以股份分红体现公平"，投资者与劳动者身份的双重紧密结合，较好地解决了企业发展中的资金、劳动力等基本问题，是企业得以持续高速发展的原动力。

其次，监督机制、利益分配机制、销售合作制与基本活动的平衡运作。在温氏集团的基本活动中，第一，在温氏集团基本增值活动之间，受温氏集团基本增值活动投入产出联动制约的监督机制，使公司产业链的上下游产品在第一时间就能得到使用的反馈意见，既降低了生产环节中的交易成本，又促进了技术进步与产品质量提高。第二，在温氏集团基本增值活动与农户活动之间，与农户"五五分成"的利益分配机制，一方面保障了种苗、饲料、药物、防疫、产品销售等基本增值活动的需求，另一方面由农户承办饲养活动，利益均分，激励了农户将资金、土地和劳动力等资源参与到价值增值活动中，扩大了创造利润的来源。第三，在温氏集团的销售活动与客户活动之间，与客户的销售合作制，拓展了"公司＋农户"的外延，下设会员大会、理事会等机构的集团销售客户合作会，证明"公司＋农户＋客户"的模式已在运作，而来自终端消费者的反馈信息，将有利于企业创造新的产品价值增值点。

综上所述，贯穿价值链活动的内在制度构建了一个多方利益分享与风险分担机制，提供了一个能让股东、员工、农户与企业共同分享行业成长成果的平台，企业的价值活动与制度机制平衡运作，在不断内在地推进温氏集团充分发挥市场优势、技术优势、资金优势的同时，使温氏集团呈现出稳步、持续、高速的发展态势，加速了温氏集团技术创新的适应性演化。

5.2.2.4　一体化创新管理机制

温氏集团几十年的发展，主要手段是到各地建立一体化养殖公司。一体化养殖公司是温氏集团的基础，是基本生产经营单位。从1995年开始，温氏集团坚持以"产供销一条龙、科工贸一体化"为原则，建立了一条较为完整的企业生产和经营管理产业链，解决了利润保障问题。具体是通过完善产业全程管理，运用现代科技与管理，从购进玉米、豆粕等原料，到产出活鸡、活猪和鸡肉、猪肉，将原料采购和饲料、种苗生产、肉鸡饲养、技术配套、销售和加工五个环节在集团内部严格按计划有步骤地进行。相应地，温氏技术创新也采用了一体化管理机制，如图5-5所示。

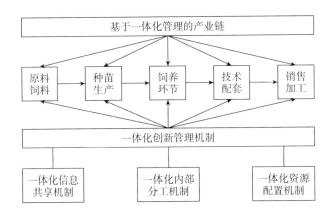

图5-5　温氏集团技术创新一体化管理机制

（1）一体化信息共享。在一体化经营模式中，合作体之间内部实现信息与技术的共享，公司可以将高科技技术迅速转移到生产部门，产生先进的生产力，扩大生产规模。同时农户的反馈信息可以迅速传递给科研机构，促进技术的改良，提高产品的质量，产生更适应市场需求的产品，扩大了销量，为实现大规模生产提供了条件，有利于形成规模化的优势。

基于此，温氏集团非常重视企业信息化建设。早在1991年，温氏集团在当时公司净资产不足90万元的情况下，就投入17万元用于企业的信息化建设，通过引进华南农业大学的技术力量，建立了企业内部的计算机网络，自主开发出以养户与肉鸡销售管理为核心的信息管理系统。经过十多年的实践，温氏集团与恒兴在企业管理与信息技术相结合方面已经积累了丰富的经验，大大提高了企业的运作效率和管理水平。

2005年，温氏集团在对集团内部养鸡、养猪、乳业、饲料、制药、食品等产业链的运作流程进行了详细调研之后，引进ERP（企业信息化管理）工程，使所有商品的销售和库存都可以即时查阅，公司高层可以随时获得最新的决策信息，对市场迅速做出调价、进货、配送的指令，从而使物资及人力资源得到有效配置，企业的整体决策水平、运行效率、管理现代化程度得到显著提高。同时，温氏集团电子信息系统的建立与完善，使温氏集团与"学、研"方在信息沟通、共享方面，更加容易、方便和深入，既节约了双方的成本，又减少了合作双方"误会"的产生，为产学研合作创新提供了一个交流的平台。

（2）一体化内部分工。传统农户养鸡，由于饲料成本高、饲养技术落后等原因，饲养过程中存在着死亡率高、饲养周期长、饲养成本高昂等问题。温氏集团与高校科研机构的强强联合，拥有高科技养殖的技术创新优势，可以通过"公司＋农户"模式，负责向农户统一提供鸡苗、饲料、防疫药物、技术指导四个方面的服务，进行技术支持，养鸡成本可以有效的降低。

公司为合作农户提供鸡苗、饲料、防疫药物、技术指导及销售等一条龙服务，农户只负责肉鸡的饲养管理。在这个过程中，农户的角色实际上就转化成了产业流程管理中的生产小车间。在传统农业中，单个的农户无力直接进入市场，但是由公司牵头，将众多的养鸡、养猪"小车间"有效组织起来，就形成了农产品的商品化和规模化大生产。公司与农户在产业链流程管理中的明确分工，配置以规范和高效的流程管理，提升了传统农业、传统农民的专业化程度，公司与农户的资源优势在合作中可以得到更大限度的发挥，产生巨大的规模效应。

（3）一体化资源配置。温氏集团的一体化经营模式中，各个生产项目、各个经营环节不是以独立企业的形式进行，而是在一个联合体内进行，因而减少了中转环节，减少了许多交易成本，通过集团内部的协调与交换，提高资源的配置效率。温氏集团产业链配套生产的饲料、药品等相关产品，直接为肉鸡（猪）的规模化大生产服务，这些成员单位无须像社会同行同类企业一样配套产品营销体系及营销网络的建设，无须配置大量的营销人员。

因此，温氏集团内部的配套企业和社会同行相比，机构设置精简，人员精干，节约了大量的组织成本和管理成本。这些环节中管理和交易成本的降低，使公司肉鸡、肉猪生产的综合成本整体要低于社会平均成本。中间费用的节约，使温氏集团的综合管理优势得到更充分的体现，使温氏集团始终处于竞争的优势地位。

（4）一体化管理效应。企业的一体化经营模式可以促进分工与协作的有效统一，使生产流程高效运行，降低生产监管费用，提高管理效率，从而与规模化的大生产相适应，保持并发展公司的规模优势。温氏集团根据市场化运作的原则在企业建立了一套完整的内部监管体系，产业链的上下游之间自然而然就形成了互相监督的良性机制。饲养环节对上游的鸡苗、疫苗和动物保健品、饲料加工质量等进行监督，发现质量问题在第一时间就能得到反馈。而下游的食品加工环节，又可以对其上游的饲养环节进行监督，督促其从育种到饲料等各个流程，提高工作和管理质量，最终使公司的产品满足消费者对农产品安全卫生等的要求。公司根据各个流程的管理绩效来进行考核，就在内部形成了一个浑然一体的监督体系，督促产业链各流程的持续改进，最终实现了流程的高效管理。高效的管理有效地保持规模化生产的运行，并增强了公司生产的规模优势。

5.2.3 成熟期"突破性跳跃"演化机制："短跳"与"长跳"结合

温氏集团特色的适应性游走"短跳"机制，使温氏集团在养殖产业链上实现了技术创新上下游各环节的资源整合和供求协调，一方面通过"公司＋高校"产学研合作创新模式，整合高校创新资源，满足农户的技术需求，另一方面通过"公司＋农户"推广创新成果，并在充分了解农户技术需求的基础上，促进高校的创新。因此，企业创新跟市场需求之间有良好的互动，形成了良好的循环机制，促使了温氏集团创新系统的适应性演化。但"公司＋高校"创新模式导致温氏集团对高校技术（特别是对华南农业大学）依赖过大，企业创新会陷入前文所说的"核心刚性"或"相对黏性"导致的"局部最优陷阱"中。如何摆脱对高校技术（华南农业大学）过于依赖的技术创新演化路径？温氏集团的做法是实施一系列的长跳机制，将"长跳"和"短跳"有机地结合，从而实现企业创新系统向更高的级别进行演化，实现了自身的持续发展。

（1）组建以"集团研究院"为首的企业研发机构群，吸引高尖人才加入。国际大量实践经验表明，由有远见卓识企业家领军的、绩效显赫的成功企业，都拥有为本企业生存发展的创新需求而奋斗，并与企业共命运的研发团队。为了突破"公司＋高校"技术创新模式的路径依赖，温氏集团积极寻求政府支持与引导，申请组建了多个国家级、省级研究开发机构，大大增强了企业汇集行业高素质人才、开展高水平研究工作的能力。这些企业技术中心协助决策层，全面推进企业核心能力的建设，提升集团公司的自主创新能力、整合内外资源能力和适应市场变化能力，促进技术开发、生产、市场开拓等各部门的互动；面向国内外联合知名专家和相关专业的人才进行技术创新，成为产学研联合开发的桥梁和组织实施者，达到了技术与市场的有机结合，不断推动企业的技术创新步入成熟期。

2001年，经省科技厅批准，广东温氏集团首批被批准成立了省级农业科技创新中心。中心从企业生产实际出发，以育种、营养、管理为主开发符合生产及管理现实需要的技术创新成果，并为生产与管理服务。

2002年，经省科技厅、省发改委、省经贸委批准，成立了广东省温氏集团食品工程技术研究开发中心。该中心由温氏集团与华南农业大学共同组建，其目的是将温氏集团的资源优势与华南农业大学的资源优势有机地结合起来，进行专业家禽育种研究。

2004 年，经国家人事部博士后工作管理办公室批准，成立了温氏集团博士后科研工作站。集团以博士后科研工作站为平台，向国内外招聘优秀的博士生来企业做博士后，研究开发生产中存在的各种技术难题，提高整个公司的科研水平。经省经贸委批准，温氏集团建立了省级企业技术中心。

2011 年 2 月 28 日，云浮市物联网研究院成立暨衔牌揭幕仪式在集团信息中心举行。

2013 年 9 月 15 日，由温氏集团与华南农业大学动物科学学院联合共建的"国家生猪种业工程技术研究中心"揭牌。

2015 年 6 月 6 日，由温氏集团筹建的"农业部动物营养与饲料学重点实验室"揭牌，这是继国家企业技术中心、国家生猪种业工程中心、畜禽育种国家地方联合工程中心之后的又一国家级科技创新平台，也是行业在该方向领域依托企业设立的唯一一个。

截至 2016 年，温氏集团组建了生猪种业工程技术研究中心、国家企业技术中心、博士后科研工作站、农业部重点实验室、省级企业研究院和重点实验室等重要科技平台，形成一支由 65 名博士、386 名硕士、3000 多名本科以上学历技术人员组成的梯队结构合理的科研人才队伍。同时，公司还拥有一批包括中科院院士、重点实验室组成的外部专家队伍群体，使行业的最新技术成果都能够最先在温氏集团推广和运用，如表 5 - 1 所示。

表 5 - 1　温氏集团研发机构

年份	研发机构	级别
2001	农业科技创新中心	省级
2002	工程技术研究开发中心	省级
2004	博士后科研工作站	国家级
2005	企业技术中心	省级
2011	云浮市物联网研究院	省级
2012	省级企业研究院	省级
2013	国家生猪种业工程技术研究中心	国家级
2014	国家企业技术中心	国家级
2015	农业部动物营养与饲料学重点实验室	部级

资料来源：笔者整理。

（2）构建"集中引导、分层实施、重心向下、有效管理"的技术创新组织管理体系。由于技术创新涉及的管理部门和机构众多，往往导致研究开发的重点不明确，研发资源（任务、人力、实验室、基地）分配过于分散，重复性研究项目多，难以协同行动等，造成技术创新的速度慢、资源浪费严重、难以形成合力、管理效率低等问题。为了解决这些问题，温氏集团逐步建立和完善层次分明、定位清晰、责任明确的技术创新组织体系，形成了"集中引导、分层实施、重心向下、有效管理"的技术创新组织管理体系（如图 5 – 6 所示）。该模式有效地降低研发资源分配不合理以及重复研究开发造成的资源浪费，保证技术的及时转移和扩散，其经验值得我们借鉴。

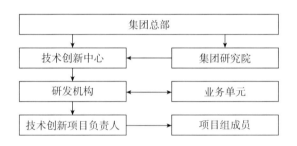

图 5 – 6　温氏集团技术创新组织管理体系

资料来源：笔者整理。

1）集团总部：宏观指导与协调。集团总部作为集团公司的投资中心和行政管理中心，工作重点在于宏观层面的指导、协调、监督及参与决策上来，其技术研究的职能逐步淡化。

2）技术创新中心：日常管理机构。技术创新中心是技术创新的日常管理机构，负责在征求各方意见的基础上，提出总体实施方案和阶段课题申请指南，其基本职能有：把握集团的技术需求及走向；组织起草集团的技术发展战略及规划；组织实施各类科技计划；组织对外技术交流与合作；开展与集团可持续发展密切相关的关键性、基础性及前瞻性技术研究；研究解决集团产业化进程中面临的重大和共性技术难题，并进行尖端技术储备；培育新产业等。

3）集团研究院：论证与验收。集团研究院负责对总体技术方案进行技术论证，并对阶段性成果实施技术验收。另外组织、引导、带动集团技术创新活动，并为各领域、各区域提供源源不断的关键技术与核心技术支持，不断提高企业的技术创新能力。

4）业务单元：技术成果的推广与普及。各业务单元（即二级公司）发挥其人力、资金、基地的优势，对技术创新成果进行普及和推广。各业务单元除直接管理其所属的研发机构外，其技术创新活动要接受创新中心（研究院）的宏观指导与管理。

5）研发机构：研究与开发。研发机构（隶属于不同的业务单元）负责技术创新项目的研究与开发，其创新活动贴近市场需求，主要着眼于各区域、各领域生产与经营所急需的实用技术和高竞争力产品，开展周期短、难度小、应用前景明朗的新技术、新品种、新产品、新流程、新工艺等方面的研究与应用。

6）技术创新项目负责人：落实项目。温氏集团采取项目负责人制。经温氏集团科研基金立项支持的研究项目，项目负责人对于课题经费的使用和人员组织拥有自主权，充分调动其工作积极性。同时，加大项目前期论证、中期检查和期末考核评估管理的力度，采取奖优汰劣的滚动立项的方式，增强项目合同的约束力度，保证项目的成功率。

在各级组织中，为了更好地分工协作，并做好协调和衔接工作，避免在工作中存在技术业务脱节现象，防止扯皮现象发生，温氏集团还建立了技术业务的衔接方法机制：

1）建立各类技术业务定期上报制度。分公司的生产技术部应定期、及时地将本单位技术管理制度、措施、方案、报表、结果上报到集团总部相对应的技术部门和主管领导，以便集团公司了解分公司的技术业务情况，掌握动态，检查和指导各项工作的开展。分公司要及时对本单位的技术业务进行总结，并上报集团公司，以便开展学习和交流。

2）建立技术管理信息反馈机制，提高团队对技术问题的反应速度。各类生产技术问题的上报，一般性问题将处理意见、方案、实施结果上报至二级单位总经理；复杂的技术问题要及时将有关情况上报至集团公司相应的技术部门和主管副总裁备案。

3）由生产技术部现场操作的下列技术问题需上报相应的技术管理部门：①常规性的饲料营养配方、常规免疫程序以及疾病防疫制度、常规生产数据等，需上报备案。②技术运用方案、流程的更改等，需上报批准。③对疫情采取定向报告制：畜禽死亡数量、发病情况、饲养舍发病率超过15%，疫情发生后时间超过5天、本单位已组织力量解决但效果不明显的生产技术问题，均要及时报告，以寻求快速解决问题的办法，避免因延误时机而造成更大的损失。

（3）形成良性循环的企业创新文化。

1）企业文化创建：体现了企业家价值观。企业文化是一个涵盖范围很广的概念，按照朱成全（2005）的分类，企业文化可以分为企业的物质文化、行为文化、制度文化、精神文化。随着企业建立，企业文化逐步形成。企业家人力资本的"异质性"和"专有性"特征，使他们成为企业创立和发展过程中的关键性资源，也使他们成为企业文化的创建者（刘元芳，2006）。

企业文化的形成经过岁月积累，具有强烈的传承性、记忆性和排他性等特征。其一，企业文化通过教育和模仿而传承下来的行为习惯，引导着组织行为。它也是一种群体记忆，它通过一定的思维框架和评价参照系，形成一种集体无意识机制，制约着群体成员的思维方式，限制着个体乃至群体的行为选择。其二，文化所倡导的价值观和行为准则是被承载群体普遍认可、广泛赞同的，降低了群体内部的沟通和交易成本。

企业员工是企业文化的主要载体，也是企业文化路径依赖的主要来源。温氏集团的企业员工对温氏集团创新文化的普遍认可，促使温氏集团能够顺利地推进技术创新政策。企业文化到制度形成是一个渐进的过程。随着一系列技术创新管理文件的实施，温氏集团一步步将企业创新文化所倡导的理念落实到具体化、制度化、规范化。这种制度安排是在特定的约束之下，企业文化最有效的实现形式。

2）企业技术创新投入制度。为提升集团公司的科研力量和水平，温氏集团公司每年从销售收入中提取2%作为科研经费，全部用来资助科技人员开展技术创新活动。自2000年设立温氏集团科研基金以来，共资助各类研究课题1000余项，累计支出科研经费3亿多元。此外，温氏集团充分利用企业自身的有利条件和国内相关科研院所、高校的人才资源和试验条件，积极争取国家及广东省的专项资金和科技三项经费，自2000年以来共获得省部级以上各类科研课题专项计划40余项，累计获得各类经费支持1亿多元，为科研活动的开展提供了强大的物质保障和质量保证。

3）企业技术创新激励约束制度。温氏集团高层领导充分认识到技术创新的主体是高素质的创新人才，发挥创新人才的主观能动性就必须创造良好的创新机制和创新环境，着力建设形成一种鼓励创新的战略思维和文化氛围，推动企业创新的持续进行。

自温氏集团技术发展委员会建立以来，从人事、分配、奖励等多方面探索建立企业有效吸引和使用人才、增加技术创新开发投入、开发新产品、采用新技术的创新文化。如采用行政管理和技术管理并行的人才晋升机制，充分发挥管理人员与工程技术人员的专长，以及他们的主观能动性、积极性和创造性，形成了良好的人才晋升机制，使不同类型的人才得到及时的提拔和晋升，从而建立起一支长期稳定的高素质的管理创新和技术创新人才队伍。在人才培训方面，公司每年都组织技术人员进行专业培训，以提高技术人员技术素质和业务水平。

在企业自主创新激励机制方面，温氏集团把技术人员视为公司的骨干力量，从工资、福利、奖金、股权、培训等方面给予特别优待；每年均对管理干部和技术干部进行岗位绩效考评，主要考评内容为工作能力、工作业绩及专业技能，并对在公开刊物上发表论文的员工，给予原稿费5倍的奖励，充分挖掘技术创新人员的聪明才智；集团还设立了内部的科技进步和合理化建议奖励及总裁创新基金奖励机制，每2年评选一次，先后有近200名为公司技术创新做出突出贡献的科技人才受到公司的重奖。

（4）构建符合市场经济的利益分配机制。

1）产学研人员及合作高校与科研院所的利益。温氏集团对于高校、科研院所等技术合作单位，采取知识产权转让、技术入股等形式，使其能够得到合理的利益回报，既加速了科研成果的转化，同时也使技术合作单位获得了稳定的经济利益。以温氏集团与华南农业大学合作为例，双方以股份为纽带，达成了长期技术合作协议，华南农业大学派出的科研人员和专家长期在温氏集团工作，担任要职，共建产学研合作研究机构。高校的最新技术成果在企业得到了及时推广，迅速以企业为载体，将成果转化为生产力，加快了农业产业化经营的进程。随着科技成果转化为生产力，一批技术工作者在社会上获得广泛的荣誉和应有的社会地位，社会影响力扩大。公司通过技术成果转让、合资办企业等形式，科技成果的产业化，既使他们得到实惠，同时也为他们提供了一个广阔的舞台发挥其才能，促进其提高技术水平，勤于技术创新，争取更大的成果。此外，企业的大生产基地成为合作高校的重要教学和实习基地，企业为教学人员长期提供食住及交通方便，提供实验场所，促进了教学水平的提高。高校通过以技术入股形式参与企业管理，每年都获得一定的利润分配，而对公司而言，行业技术成果在企业广泛得到应用，加快了生产力的发展，增强了竞争力。

2）农户的利益。温氏集团从养鸡业起步，正确处理公司与农户的利益分配关系，做到与农户利益均沾，长期执行与农户五五分成的利益分配原则。公司明确指出，无论行业处于何种经营环境，都要首先保证合作农户的利益，甚至实行保价回收政策，确保养鸡户每只鸡有1~1.5元的获利。在企业内部，农户的利益由服务部代言。随着公司的发展，温氏集团还建立了二次分配机制，即在年终结算时，公司发现如果农户的年平均收益低于社会同行的平均利润水平，公司将以补贴形式返利给农户；另外，公司还设立一定数量的风险基金，如果农户在饲养管理中遭遇洪涝、台风、疾病等天灾而受到重大损失发生亏损时，公司从基金中提取补贴，保证农户不发生亏损。

3）企业员工的利益。在产学研合作中，员工是重要的参与者，保护广大员工的劳动收入是稳定公司基础的重要措施。公司明确规定，处于不同地方的企业员工，公司要按高于当地社会平均收入水平30%的标准向员工支付劳动报酬，以此体现公司的优势，吸引各类优秀人才加盟。员工通过辛勤创业获得劳动报酬的同时，还可以通过投资公司内部股票获得投资收益。公司根据每年的经营情况，制定合理的分配制度，保持每年都有 20% 左右的投资回报，使员工充分享受到企业的经营成果，在更深层次感受到公司齐创美满生活的文化理念。

4）政府的利益。回报社会，热心于公益事业。造福员工、造福社会，是温氏集团办企业的宗旨。温氏集团始终认识到，温氏集团的成功离不开党的好政策，离不开社会各界的热心支持和关爱。因此，企业发展了就不忘回报社会。基于这种认识，温氏集团在 10 年前就成立了温北英基金会，资助当地的贫困学生重返校园和优秀青少年成才。10 年来，温氏集团共资助 1327 人次，受到了社会各界的好评。在此基础上，温氏集团于 2005 年向民政部门登记注册成立了新兴县北英慈善基金会，搭建起一个更广泛的专事扶助弱势群体，支持社会公益事业发展的平台，吸引更多的员工自觉参与公益事业，回报社会。近五年来，公司共向社会捐资 3000 多万元，用于扶助弱势群体、敬老院、教育、文体等基础设施建设，树立了良好的社会形象。

5.3 温氏集团技术创新自适应演化关键因素及框架体系

5.3.1 温氏集团技术创新自适应演化的关键因素分析

（1）产生期——"随机性游走"阶段。回顾温氏集团发展历史，温氏集团的前身是勒竹鸡场，早期的养殖技术水平非常低，在"公司＋农户"产业化规模需要扩大的情况下，面临着肉鸡育种、饲料营养、疾病防治等关键技术的约束和科研人才的缺乏。我们知道，在产生期——"游走性阶段"，由于对"景观地貌"不了解，再加上内外部诸多因素的影响，企业创新更容易导致失败。而温氏集团是如何突破"随机性游走"的不可预知性？主要依靠的是温北英创新精神和卓越的企业家才能。正是在他的主导下，使企业通过"技术入股"方式走上产学研合作创新道路。

可见，温氏集团在技术创新产生期涉及的要素不多，主要有市场需求、企业家和高校。且相互的关系比较简单，这正好验证了第 3 章研究结论：产生期的企业技术创新系统采用"随机性游走"的演化机制，要素间相互关系的数量越多，企业技术创新系统攀爬到更高山峰所付出的努力就越大，被淘汰的可能性也就越高。

（2）成长期——"适应性游走"阶段。温氏集团进入成长期——"适应性游走"阶段后，构建一系列的"短跳"机制，实现了企业创新体系稳步演化。通过"公司＋高校"和"公司＋农户"的方式，实现了"高校技术"和"农户需求"的良性循环机制，通过"产业链创新"和"流程化管理"实现创新成果的垄断。温氏集团实现创新成果垄断的本质是：温氏集团的技术创新成果不是单一项技术（单一技术容易被模仿和溢出），而是基于产业链上的"一簇技术"（以养鸡为例，包括品种培育、种苗生产、饲料供应、饲养管理、防疫管理），温氏集团控制限制最核心的技术（如品种培育和种苗生产）只能在公司内部流通，而核心技术的辅助技术（如饲料供应、饲养管理、防疫管理）则推广到农户，这虽然容易造成辅助技术的泄露和溢出。但单一辅助技术的效果，远没有基于产业链的"一簇技术"的效果大，因此只要温氏集团控制住"一簇技术"中的核心技术，就容易实现"一簇技术"在市场上的垄断地位。

可见，温氏集团成长期"适应性演化"成功的关键是：在保证技术垄断的基础上，实现技术创新跟市场需求之间有良好的互动，形成了良好的循环机制。

（3）成熟期——"长跳"与"短跳"结合阶段。成长期的企业技术创新系统采用"适应性游走"的演化机制，大大提高了系统搜寻的效率，但同时受"有限理性"和要素间关系的影响，系统经常出现"核心刚性"或"相对黏性"现象易陷于"局部最优陷阱"当中。要想成功摆脱这种惯有演化路径的依赖进入成熟期，企业技术创新系统只有将"长跳"和"短跳"有机地结合起来，才能保证在一定时期内"正确地做正确的事情"，实现自身的持续发展。温氏集团的成功之处在于：建立企业研究机构和博士后工作站，吸引全国各地高层次科技人才加盟，不断提高企业自身的自主创新能力。并在此基础上，通过制度创新，建立和完善包括创新投入、创新激励和利益分配在内创新制度；通过管理创新，建立和完善了"集中引导、分层实施、重心向下、有效管理"的技术创新组织管理体系。在自身创新能力不断提高、创新制度日益完善条件下，通过高效的技术创新组织管理和机制创新，勇于打破企业创新系统原有的稳定平衡态，使企业创新系统向更高层次的稳定平衡态演化。

5.3.2 温氏集团技术创新自适应演化逻辑框架

温氏集团通过大胆的管理创新和制度创新，构建了与创新模式相匹配的组织管理机制和制度管理机制，形成了以技术创新为动力、机制创新为保障、管理创新为支撑的创新体系。随着农业产业化的发展和市场需求的变化，温氏集团对企业创新体系不停地进行调节和自我完善，将产学研合作技术创新模式扩展到全国各地的科研院校，这种过程循环往复，不断地完善温氏集团的技术创新体系，源源不断地提高温氏集团的技术创新能力和竞争力。其技术创新的构建逻辑（如图5－7所示）可描述如下：

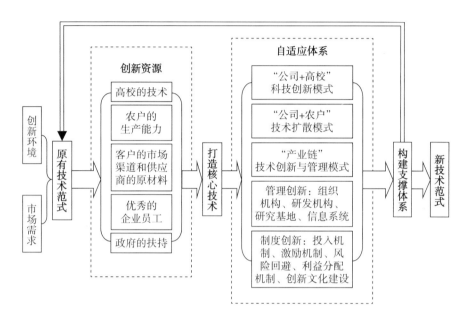

图5－7　自适应农业龙头企业技术创新体系构建逻辑

（1）在一定市场需求和创新环境下，农业龙头企业面临着技术和资源的约束，必须根据市场需求创造性地运用有限的创新资源对原有的技术范式进行创新。

（2）通过对高校科研院所技术、农户生产能力、客户的市场渠道、供应商的原材料、企业员工和政府扶持等创新资源的整合，开发创新企业核心技术，构建创新体系的基础。

（3）资源的整合需要契约联结形式创新、管理创新和制度创新，并经过长时间的稳定发展和沉淀，形成了企业特有创新模式和与之匹配的管理机制和制度机制，它成为农业龙头企业技术创新的支撑体系。

（4）随着时间的推移，创新环境和市场需求发生了变化，企业根据创新系统的反馈，自适应地进行调节和自我完善，以适应新的市场环境和需求。

（5）这种创新的过程循环往复，不断改变企业创新自适应体系内涵，提高企业技术创新能力和竞争力，使企业技术创新不断实现从原有技术范式到新的技术范式的可持续发展过程。

5.3.3　温氏集团自适应技术创新体系

通过上述研究，可以总结出温氏集团自适应技术创新体系是：通过产学研合作创新，实现了企业技术化、技术专利化和专利标准化。再通过产业链产品创新与流程化管理、"公司＋农户"的技术推广，实现了标准垄断化和市场垄断，最终达到技术和市场的"双边垄断"，形成了企业技术开发竞争力强→技术垄断竞争力高→技术利用竞争力提升→市场经营权网络扩张力大→市场利润膨胀→资金巨额积累→创新投入增加的循环过程，实现了技术创新的自适应持续发展，如图5－8所示。

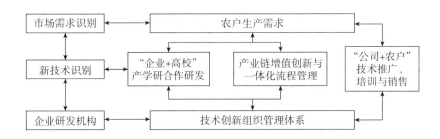

图 5 - 8　温氏集团自适应技术创新体系

第6章　农业龙头企业技术创新
自适应演化竞协机制

协同学理论说明，系统的有效组织和自适应演化，其运行动力主要来自系统外部和系统内部各个子系统彼此之间的竞争与协同作用，在竞争与协同的相互作用下，产生能够支配和役使系统自主演化的宏观序参量。前面章节研究了企业创新系统自适应演化的作用原理、创新动力、条件及过程机制模型等演化机制，本章将从协同学关于竞争与协同的演化理论出发，对企业创新系统自适应演化的协同竞争作用机制模型加以分析，这是联系企业创新系统内部组分和外部环境的中间环节。

6.1　企业创新系统竞争与协同作用

系统耗散结构理论认为：系统的开放性和非平衡性，为系统发生自组织演化创造了必要条件，而真正推动系统实现自组织演化的，则是系统内各子系统间的非线性相互作用和涨落机制。这个非线性与涨落作用结果导致了系统内外各子系统之间的竞争和协同，导致了系统的整体行为（熊鸿军、戴昌钧，2009）。正如哈肯指出的：种种系统"都以其集体行为，一方面通过竞争，另一方面通过协作，间接地决定着自己的命运"。系统内部各要素之间以及系统对环境之间，既存在整体同一性又存在个体差异性，整体同一性表现为协同因素，个体差异性表现为竞争因素。由于资源的稀缺性与个体的差异性企业对自身利益的追求就必然带来竞争。竞争反映了企业的个体性因素，通过竞争可以激发处于劣势的企业为了企业的生存进行创新，追赶高水平的企业，而对于处在高绩效的企业而言，竞争除了使其维持优势状态外，还对其他企业具有牵引作用，从而带动整个产业的发展。为规避风险、开发产品与市场等，企业间会形成协同关系，作为竞争对立面的协同，则是反映集体性的因素，它对系统内的各要素起到整合的功能，使系统的整体绩效得到提高。

6.1.1　竞争与协同内涵

6.1.1.1　竞争

竞争一直是经济学的核心概念，正如恩格斯所指出的那样："竞争是经济学家最宠爱的女儿，他始终安抚着她。"但各经济学派对它的理解上存在着差异。亚当·斯密认为竞争是厂商的一种行为特征，并蕴含两个基本要素：①竞争主体的经济人特征，即追求利润的动机；②竞争主体的自由，即选择进入或退出某行业，以及选择产品、产量和价格的自由。哈耶克认为竞争之所以有价值，完全是因为竞争的结果是无法预见的。马克思的竞争概念指资本主义企业的行为活动，与古典经济学家不同的是，他怀疑竞争过程的稳定性，把竞争概念化为企业改组和技术变革的动态过程，强调竞争在产业和公司价格及利润的确定、技术变革与创新和一般利润的形成等方面的作用。熊彼特认为，竞争是创新的重要源泉，而古典和新古典经济学忽视在竞争过程中占有的中心地位，其实企业家的创新活动破坏的经济"循环流程"或称"创造性破坏"，对经济福利的重要性远胜于传统的配置效率。

综上所述，本书认为，竞争是指两个或两个以上的事物或系统彼此妨碍或制约，以及为了各自的"利益"相互对立、相互排斥或相互争夺的一个动态的、不确定性的、非均衡的过程。从市场经济中企业之间关系的角度出发，竞争主要是指市场经济主体为了最大限度地获取自己所需的稀缺资源、取得主导和支配地位而进行的，以优胜劣汰为结果的一种相互排斥、相互争胜的行为。作为一种机制，竞争能够将个人利益和社会利益统一起来，并导致资源的有效配置，发挥经济自身的比较优势。竞争导致创新的产生是由于经济资源的有限性与人类需求的无限性之间的矛盾。

6.1.1.2　协同

所谓协同，亦即协调同步发展之意。哈肯的《协同学导论》一书，正式建立了处理非平衡相变的理论和方法，即协同学（Synegretics）。按照哈肯的观点，协同是指系统中许多子系统的联合作用。系统科学对协同是这样定义的："协同"从狭义来理解是与竞争相对立的合作、互助和同步等行为；从广义来理解，是在复杂大系统内，为了实现系统总体目标，各子系统或各个组成部分之间相互配合、相互支持而形成一种良性循环状态。系统理论认为，大系统的功能并不是各小系统功能的简单相加，而是大于各小系统功能的总和，正如古希腊哲学家亚里士多德的名言："整体大于它各组成部分的简单加和。"随着系统科学研究的不断深入，管理界也逐渐开始接受协同的观点。伊戈尔·安索夫在他的《公司战略》一书中提出了协同性（Synergy）的概念。他认为，所谓协同是指相对于各独立组成部分进行汇总而形成的企业群的整体经营表现，即企业之间共生共存的关系，这种关系是在资源共享的基础上产生的。霍夫和斯卡奈德尔认为，所谓协同就是各个独立组成部分汇总后产生的"共同效应（Joint Effects）"，他们强调协同要素之间相互配合的重要性。伊丹广之认为协同是由隐形资产实现的，所谓协同就是"搭便车"，即从公司某一部分发展出来的隐形资产可以同时被用于其他领域，且不会被损耗掉。罗伯特·巴泽尔和布拉德利·盖尔认为，协同效应是指作为组合中的一个企业比作为一个单独运作的企业所能取得的更高盈利能力（邹波、郭峰等，2014）。波特认为，所谓"协同"通俗地讲就是"1＋1＞2"，是"企业在业务单元间共享资源的活动"。

综上所述，本书认为，协同是通过连接、合作、协调、同步等联合作用方式，以平衡有序的结构为特征，以获取最大的目标资源为目的，以比竞争耗散更小、效益更大为前提，以相互促进、共同发展为结果的一种作用方式。即：事物或系统在联系和发展过程中其内部各要素之间有机结合、协作、配合的一致性或和谐性。协同包括两个方面内涵：从过程的角度来讲，协同是与竞争相对立的一种行为方式，主要是指建立在合作基础上的、以追求系统整体最优为目标而发生的系统各要素之间步调一致的协调行动；从效果的角度来讲，协同代表着更少的内部摩擦、更好的整合效果和更高的盈利能力。协同产生的基础是企业之间在价值创造上的相互关联和相互影响，企业之间只有在战略上进行某种整合，才能够保证协同效应的产生；只有协同的效果构成一种正反馈机制，才会使协同效应长久地维持下去。

6.1.2 竞争与协同关系

随着竞争环境的日益复杂，人们越来越认识到，在社会经济生活中，协同和竞争这对矛盾统一体的并存是企业之间的一种普遍现象。如同在生物界中一样，企业之间通过竞争来相互排斥、相互作用，并以此为基础建立了彼此之间的相互合作和相互依赖关系。竞争导致了协同，协同反过来又引导着竞争，协同和竞争的对立统一是社会经济系统演化发展的动力源泉，是知识经济时代企业群体竞争观念的创新（彭尔霞、王为等，2008）。

一方面，竞争和协同是矛盾对立的、是相互区别的。竞争表示个体的差异性，而协同反映整体的同一性；竞争是对手之间的相互冲突和相互较量，而协同则要求合作伙伴之间相互协调和相互配合；竞争的目的是争夺市场利益，而协同的目的则是共享市场利益；竞争的结果是优胜劣汰、适者生存，而协同的结果则是各得其所、共同发展。

另一方面,竞争和协同又是相互依赖、相互促进的。在现实经济生活中不存在纯粹的竞争,也不存在纯粹的协同,而是竞争中有协同,协同中有竞争。市场主体之间在竞争的过程中,为了提高自身的竞争能力,往往要进行各种形式的合作和协调,其结果将使企业的规模和实力得到增强;而这反过来又会引发更加激烈的竞争,从而导致范围更大的、更加深入的协同作用。缺乏协同作用的竞争往往是盲目的、低水平的竞争;而脱离了竞争激励的协同,也往往是脱离实际的、低效率的协同。只有将两者结合起来,才能优势互补,相得益彰(许彩侠,2014)。

总之,竞争和协同是对立统一的,对于企业技术创新的演化和发展是缺一不可的。如果只有竞争没有协同,则会引起内耗与外耗,削弱企业技术创新的功能;反之,如果没有竞争只有协同,则企业技术创新缺乏激励机制,会使企业的发展停滞不前。所以,竞争和协同是相辅相成、互为基础的,竞争是协同基础上的竞争,协同是竞争基础上的协同。竞争和协同的相互依赖、相互转化是企业技术创新的推动力。

现实中,企业的竞争与协同作用往往交织在一起,这是企业创新系统产生非线性和复杂性的根源。首先,企业创新行为是一种竞争行为。现代企业的发展,尤其是科技园区中高新技术企业的发展,关键就在于创新,谁能够在创新方面取得成功,谁就能够获得竞争优势。其次,企业创新行为又是一种协同行为。由于创新的高投入和市场的不确定性,带来创新活动的高风险,再加上许多企业特别是中小企业,普遍存在创新资源不足的问题,单个中小企业难以进行有效的创新。而产业集群中的企业可以利用地理位置上的接近和产业的关联,通过资源共享、优势互补、共同投入、风险共担方式进行协同创新,既可以克服创新资源不足的困难,又可以分散风险,提高创新能力和创新效率,使竞争的双方实现"双赢"。在企业创新系统自组织演化过程中,企业主体之间的竞争会促使系统趋于非平衡,并有助于系统内部创新行为的产生;而协同则有助于使系统趋于稳定和有序。协同与竞争这两种力量总是同时存在的,只不过不同时期二者的力量对比不同而已。在企业创新系统中,企业主动避开你死我活的纯粹争斗,寻找自己在系统中的独特位置,不仅有利于自身的生存和发展,还有利于整个系统的自组织有序演化。

6.1.3　竞争与协同作用机制

1995 年,耶鲁大学管理学教授拜瑞·内勒巴夫(Barry J. Nalebuff)和哈佛大学企业管理学教授亚当·布兰登勃格(Adam M. Brandenburger)首次提出了协同竞争(Co - opetition)的新理念。他们认为,企业经营活动是一种特殊的博弈,是一种可以实现双赢的非零和博弈。企业的经营活动必须进行竞争，也要合作。

协同与竞争机制之间的动态平衡模式主要取决于系统公共目标和企业主体自身目标之间的平衡，如图 6-1 所示。其中公共目标是企业创新系统主体之间进行协同的基础，是创新主体之间长远和公共的利益支点，它的作用是引导相关企业创新主体以长期或短期、契约式或股权式、水平式或垂直式、相关或非相关、松弛或紧密等多种方式，在资源、形象、行动与信息等领域进行协作与共享，在价值创造的相关环节上进行交流与合作；自身目标是企业主体之间进行竞争的基础，这种竞争与价值的实现过程紧密相关，它的作用是引导企业主体就关键资源、技术、利润和市场份额等领域展开激烈争夺，以获得自身利益的最大化。公共目标和企业主体目标之间的对比，决定着系统中协同与竞争的作用强度。当公共目标所带来的收益大于企业主体自身目标的收益时，系统中的协同作用就会大于竞争作用；反之，竞争作用则会在系统中起主导作用。企业协同竞争创新系统的发展演化，取决于协同与竞争这两种作用之间的动态平衡。由于外部环境和系统中成员实力的动态变化，系统将按照"协同—竞争"双螺旋式动态发展的轨迹变化（李振华、赵黎明，2007）。

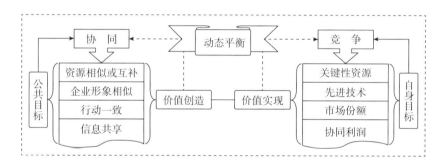

图 6-1　协同与竞争动态平衡模式

6.2　企业创新系统竞争与协同演化模型：理论回顾

6.2.1　自然演化模型

本研究认为，企业创新系统自组织演化的影响因素可以从创新主体自身条件的限制作用和系统内外部竞争与协同作用两方面理解。另外，创新技术、产品和服务还要面对一个容量有限的市场，企业创新系统在这样一个有限时空内进行演化。在此基础上提出以下基本假设：

假设1：企业创新系统自组织演化过程是创新主体、竞争者和协同伙伴三者的综合作用。在给定的时间和地域空间内，系统演化过程受到各种要素禀赋（技术水平、原材料、劳动力、资本和市场规模等）和创新资源因子的约束。

假设2：企业创新系统的演化过程不仅受到自身生长率及外界环境的影响，还有系统主体之间的竞争与协同作用的影响。竞争关系使创新主体偏离原有的演化曲线，受到竞争主体的干扰作用；而协同关系使创新主体与互补企业之间产生相互叠加的作用，使系统演化的速度和幅度有所扩大。这是系统演化的序参量。

假设3：企业创新系统演化的状态变量可用企业整体发展规模来表示，它可以通过对企业总资产、利润水平、市场占有率、研发能力等方面的综合评价来得到，企业整体发展规模随时间发展而变化。

假设4：企业创新系统演化过程符合Logistic基本原理，由于企业创新产出能力、要素资源的稀缺性和市场规模限制等因素，存在一个企业创新系统整体发展规模的极限，这里不考虑系统衰退之后的情况，可以用S曲线描述企业创新系统演化的过程状态。

根据前面提出的4点假设（此处暂不考虑协同与竞争作用），结合Logistic原理，可用以下模型来描述企业创新系统的自然演化过程：

$$\begin{cases} \dfrac{\mathrm{d}N_{(t)}}{\mathrm{d}t} = rN_{(t)}\left[\dfrac{M-N_{(t)}}{M}\right] + \Gamma \\ N\mid_{t=0} = N_0 \end{cases} \tag{6-1}$$

式中，$N_{(t)}$ 表示 t 时期企业创新系统的总体发展规模；M 表示企业创新系统发展的极限或市场最大容量；r 表示企业创新系统的自然成长率，$r>0$；Γ 表示企业创新系统的随机涨落项。

李锐（2010）通过对上述模型的推导分析，将企业创新系统演化过程分为起步期、成长期、成熟期和衰退期四个阶段，每个阶段的演化特征如下：

第一阶段称为起步期，这一阶段是企业创新系统发展的初期，新产品或服务刚刚问世，需要努力开辟市场并根据用户的需要不断努力改进和完善，企业产出水平较小。新兴技术具有隐藏性，往往寄生在传统企业之中，所以经常会被人们误以为只是一些局部的产品改进，而没有看到即将进入高速成长的潜力，失去与企业同步发展的机会；而那些有独立创业精神的企业家则坚持不懈，使产品在市场上产生影响创造出市场需求，并引起一批跟随者加入，新技术才逐渐显露并独立出来。

第二阶段称为成长期，在技术创新的推动下，企业生产成本下降，生产能力增加很快，市场前景广阔，需求信息逐步明朗化。如果创新技术发展不能度过"起飞"前的难点，该创新系统可能就不会存在，"起飞"是产业发展的关键时期。在企业创新系统演化的成长期，新技术从不完善、不成熟逐渐走向成熟，其标志是：品种逐渐齐全，技术不断完善，产品标准逐渐形成，供货渠道稳定。在这个过程中不断改进的产品在市场上被保留下来，而那些传统的产品逐渐被淘汰，虽然竞争还没有达到白热化的程度，但竞争的强度在日益加大。

第三阶段称为成熟期，在创新系统演化的成熟期，企业创新系统生产技术日趋完善，产品实现标准化，只需流水线上的规范操作即可完成生产，技术优势让位于成本优势，市场需求较为稳定。此时，企业之间的竞争日趋激烈，核心技术的潜力基本挖掘完毕，企业利润从成长期的垄断利润转变为完全竞争下的正常利润，企业内部分工更加细化，同时开始孕育和孵化新的产业基因，从事生产活动的企业能否生存下来取决于管理水平的高低。

第四阶段称为衰退期，在创新系统演化的衰退期，突出表现为投入增加而产出下降，即企业的边际投入上出现低产出的增长特征，企业利润率持续下降。因为衰退企业中生产能力过剩、需求不足使企业竞相压价（垄断产业除外），最终导致产品价格小于边际成本甚至平均成本的恶性竞争发生，过度竞争必然使企业利润率下降甚至出现行业性亏损。当然，产业衰退并不意味着消亡，衰退现象的出现往往会促使企业转型的发生，这时，产业将孕育新的产品、服务和新的市场，开发新的生产技术，探寻新的技术发展轨道，即在一种技术轨道的衰退之中孕育着新的技术轨道的起步。

6.2.2 竞争演化模型

企业创新系统之间存在着不同程度的竞争作用，正是这种竞争机制不断打破系统之间的短期平衡，促使系统不断走向更高级的有序状态。李锐（2010）在企业创新系统自然演化模型的基础上，引入竞争影响系数 α_{ij}（$\alpha_{ij} \geq 0$），表示系统 j 的竞争行为对系统 i 造成的影响。由此，构建了企业创新系统竞争演化方程：

$$\frac{\mathrm{d}N_i}{\mathrm{d}t} = r_i N_i \left(1 - \frac{N_i}{M_i} - \sum \frac{\alpha_{ij} N_j}{M_j} \right) + \Gamma_i \qquad (6-2)$$

假设某行业存在相互竞争的企业数为 n 个，将式（6-2）展开为：

$$\begin{cases} \dfrac{\mathrm{d}N_1}{\mathrm{d}t} = r_1 N_1 \left[1 - \dfrac{N_1}{M_1} - \left(\dfrac{\alpha_{1,2} N_2}{M_2} + \cdots + \dfrac{\alpha_{1,n-1} N_{n-1}}{M_{n-1}} + \dfrac{\alpha_{1,n} N_n}{M_n} \right) \right] + \Gamma_1 \\[3mm] \dfrac{\mathrm{d}N_2}{\mathrm{d}t} = r_2 N_2 \left[1 - \dfrac{N_2}{M_2} - \left(\dfrac{\alpha_{2,1} N_1}{M_1} + \cdots + \dfrac{\alpha_{2,n-1} N_{n-1}}{M_{n-1}} + \dfrac{\alpha_{2,n} N_n}{M_n} \right) \right] + \Gamma_2 \\[3mm] \cdots \quad \cdots \\[3mm] \dfrac{\mathrm{d}N_n}{\mathrm{d}t} = r_n N_n \left[1 - \dfrac{N_n}{M_n} - \left(\dfrac{\alpha_{n,1} N_1}{M_1} + \cdots + \dfrac{\alpha_{n,n-2} N_{n-2}}{M_{n-2}} + \dfrac{\alpha_{n,n-1} N_{n-1}}{M_{n-1}} \right) \right] + \Gamma_n \end{cases} \qquad (6-3)$$

方程（6－3）描述了某行业中 n 个企业创新系统竞争演化的作用过程。

为了分析方便，只考虑两个企业创新系统之间竞争演化过程，演化方程组为：

$$\begin{cases} \dfrac{\mathrm{d}N_1}{\mathrm{d}t} = r_1 N_1 \left(1 - \dfrac{N_1}{M_1} - \alpha_{12} \dfrac{N_2}{M_2} \right) + \Gamma_1 \\ \dfrac{\mathrm{d}N_2}{\mathrm{d}t} = r_2 N_2 \left(1 - \dfrac{N_2}{M_2} - \alpha_{21} \dfrac{N_1}{M_1} \right) + \Gamma_2 \end{cases} \qquad (6-4)$$

李锐（2010）应用计算机 Matlab 软件对方程（6－4）进行函数模拟，得出了如下结论：

（1）企业创新系统演化过程不仅受到自身生长和阻滞作用的影响，还受到企业创新系统之间竞争作用的影响。

（2）与企业创新系统自然生长率相比，系统之间的竞争效应系数对于系统演化的影响更大。

（3）由于系统之间相互竞争作用的影响，企业创新系统总体发展规模可能会小于自身成长演化所能达到的极限值。

由此可见，在企业创新系统自适应演化过程中，适当调整企业创新系统的市场竞争力是系统演化的关键因素，这一点恰好印证了自组织理论对于系统之间竞争作用的重视，系统外部的竞争作用是企业创新系统自适应演化的重要推动力，竞争对于系统发展具有重要的推动作用。

6.2.3　协同演化模型

协同学理论认为，系统之间一般不存在绝对的竞争行为，而是建立在协同基础上相对的竞争。面对当今世界经济和科技的高速发展，单个企业很难凭借自身力量自主完成技术创新活动，企业之间必然存在不同程度的协同行为。在上述系统自然演化模型的基础上，引入协同效应系数 $\beta_{ij}(\beta_{ij} \geq 0)$，表示系统 j 的协同行为对系统 i 造成的影响。由此，可以构建下面的系统协同演化方程：

$$\frac{\mathrm{d}N_i}{\mathrm{d}t} = r_i N_i \left(1 - \frac{N_i}{M_i} + \sum \frac{\beta_{ij}N_j}{M_j} \right) + \Gamma_i \qquad (6-5)$$

假设某行业存在相互协同的企业数为 n 个，将式（6－5）展开为：

$$\begin{cases} \dfrac{\mathrm{d}N_1}{\mathrm{d}t} = r_1 N_1 \left[1 - \dfrac{N_1}{M_1} + \left(\dfrac{\beta_{1,1}N_1}{M_2} + \cdots + \dfrac{\beta_{1,n-1}N_{n-1}}{M_{n-1}} + \dfrac{\beta_{1,n}N_n}{M_n} \right) \right] + \Gamma_1 \\ \dfrac{\mathrm{d}N_2}{\mathrm{d}t} = r_2 N_2 \left[1 - \dfrac{N_2}{M_2} + \left(\dfrac{\beta_{2,1}N_1}{M_1} + \cdots + \dfrac{\beta_{2,n-1}N_{n-1}}{M_{n-1}} + \dfrac{\beta_{2,n}N_n}{M_n} \right) \right] + \Gamma_2 \\ \cdots \quad \cdots \\ \dfrac{\mathrm{d}N_n}{\mathrm{d}t} = r_n N_n \left[1 - \dfrac{N_n}{M_n} + \left(\dfrac{\beta_{n,1}N_1}{M_1} + \cdots + \dfrac{\beta_{n,n-2}N_{n-2}}{M_{n-2}} + \dfrac{\beta_{n,n-1}N_{n-1}}{M_{n-1}} \right) \right] + \Gamma_n \end{cases} \qquad (6-6)$$

方程（6-6）描述了某行业中 n 个企业创新系统协同演化的作用过程。

为了分析方便，我们只考虑两个企业创新系统之间竞争演化过程，演化方程组为：

$$\begin{cases} \dfrac{\mathrm{d}N_1}{\mathrm{d}t} = r_1 N_1 \left(1 - \dfrac{N_1}{M_1} + \beta_{12}\dfrac{N_2}{M_2}\right) + \Gamma_1 \\ \dfrac{\mathrm{d}N_2}{\mathrm{d}t} = r_2 N_2 \left(1 - \dfrac{N_2}{M_2} + \beta_{21}\dfrac{N_1}{M_1}\right) + \Gamma_2 \end{cases} \qquad (6-7)$$

李锐（2010）应用计算机 Matlab 软件对方程（6-7）进行函数模拟，得出了如下结论：

（1）企业创新系统演化过程不仅受到自身生长和阻滞作用的影响，还受到企业创新系统之间协同作用的影响。

（2）与企业创新系统自然生长率相比，系统之间的协同效应系数对于系统演化的影响更大。

（3）由于系统之间相互协同作用的影响，企业创新系统总体发展规模会超越甚至是大幅度超越其仅靠自身成长演化所能达到的极限值，这一点正是当今企业通过不断学习和协作而完成自我超越的重要特征。

由此可见，在企业创新系统自适应演化过程中，适当提高企业创新系统的协同力是系统演化的关键因素（孙冰，2008），这一点恰好印证了自组织理论对于系统之间协同作用的重视，系统内外部的协同作用也是系统自适应演化的重要推动力，协同对于系统发展具有重要的推动作用。

6.3 农业龙头企业技术创新竞争力机制：温氏集团案例

6.3.1 农业龙头企业技术创新两难选择

技术创新是提升企业核心竞争力的重要源泉。企业通过持续技术创新，不断研制开发适应市场需要的新产品、新工艺和新技术，从而提高企业的市场竞争力，实现企业的持续发展，最终转化为企业的核心竞争力（毕建国，2000）。当然，这已经是被理论和众多实践证明的定理。但实现这一过程的机理和途径是什么，关键因素有哪些，却需要进一步的探讨。目前关于这一研究的文献大致分为两大类：一类从企业视角出发，认为技术创新能力、创新投入能力、创新产出能力是企业保持持续竞争优势的关键；另一类从技术创新成果转化视角，认为获得竞争优势的因素还包括技术创新推广体系、科技中介服务的完善和政府的宏观调控。这两类研究为我国的农业技术创新提供了强烈的理论和实践指导。但这些研究都忽略了一个重要问题：技术创新的溢出效应。

由于技术创新具有强烈的公共产品属性和正外部性，技术创新溢出效应的产生不可避免（姜兴，2012）。一方面，由于溢出效应的存在，获得溢出收益的企业可以减少创新成本，提高技术水平，为市场提供更多质优价廉的创新产品，增加整个社会的财富和全体社会成员的福利，具有较好的社会收益。另一方面，技术创新的溢出效应使创新企业不能得到全部的创新收益，边际收益下降。当企业的创新收益小于创新成本时，其将因失去创新动力而不再创新，而对无偿获得溢出效应的企业来说，等待其他企业创新的动机加强，从而在根本上抑制企业创新的积极性，降低整个社会的福利。如我国哈尔滨中药二厂通过技术创新，开发、研制出治咳新药——消咳喘，产品上市后深受广大消费者的欢迎，市场销售很好，产品供不应求，企业很受鼓舞。但好景不长，在不到两年的时间内，竟有20 多家企业先后推出与哈尔滨中药二厂完全相同的消咳喘，在众多厂家的低成本优势和强大的销售攻势之下，作为开发、研制者的哈尔滨中药二厂的产品销售额和利润一路下滑，陷入困境（吕明瑜，2008）。可见，技术创新溢出效应的后果是导致创新收益无法为创新者所占有。如果长此以往，听之任之，大家都去等待模仿，谁还愿意冒着失败的风险和花费巨资去创新？

技术创新过程中的这种溢出效应，在农业领域更加突出。一般的技术创新，可以通过创新成果产权化和建立专利制度来克服技术创新溢出效应弊端，发挥技术创新中的产权激励功能。产权制度对技术创新的激励是通过收益内部化尽量地使创新的私人收益率接近社会收益率。专利制度授予创新者一定年限对创新技术的垄断权，从而有效地阻止了模仿者对创新者利益的侵害。技术成果产权化的决定因素有以下两个（赵庆惠，2010）：①技术成果产权化是否富有效率；②建立和履行技术成果产权的费用是否少于收益。然而，许多创新技术并不具备产权化的条件，农业龙头企业的许多技术创新建立专利制度的一个主要障碍就是实现排他使用的成本太高，收费根本不可能（吕荣杰、康凯，2010）。农业生产是采取露天作业方式进行生产的，一切生产过程及其技术要点都是公开的，一旦有农户购买了专利技术用于生产后，就不可避免地将其完全暴露在其他农户面前，根本不可能排斥那些没有付费的农户对创新技术的模仿和竞争对手对技术秘密的获取。这样，农业龙头企业就面临技术创新的两难处境：要么技术创新，却面临技术溢出而无法获得创新收益的困境；要么放弃技术创新，却会导致企业丧失竞争力，面临市场淘汰的命运。

停止技术创新，企业就会丧失竞争力，面临被市场淘汰的命运；敢于技术创新，除了面临失败的风险，还要面临由于技术溢出而导致的无法获得创新收益的困境。那么，面对技术创新溢出的负效应约束，农业龙头企业应该如何开展技术创新呢？显然，单纯地提高技术创新的能力和成果转化能力不能解决技术创新溢出效应弊端，它们不是技术创新持续提升企业竞争力全部解释变量。技术创新持续提升核心竞争力另有解释变量。

本节从"技术创新竞争力"视角，探讨一个技术创新持续提升农业龙头企业核心竞争力的成功案例，呼吁社会各界在重视"提高自主创新能力，建设创新型国家"的同时，更要重视"技术创新竞争力"的机制和作用。下文以广东温氏食品集团股份有限公司（以下简称"温氏集团"）为例，从理论和实践两方面剖析农业龙头企业技术创新竞争力的运行机制，挖掘温氏集团通过技术创新持续提升核心竞争力的成功经验。

6.3.2 案例研究背景

回顾集团的发展历史，技术的进步与升级是企业实现跨越式发展的重要源泉；尊重人才、始终坚持把技术创新作为推动企业发展和综合竞争力提升的重要力量，是温氏集团赖以取得巨大成功的宝贵经验之一。集团每年从销售值中提取一定比例的科研基金用于研究开发，促使技术快速进步。集团每项关键技术都由硕士或博士把握，不但能很好地维持正常的生产，还可针对自己的薄弱环节开展前沿性的研究工作。通过持续的技术创新，温氏集团取得了丰硕的成果：研发出有自主知识产权的先进技术80余项，其中具国际领先水平的3项、国际先进5项、国内领先20余项，授权或受理专利10项，通过审定的新品种4个，新产品138个。在成果的实践上，广东温氏集团各项技术指标均居全国前列，如2009年7亿多只肉鸡上市率达到96.0%，360多万头猪料肉比降至2.39~2.34（如表6-1和表6-2所示），这些指标都与世界先进水平同步。温氏集团成熟的技术和持续的技术创新保证了集团生产连年稳定，总体生产成本为全国同行业最低，极大地增加了企业的竞争力。集团保持年销售量平均25%左右的速度增长，其中肉鸡年平均增长15%，肉猪年平均增长38%，到2009年集团拥有员工20000人，养户55000户，实现上市肉鸡7亿只、肉猪350万头，生产牛奶2万吨，肉鸭650万只，蛋品1700吨，供应1700万套父母代种鸡，外销100万头肉猪的父母代种猪配套系，实现食品加工业销售10亿元、生物制药6亿元，粮食及进出口贸易等其他产业超过10亿元，集团总销售收入150亿元，合作养户增收12亿元。同样是农业龙头企业，技术创新给温氏集团带来了巨大的竞争力。那么面对技术创新的两难境地，温氏集团是如何摆脱技术创新的溢出负效应，在国内外激烈的市场竞争中始终保持自己的领先优势和竞争力呢？下文将从"技术创新竞争力"的视角进行剖析。

表 6 - 1　2009 ～ 2013 年肉鸡、肉猪上市率

	类别	2009 年	2010 年	2011 年	2012 年	2013 年
肉鸡	规模（亿只）	7.25	8.24	9.12	10.24	12.25
	上市率（%）	96.0	96.7	96.8	96.9	97.0
肉猪	规模（万头）	365	403	435	500	632
	上市率（%）	97.0	96.5	96.6	96.8	97.0

表 6 - 2　2013 年肉鸡、肉猪料肉比

类别	肉猪	快大黄鸡	矮脚黄鸡	麻 2 号	快大竹丝鸡	广西土项
料肉比	2.39 ～ 2.34	2.25 ～ 2.15	2.45 ～ 2.35	2.45 ～ 2.30	2.55 ～ 2.45	3.35 ～ 3.20

6.3.3　技术创新竞争力理论回顾

理论和实践证明，技术创新是企业获得持续竞争力和竞争优势的源泉，是企业重要的发展战略。只有源源不断的技术创新，企业才能不断提高产品的知识含量和科技含量，改进生产技术，降低成本，不断向市场推出新产品，提高产品的市场竞争力和市场占有率，并开拓新的市场领域（惠晓峰等，2006）。但是面临技术创新不确定性、风险性和溢出效应的约束，企业如何通过持续的技术创新使企业获得持续竞争力呢，尚需要进一步的探讨和研究。关于这个问题，目前学者普遍认为，关键在于提高企业技术创新能力。William Gruber（1967）以研发费用占销售收入的比重、科技工作人员占全体雇员的比例作为反映技术创新能力的指标，运用两因素相关分析法研究了技术创新能力对国际竞争力的影响。Fagerberg（1998）以专利拥有数和国内研发费用投入的增长为指标对技术创新能力与国际竞争力的关系进行了研究，认为技术创新能力与国际竞争力存在正相关。詹湘东（2005）以资源投入能力、创新管理能力、制造能力和创新产出能力等为指标分析技术创新能力在产品竞争力形成过程中的贡献，指出技术创新能力的高低对产品竞争力的形成有着重大的贡献作用。马山水、顾伟和卢群英（2004）以技术创新意识、技术创新资源投入、技术创新水平和技术创新效果为指标，应用回归数理统计方法，对浙江省 200 家制造业企业进行调查分析之后发现，企业技术创新能力与企业竞争力相互之间存在着显著的正相关性和因果关系。企业欲提高竞争力，必须从整体上提升其技术创新能力。黄鲁成和张红彩（2008）以创新资

源投入能力、研究开发能力和创新产出能力为技术创新能力指标，研究了北京制造业竞争力、技术创新能力和技术创新效率之间的关系，结果表明，北京制造业竞争力与技术创新能力存在同一性。王章豹、李垒（2007）以技术创新基础能力、技术创新投入能力和技术创新产出能力为指标，采用灰色关联分析法对我国制造业 29 个行业的样本数据进行分析，测算了 10 个技术创新能力指标与产业竞争力综合指标的关联度，指出与产业竞争力关联度最大的技术创新能力指标是新产品销售收入比重。因为新产品销售收入是技术创新的直接产出，它直接关系到行业经济效益的大小和市场竞争力的强弱。

当前的研究结果都指出，卓越的技术创新能力将会给企业带来技术优势，进而带来更强的竞争力。但是从上面文献的回顾也可以看到大多数研究者都只选用一个或几个类似研发资本投入、研发人员素质和技术创新产出之类的指标来间接反映技术创新能力对企业竞争力的作用，缺乏一个能够直接量化反映技术创新能力的综合指标体系。事实上，如果将技术创新能力作为技术创新持续提升企业竞争力的解释变量的话，将面临技术创新能力如何量化和测量的困境。曾繁华、彭光映（2008）指出，单从一个方面或者几个指标衡量"技术创新能力"是不全面或不准确的。因此他们在研究跨国公司全球技术竞争时，提出了"技术创新竞争力"的新内涵。他们研究指出，在经济科技全球化的今天，发展中东道国常常通过"模仿战略""跟进创新战略"或"技术引进战略"等形式来提升本国的产业技术水平，试图在全球市场份额与利润"蛋糕"争夺战中分一杯羹，但事实是在过去 40 年中全球只有 3～4 个国家实现了"跨越式"发展，大多数发展中国家及其企业现如今只能在全球技术竞争的"混战"状态和全球产业价值链的低端市场中徘徊。究其原因就是发达国家跨国公司"技术创新竞争力"的不断增长及良性循环抑制了发展中国家技术创新竞争力的成长，导致跨国公司知识与技术的全球膨胀，而发展中国家知识与技术的相对萎缩。这也是为何发展中国家技术创新能力不断好转而国际竞争力差距进一步拉大的主要原因。

本节在符合上文技术创新竞争力概念的基础上，进一步指出，技术创新竞争力是由技术研发竞争力、技术垄断竞争力和技术利用竞争力三种能力统一与有机融合而形成的合力。技术研发竞争力，是指企业研究、开发出符合市场需要的技术成果的数量多少及其技术水平高低情况，包括科学和技术的基础研究与应用研究以及工艺方法的设计与开发等方面。衡量企业研发能力可以分别衡量企业的基础研究、应用研究和开发研究的能力（包括创新资源投入能力）等。技术垄断竞争力，是指企业在全球技术创新竞争过程中形成的技术垄断优势和由此技术垄断优势而决定的技术垄断竞争地位和能力，具体表现为企业对高新技术控制和垄断程度与水平的高低、控制范围的大小、技术垄断效率的大小等方面。其中，技术垄断是指企业为维护和巩固其技术领先优势而对先进技术、核心技术等进行保密、封锁和控制，从竞争力上表现为技术垄断竞争力。企业进行技术开发创新、技术垄断的最终目的是为了使其拥有的技术优势在全球最大限度地转化为商业利益，因此，企业技术利用竞争力是企业以其拥有的技术作为核心资源或核心能力，通过对各种技术利用方式的选择与权衡，确定每一种（组）技术的最佳利用战略模式，以谋求其技术利用效益的最大化程度。他们的研究表明，西方发达国家许多跨国公司不仅具有很强大的全球技术研发竞争力和全球技术垄断竞争力，而且还具有很强的全球技术利用竞争力，只有同时具有这三种竞争力的跨国公司才能在市场竞争中立于不败之地。

曾繁华、彭光映（2008）利用"技术创新竞争力"的新内涵，用它解释发展中国家的"模仿战略""跟进创新战略"或"技术引进战略"并没有缩小反而拉大了发展中国家与发达国家的贫富差距和技术竞争力差距，指出跨国公司全球技术竞争的实质是一种更高级别的竞争——技术创新竞争力的竞争。但是企业如何发展和巩固自己的技术创新竞争力？如何通过技术创新竞争力的发展和巩固突破技术创新溢出效应的约束，他们并没有作进一步的阐述。本书以温氏集团为案例进行分析，从技术创新研发竞争力、垄断竞争力和利用竞争力三个方面阐述这个问题。

6.3.4　温氏集团技术创新竞争力机制

6.3.4.1　技术研发竞争力：创新合作模式深化产学研研发

温氏集团的技术创新研发竞争力，主要在于"公司 + 高校"的产学研合作。早在 1987 年，温氏集团正式建立闻名于世的"公司 + 农户"的生产经营模式，走上了肉鸡生产农业产业化发展道路。但是"公司 + 农户"经营模式的发展壮大面临一个巨大的技术瓶颈：从整个肉鸡生产过程来看，由于肉鸡生产的特殊性决定了与公司签订合同的普通农户经营规模不可能太大，而在肉鸡育种、饲料营养、疾病防治这些关键环节都有很高的技术含量，因此无论是公司还是农户，在生产过程中都不得不面临着生产的高风险。若出现大规模的瘟疫导致大量农户亏损，必将对"公司 + 农户"的生产经营模式产生致命的影响，最终将拖垮公司。因此，无论从客观还是主观上看，温氏集团的发展壮大都离不开先进科技的支持。作为集团创始人的温北英先生 1986 年就提出了科技兴场，一方面自己努力钻研，总结出"养鸡 36 条"，另一方面积极寻找科技合作对象。

凭借着温北英卓越的企业家才能，温氏集团通过开创产学研合作模式的方式，展开了与华南农业大学长期合作的序幕。1992 年 10 月，温氏集团通过"技术入股"产学研合作模式，以 10% 的股份力邀华南农业大学技术入股，开创了农业产业化领域校企合作的先河，实现了"从科技兴场"到"科技立业"的重大转变。双方以股份为纽带，达成了长期技术合作协议，紧密联系在一起。华南农业大学动物科学学院（原畜牧系）和广东温氏集团有限公司达成了长期技术合作协议，派出30多名专家长期在温氏集团开展工作，全面参与家禽育种、饲料营养研究、鸡病疫情监测和疾病防治、经营管理、技术培训等各项工作。1994年，华南农业大学和温氏集团联合成立了广东温氏集团南方家禽育种有限公司。2002年，华南农业大学再次和温氏集团联合成立广东华农温氏畜牧股份有限公司育种分公司。这两个产学研合作研究机构的设立，进一步加深了温氏集团和华南农业大学的合作。2008年，华南农业大学共有8人在温氏集团担任部门副总经理以上的职务，以双重身份，长期在温氏集团工作，是温氏集团各主要专业的技术带头人，另有20多人担任公司顾问。

在通过"技术入股"方式，与华南农业大学签订长期合作协议后，温氏集团不断地创新产学研合作模式，深化与华南农业大学的合作和研发，持续地巩固和提高企业技术创新研发竞争力。目前中国多数企业的产学研合作模式是以项目为纽带，形成双方的联合互动，即企业生产中遇到技术难题，需要科研创新，就会以项目招标的形式，寻求产学研合作，由单个科研人员或单个课题组参与企业的项目攻关，课题完了，合作也就结束了，缺乏战略眼光和长效机制。这种"小作坊"模式已成为限制产学研向纵深发展的瓶颈之一。应该如何突破这种长期形成的企业与大学、研究机构之间的合作开发格局？温氏集团提供了非常值得借鉴的经验。温氏集团根据企业不同发展阶段的条件差异，例如，创新需求、创新能力与基础的不同，不断创新多种产学研合作模式（如表6-3所示），由原来单一的技术服务扩大到合作研发产品、合资组建公司、技术转让、共建农技创新中心等多种方式，组建了一种长期的、稳定的、制度化的利益共同体，从而为温氏集团的转型和产业化经营提供了强有力的技术创新研发竞争力。

表6-3 温氏集团产学研合作模式创新

时间	阶段	企业创新能力与基础	企业创新需求	模式创新	合作成效
1983~1988年	粗放阶段	养殖技术非常低，主要技术来自温北英的自行研究与经验积累	认识到技术在养殖中的重要性	技术顾问	解决企业遇到的技术难题
1989~1992年	技术萌芽阶段	建立饲料分析室、疫病诊断实验室等，科学配制饲料日粮，及时准确监测与诊断疾病	认识到技术对扩大经营规模的重要性	委托开发；购买知识产权	引进了先进的养鸡技术，提高了种苗的生产技术，降低生产成本

续表

时间	阶段	企业创新能力与基础	企业创新需求	模式创新	合作成效
1993 ~ 1995 年	技术发展阶段	广纳人才，有大批大专生、本科生、研究生加盟集团，集团生产技术得到长足发展，技术指标基本可控，研发方向基本明确	认识到技术在企业创造利润中的重要性	技术入股	使集团产品能随市场的变化快速更新换代，提高了市场占有率
1996 ~ 2006 年			认识到技术对企业扩展业务的重要性	技术服务；共建经济实体	使企业由单一的养鸡公司发展成为以养鸡业、养猪业、奶牛业为主导的大型畜牧集团
2007 年至今	技术成熟阶段	组建了省级技术研究院和博士后科研工作站，拥有一支梯队结构合理的科研队伍	认识到技术对企业转型和产业化经营的重要性	组建研发机构	与全国知名的农业高校、权威的科研院所建立长期的产学研合作关系，最新成果和技术在温氏的产业化生产中得到推广和普及

资料来源：温氏集团提供，笔者整理。

（1）技术顾问。温氏集团发展初期，勒竹鸡场（温氏集团前身）由于与外界接触少，信息闭塞，养殖技术水平低下，资金不充足，只邀请华南农业大学的个别教师作为顾问。顾问往往是星期六来，住一个晚上，星期天便走，偶尔也一连住几天，有时是检查种鸡的生长情况，更多的时候是站在黑板前，向场员讲解养鸡理论。企业遇到技术难题，则向顾问咨询解决。

（2）委托研发。随着企业的发展和改革开放的深入，温氏集团开始注意到科学技术在养殖中的作用，逐步增加和外界的技术交流，以委托开发和购买知识产权的形式引进先进技术。温氏集团确定委托开发的项目，提供资金，通过合同形式委托大学或研究院所负责研究开发，产权归温氏集团所有。其特点是企业能够以较低的成本获得和使用先进技术，大学院所也获得了科研经费。研究成果通过企业应用于市场后，在利益分配方面按照一定的比例分成。一般而言，这种委托研发项目是企业有需求，又不适合在企业内开展的研究项目，其中多数是涉及企业未来竞争力的技术。大学和科研院所乐意承担，是因为研究内容目标先进、水平高、学术性强，而且双方宽容失败，把积累经验和培养高级人才作为合作的基础。

（3）技术入股。通过前期新技术的引进与吸收，温氏集团认识到技术在企业创造利润中的重要作用，更加渴望应用新技术。因而，他们于 1992 年底，以 10%的技术股力邀华南农业大学畜牧系加盟，分享利益，共担风险，对企业作全面的技术支持。华南农业大学和温氏集团各展其长，互通信息，密切合作，协同攻关，转化的成功率较高，获得巨大的经济效益。

（4）技术服务。在与华南农业大学形成产学研合作战略联盟后，温氏集团为了进一步扩展业务，与华南农业大学签订了全方面的技术服务协议，包括猪病防治、畜禽养殖、兽医、蔬菜产业等。这种技术服务可以是有偿的也可以是无偿的，按照技术联盟约定具体实施，旨在对企业进行技术支持，或追求良好的社会效应和附带的科研价值。

（5）共建经济实体。2000 年，温氏集团的业务向乳业和生物制品拓展，再次与华南农业大学动物科学学院和兽医学院签订协议，共同开发生物制品，并共同出资兴建了大华农生物制品有限公司。通过该有限公司，温氏集团与华南农业大学进行共同研制、开发、生产，组成了研产销一条龙，集研究、开发、中间试验、生产、销售、服务于一体的高科技经济实体，实现了双方资源的优化组合，优势互补。这种模式的主要特点是结合高校、科研机构的科技开发优势和企业生产的经营优势，采取有限责任公司的运转模式，组建紧密型的产学研联合体，最终形成一种新型的科技企业。对企业来说，是在降低技术开发成本的同时拥有了自己的核心技术或专利技术；对高校或科研机构来说，既是新的科研基地又带来了长期经济效益。

（6）组建研发机构。温氏集团为了产学研合作更稳定和更高效，或企业自己组团，或与华南农业大学合作，申请组建了多个省级研究开发机构。温氏集团采取这种模式成效显著，企业利用市场优势，学校发挥科研和人才优势，共建研发机构，双方优势互补，进行技术并发和成果转化。高校成为企业发展的技术支撑，企业也成为高校成果转化的基地，共同走向双赢。

目前，温氏集团根据自身产业、区域的发展战略和态势，不断地创新产学研合作模式，逐渐将"公司＋高校"技术创新研发模式扩展到了哈尔滨兽医研究所、华中农业大学、南京农业大学、西南农业大学、四川农业大学、中山大学、中科院广东分院、中国兽医药品监察所、佛山科学技术学院、原福建农业大学、华南理工大学及澳大利亚昆士兰大学等国内外高等院校和研究所，从而持续巩固和扩大企业在整个畜牧业行业的技术创新研发优势。

6.3.4.2 技术垄断竞争力：产业链创新和流程化管理

温氏集团根据产业化管理中的技术难度、劳动强度以及资金、市场等资源配置情况，于 1986 年在行业内开创性地推行基于产业链的技术创新模式。这种模式是以公司为农业产业化经营的组织者和管理者，将畜牧产业链中的育种、种苗、饲料、防疫、养殖、产品上市等环节组合成为有机整体，在产业链内部建立一套完善且相对封闭运行的技术创新和流程管理体系，由公司与农户分工合作，共同完成全过程的生产。其中，公司承担种苗、饲料、动物保健品（药物、疫苗）、养殖技术及产品销售等流程的管理及配套体系的建立，合作农户负责肉鸡（猪）的饲养管理。

这种模式的最大特点是将在养殖产业链的品种培育、种苗生产、饲料供应、饲养管理、防疫管理、产品上市等上下游各环节进行高效衔接，并实现产业链管理的自我完善和配套，在内部形成有效的自主监督机制，实现了产业链技术创新和流程管理的大配套。以养鸡为例，公司从购进玉米、豆粕等饲料原料，到产出活鸡和鸡肉，都实现自身的全程生产管理。

（1）产业链创新。温氏集团产业链技术创新主要有以下环节：

1）品种培育和种苗生产：以适应市场需求的品种参与市场竞争，这是产业链管理的源头。温氏集团成立了自己的专业育种公司，自己实现了产业链的上游种苗配套，联合高校、科研院所等合作单位，对鸡（猪）品种的生产性能、抗病能力及生产潜力、成本等进行持续不断的改进，自主培育了一批鸡（猪）品种，其中有 5 个已通过国家级品种审定。

2）饲料原料采购、饲料生产环节：饲料是全程产业链管理中的基础环节。原料质量是饲料质量的根本，饲料质量是产品质量的前提。公司自主配套饲料厂，组织技术力量对鸡、猪营养水平进行深度研究，就是为了保证公司产品饲养过程中的饲料质量，以优质饲料保证产品质量。

3）饲养环节：这是产业链管理的一个关键环节，主要由合作农户来完成。温氏集团现有 30000 多户合作农户，这一环节的利益（即农户的利益）是保障的重点，农户只要按公司制定的技术管理规程精心搞好饲养，每饲养一只鸡就可稳获 1.3～1.5 元的利润，在市场行情好时可获得 2 元左右的利润。2006 年，合作农户获利 7.11 亿元，户均 23700 元。

4）技术配套环节：这个环节由各分公司服务部和集团生产技术部来完成，负责技术硬件化、技术的普及和推广。产业配套有育种公司、动物保健品厂（疫苗和药品）、饲料添加剂厂和信息中心等。

5）销售、加工环节：每个养殖公司都配套有销售部，负责市场开拓，销售网络的建立与管理。温氏集团成立了食品加工的专业企业，配套 3 个肉鸡屠宰厂、1 个肉猪屠宰厂，年供香港 2000 万只冰鲜鸡。

（2）流程化管理。温氏集团在上述畜牧产业链的五个主要环节，均采用"对内计划经济，对外市场经济"的模式进行规范管理，产业链各流程的生产计划全部服从于集团公司的肉鸡（猪）生产经营计划，根据年度计划来安排生产，在公司内部建立了一套相对封闭运行的组织管理和监管体系。在流程的绩效考核上，集团统一制定模拟市场运行的内部流程定价，各个流程相对独立核算，以流程价格来核算各个流程的管理效率。集团公司还建立了集中式信息系统，作为数据平台，使内部各个流程的管理均处于严密的监控之下，产生了巨大的流程效率。

基于产业链技术创新模式大大提高了温氏集团技术创新的垄断竞争力，其具体作用机制如下：

1）实现高效的产业链全程管理：在养殖产业链中，共有品种培育、种苗生产、饲料供应、饲养管理、防疫管理、产品上市等流程，要达到企业规模化大生产的要求，各个流程都需要资金、技术、土地、市场等方面的支持。温氏集团将产业链的全过程进行产业大整合，以公司为产业发展平台集合行业的各项优势资源，自己创办育种公司、种苗场、孵化厂、饲料厂和动物保健品厂，并推行规范和高效的产业化流程管理，促进产业化大生产的高速发展。

2）实现了产业链上下游之间的有效监督：由于公司根据市场化运作的原则在企业建立了一套完整的内部监管体系，产业链的上下游之间自然而然就形成了互相监督的良性机制。饲养环节对上游的鸡苗、疫苗和动物保健品、饲料加工质量等进行监督，发现质量问题在第一时间就能得到反馈。集团通过不断健全和完善内部流程的监管体系，发现问题后能够得到及时整改，节省了大量的监管成本。而下游的食品加工环节，又可以对其上游的饲养环节进行监督，督促其从育种到饲料等各个流程，提高工作和管理质量，最终使公司的产品满足消费者对农产品安全卫生等要求。公司根据各个流程的管理绩效来进行考核，就在内部形成了一个浑然一体的监督体系，督促产业链各环节的持续创新，最终实现了技术创新的高效管理和垄断竞争力。

3）节约了技术创新成本：温氏集团产业链配套生产的饲料、药品等相关产品，直接为肉鸡（猪）的规模化大生产服务，这些成员单位无须像社会同行同类企业一样配套产品营销体系及营销网络的建设，无须配置大量的营销人员，只要按公司的流程管理要求生产出符合市场要求的高质量产品，就不愁没有出路，就能够充分体现流程管理绩效，并获得合理的流程效益。

因此，温氏集团内部的配套企业和社会同行相比，机构设置精简，人员精干，节约了大量的组织成本和管理成本。同时，还节省了大量的交易成本，如公司生产的饲料、动物保健品等产品，除政府统一调拨的禽流感疫苗等产品外，绝大部分产品为自产自销，无须向其他同行一样构建庞大的营销体系和组织管理人员，节省了大量的营销费用。大宗饲料原料玉米、豆粕等的采购更是集合了集团的采购优势，既可实现招标采购，也可发挥期货市场套期保值功能，锁定阶段性的原料成本，大大节省了采购成本。

这些环节中管理和交易成本的降低，使公司肉鸡、肉猪生产的综合成本整体要低于社会平均成本。如鸡苗成本，公司为1元/只左右，而社会在1.2元/只左右，散养户则更高。而公司猪肉每斤的料肉比为2.4～2.5，社会平均水平则在2.8～2.9甚至更高的水平。中间费用的节约，使温氏集团的综合管理优势得到更充分的体现，使温氏集团始终处于竞争的优势地位。

4）扩大了产业规模：壮大了产业链管理中配套企业的规模。在以产业链促进集团发展中，产业链的单项流程也得到了同步的发展壮大，达到行业内的先进或领先水平。以集团的产业大配套为例，温氏集团的育种公司、动物保健品公司，在为温氏集团产业化提供配套服务过程中，自身也得到迅速发展壮大，成为行业知名的专业化公司。如温氏集团属下专业于动物保健品生产的广东大华农公司，近几年连续获得农业部禽流感疫苗、猪蓝耳病疫苗定点生产企业资格，说明企业的技术创新优势和竞争实力在行业内已具备相当的影响力。温氏集团的饲料生产，也紧随集团30%的年增长速度而迅速扩大规模，2007年将达到280万吨的规模，生产规模在国内同行中名列前茅。

5）确保产品的质量与安全：温氏集团的产业链技术创新及全程管理，建立了一套规范有序的安全食品管理及运作体系。这个体系始终围绕着最终产品——肉鸡（猪）的所有流程都实现了内部的标准化、精细化管理，公司在产业链全流程中全面推行了ISO、GMP、HACCP等权威质量管理认证，使各个流程都处于标准化管理的可控范围，为保证产品质量提供了可靠保证。

温氏集团不仅较好地解决了公司及合作农户自身的防疫安全问题，而且对于公司所在地周边散养户的防疫问题，公司都努力协助予以解决，减轻了地方政府部门在畜禽养殖方面的防疫压力，食品安全与质量得到保证，促进了温氏集团在行业中垄断地位的壮大。

6.3.4.3　技术利用竞争力："公司＋基地＋农户"技术推广体系

传统技术创新过分关注科研成果的产生，但往往忽略成果的转化和推广，造成一种本末倒置的局面，使大量的科研经费并没有产生真正的生产力。温氏集团在适应性游走过程中，建立并完善了"公司＋基地＋农户"的推广体系，实现了规模化生产，标准化管理，确保了产品质量。通过"公司＋基地＋农户"模式的运作，公司与农户实行优势互补、资源互补，实现资金、劳力、场地、技术、管理、市场等多项资源的优化组合，形成了紧密的利益共同体，实现了共赢。该模式具有复制效应，在全国10多个省市得到了推广，并取得了巨大成功。

（1）"公司＋农户"的经营和技术管理机制。在"公司＋农户"模式中，温氏集团为农户提供种苗、饲料、药物、技术及销售等一条龙服务，而养户负责肉鸡、肉猪的饲养管理。在具体技术管理过程中，公司免费为农户提供技术指导和培训，公司的技术员定期到农户饲养现场指导饲养管理，对新开户的农户进行全程跟踪指导。同时，公司要求农户按统一制定的免疫程序、饲养管理程序等管理制度规范操作，保证禽畜生产安全和产品质量符合安全食品的要求。以养鸡为例，公司对养户的管理可分为以下几个环节（如图6-2所示）：农户申请入户并缴纳定金；农户从温氏集团领取鸡苗和生产资料；温氏集团提供技术指导和相关服务；通过网络，公司及时通知养户统一收购；养户在肉鸡上市第二天，即可到财务部结算，农户和公司按照比例进行利润分配。

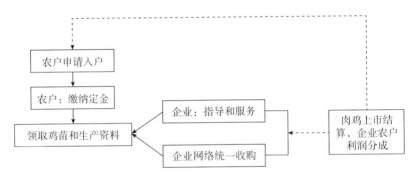

图6-2　以养鸡为例：温氏集团的经营和技术管理示意图

注：虚线表示现金流。

（2）加大对实验室和研究基地的建设力度。据统计，我国每年的科技成果转化率不到20%。造成科技成果转化率低的因素有很多，但其中一个重要的因素是科技成果从实验室走向市场的过程中缺乏小试与中试场地与设备，造成科技成果与应用脱节。而温氏集团每年拨出一定数额的科研经费，用于改善实验室硬件设施，建设动物试验基地（如表6-4所示），加强了科研基础条件建设，为科研工作的开展提供优良的硬件环境，使企业不断推进科技成果的小试、中试和转化，从而提高技术创新效益。

温氏集团通过建立自己的研究基地，作为产学研合作创新成果的中试基地与实验场所，一方面，通过实验发现新的创新成果在应用中的问题，从而完善了产学研合作技术创新成果导入机制，提高了产学研合作创新成果的转化率。另一方面，在实验中，企业本身的科研知识和科研能力不断得到提高。同时，对"学、研"方而言，也非常需要这些研究基地作为他们科研成果的实践和实验场所。这样，"学、研"方对"产"方也产生了除资金之外的其他内在需求。从动力促进理论分析，这会加深他们之间的合作。

表6-4 温氏集团研究基地建设情况

品种	研究基地	数量	设施	实验室
鸡	肉鸡试验场	2	含23栋试验肉鸡鸡舍室	饲料质检中心
				生物工程中心
	种鸡试验场	1	含6栋试验种鸡鸡舍室	疫苗质检中心
猪	肉猪试验场	2	含8栋试验肉猪室	生物制品研究室
	种猪试验场	2	含4栋试验种猪室	信息中心

资料来源：公司内部资料。

（3）完善的四级技术创新服务体系。一是建立四级技术管理体系：第一级以华南农业大学动科学院专家教授为主，其他大学、科研院所顾问为辅；第二级为集团生产部；第三级为二级公司生产技术部；第四级为各分公司肉鸡饲养技术服务部。该四级体系的建立确保从管理、技术层面上保障全面的家禽疾病防治措施的实施。二是对种鸡场及养户的场址及鸡舍进行合理的规划和布局，实行严格的消毒隔离措施。三是建立抗体监测、评估、交流体系。集团生产部建立集团和分公司抗体检测实验室，培训抗体检测人员，对种鸡、肉鸡抗体进行抽检和普检，由专门的技术人员进行审批、评估、分析总结，利用Internet网络平台进行统计、交流。四是实施科学的免疫程序。专家顾问和各级技术人员一起根据地域差异、母源抗体变化、疾病流行情况、抗体消长规律等因素，综合制定不同的禽流感疫苗免疫程序。

（4）庞大的五级农科推广网络组织。温氏集团以华南农业大学为技术依托，由集团技术发展委员会挂帅，集团生产部牵头，逐渐形成专家队伍—专业部门—区域技术培训与服务部—养户助理员—专业户的五级农科推广网络组织，建立起一支由800名技术人员及400多名养户助理员组成的庞大技术推广服务队伍，每年拿出1000万元用于养户技术培训，每周至少1次到养户基地进行实地指导与服务，为广大养户提供包括种苗、饲料、药物、技术和销售的产前、产中、产后的全程服务。有效保证了企业关键技术的推广及标准化养殖。

层级清晰、运作高效的科技成果推广服务网络，进一步完善了产学研合作创新成果导入机制，提高了创新成果的转化率。

6.3.5 温氏集团技术创新竞争力分析

6.3.5.1 温氏集团技术创新竞争力的本质：技术垄断

从上文可以看到，温氏集团保持技术创新竞争力的核心是技术垄断。温氏集团的市场经营活动是以其技术垄断优势作为基础与根基的，任何企业如果失去对其开发的核心技术与先进技术的垄断，其市场经营活动将丧失利益的支点，企业的做强做大将失去原动力。所以，温氏集团追求其先进技术的自然垄断、法律垄断及经营与利用的垄断，是温氏集团跨越式发展和壮大的撒手锏。因为一方面技术垄断通过市场空间的倍增效应与市场进入的壁垒效应，可以创造人间美丽的经济景观与财富奇迹；另一方面技术垄断可以锁定、左右与控制技术发展的路径、方向、速度与类型，其目的是扼制市场上的其他竞争对手，要么使其技术与市场地位边缘化，要么置对手于死地或消灭竞争对手。同时，技术垄断还是温氏集团与其他竞争对手市场博弈的筹码与利器，虽然温氏集团在其垄断性技术的利用过程中存在部分成熟技术、边缘技术、边际技术甚至过时技术的外溢现象，从而使竞争对手有可能看到通过"模仿战略""跟进创新战略"或"技术引进战略"等形式来提升企业技术水平的曙光，试图在市场份额与利润"蛋糕"争夺战中分一杯羹，但事实是，在过去的30年中，只有少数农业龙头企业实现了"跨越式"发展，大多数农业企业现今只能在技术竞争的"混战"状态中，处于市场产业价值链的低端市场。

6.3.5.2　温氏集团提高技术创新竞争力的路径

回顾温氏集团发展历史，温氏集团的前身是勒竹鸡场，早期的养殖技术水平非常低，在"公司＋农户"产业化规模需要扩大的情况下，面临着肉鸡育种、饲料营养、疾病防治等关键技术的约束和科研人才的缺乏，温氏集团通过技术顾问、技术入股、技术服务、共建经济实体和组建研发机构一系列契约联结形式的创新，实现了科研院所"人才、技术、信息"与企业"资金、基地"等资源的有效整合，产学研合作深入企业的产品开发、关键技术研究、市场开拓以及经营管理的各个环节，形成了企业的核心技术。随着合作的不断成功和深入，形成了风险共担、成果共有、利益共享的"公司＋高校"技术创新模式和"公司＋农户"技术创新成果推广模式。

因此，温氏集团技术竞争的路径是：通过产学研合作创新，实现了企业技术化、技术专利化和专利标准化。再通过产业链技术创新和流程管理、"公司＋农户"的技术推广，实现了标准垄断化和市场垄断，实现了技术创新竞争力的不断提高。

6.3.5.3　温氏集团提高技术创新竞争力构建逻辑

温氏集团的经验告诉我们，企业的竞争，是技术创新竞争力的竞争。技术创新竞争力是由技术研发竞争力、技术垄断竞争力和技术利用竞争力三种能力统一与有机融合而形成的合力。首先，温氏集团通过创新灵活多样化的合作模式，不断深化与众多高校的产学研合作，提升企业的技术创新研发竞争力。其次，通过基于产业链的技术创新，实现技术创新的流程化管理和成果转化，提高和巩固技术创新的垄断竞争力，并建立和完善基于流程价格的"公司＋基地＋农户"技术推广体系，提高了技术成果利用竞争力，最终形成了企业技术开发竞争力强→技术垄断竞争力高→技术利用竞争力提升→市场经营权网络扩张力大→市场利润膨胀→资金巨额积累→创新投入增加的循环过程，实现了技术创新竞争力的不断提高。这就是广东温氏集团的技术创新竞争力机制。其构建逻辑可描述如下：①在一定市场需求和环境下，农业龙头企业面临着技术和资源的约束，必须根据市场需求创造性地运用有限的创新资源进行创新。②通过资源的整合，形成企业的核心技术，构建创新体系的基础。③资源的整合需要契约联结形式创新、管理创新和制度创新，并经过长时间的稳定发展和沉淀，形成了企业特有创新模式和与之匹配的管理机制和制度机制，它成为农业龙头企业技术创新的支撑体系。④随着时间的推移，市场环境和需求发生了变化，企业根据创新系统的反馈，自适应地进行调节和自我完善，以适应新的市场环境和需求。⑤这种创新的过程循环往复，不断改变企业创新体系内涵，提高创新成果转化率，以使企业获得持续竞争力。

6.4 农业龙头企业技术创新产学研协同：温氏集团案例

6.4.1 产学研协同与农业龙头企业技术创新

技术创新是农业产业化发展的原动力。对中国而言，小规模分散的家庭式农业生产难以容纳先进科学技术，技术创新的重任主要由农业龙头企业承担。但目前农业企业家整体素质较低，企业缺乏人才、技术与信心，在技术创新、产品开发方面鲜有突破。另外，农业高校和科研院所掌握大量先进的农业科学技术，凝聚各类技术人员，但他们缺乏资金、市场意识与经营思路，导致科技成果缺乏有效的市场需求，科技成果转化率低。因此，众多学者、企业和政府认为，产学研结合是农业企业技术创新的重要途径（Dylan Jones 等，2001；Eun Jong - Hak 等，2006；张日新、彭思喜等，2009；朱卫鸿，2007）。然而企业、高校和科研机构都有各自特定的动力驱动因素，只有这些诱导因素能够同时满足合作各方的需要合作才能开展，这实现起来相当的困难。由于市场的激烈竞争、技术创新面临的巨大风险、合作中遇到的利益纠纷与组织冲突，以及外部政策措施的不完善等，产学研合作各方往往会担心合作不成功给自身带来损失，对于合作的需要也就不能与目标相结合而转化为动机（李林、袭勇，2014）。因此，农业企业产学研合作技术创新存在着诸多困难。实践中众多失败的案例，也让许多学者与企业感到困惑：面对中国的国情，农业企业如何走持续发展的产学研合作技术创新之路？

回顾现有的文献及研究，实践中不乏产学研合作技术创新成功的案例，但涉及农业企业产学研合作的案例却很少，几乎没有。究其原因，是与其他企业相比，农业企业技术创新除了具有技术创新的基本特征外（即连续性、跳跃性、风险性、资产性、高效性），还具有较为鲜明的自身特征（朱卫鸿，2007），主要体现在以下几个方面：①农业企业技术创新的主体是农业企业，但需要政府的过度扶持；②农业企业技术创新受到技术开发和自然因素的双重影响，具有高风险性；③农业企业技术创新产品以生物、化学技术等高新技术为主，创新过程具有长周期性；④农业企业技术创新产品具有公共特性，经济收益明显低于非农企业；⑤技术创新成果的推广受地域环境和农户经营规模的影响。因此，我国多数农业企业没有完善的技术创新机制，技术创新能力普遍弱化。受传统计划体制下部门分割惯性的影响，农业企业的技术创新仍然主要由本企业独立进行，产学研融合的局面远没有形成。一是制度缺陷。由于我国科技体制改革滞后，缺乏产学研结合的制度架构，以及鼓励高校和科研机构与农业企业结合的激励机制，双方合作缺乏动力。二是农业企业动力不足。企业已经成为产学研合作的主导因素，但目前企业合作动力不足，需求不旺，特别是大企业合作动力不及小企业。根据对大中型农业企业和小型农业企业的调查，小企业由于技术基础差合作动力要比大企业强。三是成果不成熟。科技与经济的长期脱节，造成技术成果针对性差，科研单位创新能力弱，即使有技术成果常常并不成熟，其市场前景难以把握。四是农业企业自身基础差。多数农业企业技术创新机构不健全，技术创新能力不强，没有合作和开发的基础，即使接受了高校或科研机构的成果，也难以把这些成果商业化。

回顾温氏集团的发展历史，技术的进步与升级是温氏集团实现跨越式发展的重要源泉。尊重人才、始终坚持把技术创新作为推动企业发展和综合竞争力提升的重要力量，是温氏集团赖以取得巨大成功的宝贵经验之一。而温氏集团的技术创新自适应演化史，就是一部农业企业产学研合作技术创新的发展史。那么，面对农业企业产学研合作诸多难题，温氏集团是通过什么机制走上持续发展的产学研合作技术创新之路呢？

6.4.2 产学研协同创新理论回顾

产学研合作是国家破解科技与经济"两张皮"难题，促进创新成果转化的有效途径（刘志迎、单洁含，2015）。然而现有研究表明，我国高校每年取得的科技成果在6000~8000项，但真正实现成果转化与产业化的还不到1/10（蒋石梅、张爱国等，2012）。究其原因，一个关键因素就在于我国产学研合作大多处于浅层次"主体协同"阶段，无法持续有效地整合产学研各主体的创新要素，实现创新要素内部优化和协同（陈劲，2013）。当前学者对产学研合作的研究，亦更多从"主体协同"视角，主要探讨产学研合作动力、合作模式、合作机制、知识转移和资源整合，而忽视了更深层次的创新要素协同（唐靖，2012）。创新要素如何在产学研"主体协同"的博弈中实现要素的内部优化和协同，是亟待解决的问题，是促进产学研合作向更深层次发展的关键所在。

6.4.2.1 主体协同

由于创新活动的不确定性、复杂性和高风险性，使单个企业的创新能力日益受到挑战，合作创新逐渐趋于普遍。合作创新不仅是当前企业缩减成本和降低风险的重要战略，更是企业获取外部知识和能力的重要途径（谢洪明，2003）。越来越多的企业开始主动与大学、科研机构、相关企业或中介机构进行联合形成产学研合作创新网络，从内部研发到寻求外部合作（吴贵生，2000；朱桂龙、张艺，2015）。美国硅谷、芬兰电子通信产业以及我国中关村成功的关键就在于形成了以企业、大学、研究机构、行业协会等为核心的多方协同式合作创新网络（DEste P. 和 Patel P.，2007）。而企业、政府和高校三方是如何互动的？当前学者更多从"主体协同"视角探讨产学研各创新主体的互动。Etzkowitz（2010）提出了一种"三螺旋"模型描述了企业、政府、大学三方在合作创新过程中的多重互动关系。Chesbrough（2009）认为，企业应实施开放式创新模式，通过与政府、高校等外部创新主体的互动而实现内外部创新要素的整合和协同。鲁若愚（2012）认为，产学研合作失败概率高、资源配置低效的原因在于：产学研创新尚处于低层次主体合作阶段，未能实现创新要素的优化和协同。

6.4.2.2 要素协同

创新管理的复杂性和系统性特征日益明显，促使学者们在更广范围内开展技术、组织、市场、制度、管理、文化等综合性创新研究，并把创新要素的协同纳入创新研究框架之中。Daft 首先提出"双核心"模型，认为企业只有技术创新和管理创新相互协同才能使创新绩效达到最佳（Daft，2003）。Tidd、Bessant（2008）则从技术、市场、组织三个方面强调了系统整体协同对创新绩效的影响。我国学者彭纪生、吴林海（2015）认为现代技术创新越来越要求技术、制度乃至组织文化的协同创新。洪勇（2010）发现企业要素创新协同存在单核主导式、多核主导式和全要素共同主导式三种基本模式。以浙江大学许庆瑞（2012）为代表的学者们首先提出了"全面创新管理"（Total Innovation Management，TIM）的创新管理范式，强调企业要实现全要素创新（包括技术、组织、市场、战略、管理、文化、制度等）、全时空创新、全员创新和全面协同创新。郑刚、陈骁骅

（2015）认为实现技术和市场的协同创新是解决企业全面创新管理问题的突破口和关键。大量研究表明，促进创新要素协同，是改善创新绩效、提高创新能力的重要途径（张方华、陶静媛，2016）。

6.4.2.3　产学研主体协同机制

国内外学者多从"主体协同"视角探讨产学研创新某一运行机制，主要有：①动力机制：通过技术扩散理论剖析产学研创新的动力机制，包括内部动力、外部动力、技术创新扩散动力及自组织动力四大动力系统（张哲，2009；程亮，2012；菅利荣，2012）。②组织机制：组织协同是产学研创新的支撑平台，产学研合作效应需要通过组织协同机制来保障各方利益的均衡，以实现多赢（陈光华，2015）。③资源整合机制：如何促进产学研资源的开放、共享和整合，是开展产学研长期合作的关键。目前研究更倾向于通过政府政策引导和机制安排，整合产学研各方面资源，搭建协同创新平台，推进区域经济及行业转型（陈劲、阳银娟，2013；罗占收、邵莹，2016）。政府在这过程中扮演共享机制的顶层设计者和协调者的角色（原长弘、章芬、姚建军，2015）。④知识转移机制：知识转移是指产学研创新组织内各成员在创新活动过程中彼此之间进行的知识交流，主要体现为在创新活动中知识的转移和扩散（张彩虹等，2014；涂振洲、顾新，2015）。创立资产分拆公司与新兴创业公司、协议研究、咨询等是隐性知识的主要转移渠道（Wright M. 等，2008），此外，毕业生与研究人员的流动也是传播隐性知识的重要途径。专利可以通过技术转移办公室技术许可给一个已成立的公司，这种协作模式代表了编码知识的转移，已被证明几乎不包含隐性知识的转移（Siegel D. S. 等，2013）。在具有较高水平 R&D 和 GDP 的区域中，大学（研究机构）一般通过技术许可而实现高效率的技术转移。关于知识转移的影响因素，主要有契约、信任、沟通、转移能力、企业吸收能力、地域相近、渠道、技术许可政策等（Cohen 等，2010；朱桂龙，2015；Santoro，2016）。

6.4.2.4　文献述评

产学研结合是促进科技成果转化的有效途径，但当前学者更多从"主体协同"视角探讨产学研各创新主体之间互动，而忽略了创新要素在产学研主体内的优化和协同，导致实践中，我国的产学研结合大多处于浅层次的"主体协同"阶段，产学研结合促进科技成果转化的效率依然低下。如何促进创新要素在产学研"主体协同"的博弈中实现内部优化和协同，是解决该问题的关键所在。

6.4.3　温氏集团产学研协同路径：从"主体协同"到"要素协同"

6.4.3.1　产学研合作萌芽阶段（1983～1988 年）

1983 年，由温北英、温鹏程、严百草等 7 户农民 8 人每人出资 1000 元，共集资人民币 8000 元, 创办了勒竹畜牧联营公司。1987 年, 公司正式走上"公司＋农户"的农业产业化发展道路, 将肉鸡饲养环节交给合作农户饲养, 公司为合作农户提供种苗、饲料、药物、技术服务, 农户养大肉鸡后, 勒竹鸡场负责全部收购。

但随着规模的不断扩大, 公司面临巨大的技术瓶颈: 肉鸡的生产, 在饲料配置、肉鸡育种、疾病防疫等关键环节都需要极高的技术含量, 这决定了公司或农户都面临高风险, 任一环节出现问题, 都会导致公司或农户大规模的亏损, 给"公司＋农户"经营模式带来致命打击。因此, 温北英非常重视技术创新, 早在 1987 年温北英通过自己的实践, 总结出科学的"养鸡 36 条", 把自己的养殖技术用文字的方式, 系统性总结出来。但温北英敏锐地意识到, 单靠自己总结的"养鸡 36 条"远远不够, "公司＋农户"经营模式的扩展, 需要先进科学技术的支持。

可在信息封闭的 80 年代, 去哪里寻找先进科学技术的支持呢? 巧合的是, 温北英的儿子温鹏程 (现温氏集团董事长) 当时恰巧在华南农业大学畜牧系就读。温北英敏锐地抓住了这个机会, 在温鹏程的引见下, 非常真诚地来到华南农业大学, 结识了华南农业大学动物科学系的老师和领导, 并虚心地向他们求教。从 1985 年起, 勒竹鸡场开始邀请华南农业大学畜牧系个别老师作为公司技术顾问, 负责教授理论和解决一般的技术问题。技术顾问往往星期六来, 星期天就走, 因此被员工亲切地称为"星期六工程师"。"技术顾问"的出现, 是温氏集团寻求产学研合作的一种探索。

6.4.3.2 浅层次产学研"主体协同"阶段 (1989～1992 年)

由于创新活动的不确定性、复杂性和高风险性, 使单个企业的创新能力日益受到挑战, 合作创新逐渐趋于普遍。合作创新不仅是当前企业缩减成本和降低风险的重要战略, 更是企业获取外部知识和能力的重要途径 (谢洪明, 2003)。技术顾问的到来, 使温氏集团越发意识到自身技术能力的不足, 遂与华南农业大学建立产学研战略合作协议, 开始以委托开发或购买知识产权的方式引进先进技术。1990 年, 温氏集团引进当时国内黄鸡最优良的品种 882。黄鸡 822 品种的引进, 使温氏集团开始接触先进的、系统化的养鸡技术。1991 年, 温氏集团又引进世界优秀品种 AA 鸡, 并逐渐建立饲料分析室、疫病诊断实验室等, 以便科学地配置肉鸡饲料, 准确及时地诊断与监测肉鸡疾病。

同时, 面对肉鸡大规模产业化的关键技术难题, 温氏集团还采用联合攻关的方式, 与高校进行合作, 即温氏集团以科研课题或开发项目为纽带, 以产学研各方组成的科研团队为依托, 围绕企业重大技术难题, 集中三方力量进行联合攻关, 实现重大突破。通过联合攻关的模式, 温氏集团实现了肉鸡品种繁育、饲料营养和生物安全三项关键技术的突破，逐步建立起以商业育种为龙头、饲料营养和饲养管理为核心、鸡病生物安全为重点、养殖环境的生态安全为保障的优质肉鸡产业化关键技术体系，选育出优质肉鸡品种 28 个、研究技术 46 项、开发相关产品 37 个。这些新品种、新技术、新产品科学集成、相互配套，组装成优质鸡产业化关键技术群，并在生产中推广应用。

6.4.3.3 "主体协同"向"要素协同"转化阶段（1992~2000 年）

"主体协同"效应使温氏集团获得了肉鸡大规模产业化生产的关键技术解决方案，华南农业大学专家则拿到相应的科研经费，但整个合作还是停留在某个项目或技术的开发上，甚至有些合作是为了争取政府项目而临时组合的，短期性、形式化和松散性特征尤为明显，导致温氏集团与华南农业大学等高校合作面临如下问题：技术转让或专利购买多为一次性转让行为，产学研各方关系松散，注重短期效益，缺乏对于技术创新的持续刺激；委托开发受课题任务、合作资金、合作周期、伙伴实力等因素影响，缺乏持续创新的组织机制，导致委托方和合作方不能在合作中实现资源共享和知识流动；联合攻关模式则受限于合作研究目标的明确单一，难以形成持续的合作动力。许多情况下，随着科研课题的结题，课题组往往归于解散，难以形成相对稳定的研究团队，不利于知识的积累沉淀，不利于产学研各方的深入合作。

面对上述问题，温北英力排众议，开创了产学研合作的先河：1992 年，以技术入股的方式，邀请华南农业大学加盟，和华南农业大学展开全面合作。华南农业大学因此拥有 10% 的公司股份，成为温氏集团的一名股东，参与公司重大问题的讨论和决策。华南农业大学派出多位老师、专家和教授进驻温氏集团，在温氏集团各部门担任要职，开展相关的技术指导和研究，在饲料培育、肉鸡育种和动物保健方面做出了杰出的贡献，取得了巨大的创新成果。

在华南农业大学的全力支持下，温氏集团以大规模产业化的畜禽品种繁育、饲料营养、养殖技术为突破口，创新一大批有自主知识产权的畜牧业产业化先进技术，科学组装成为优质肉鸡产业化关键技术群、优质肉猪产业化关键技术群、动物保健品关键技术群三大产业化关键技术群，促进了广东温氏集团的转型升级，从传统的单一养鸡业务向养猪、养鸭、养牛业务的成功转型，从过去的"单一养鸡"这一条腿走路升级到"以鸡猪为主、牛鸭并举，食品加工、粮食贸易等产业链配套"的现代大型农牧企业集团，并成功将"公司 + 基地 + 农户"的发展模式从养鸡业有效复制到养猪、养鸭等业务，并迅速推广到全国，实现了温氏集团的跨越式发展。

6.4.3.4 产学研"要素协同"阶段（2000 年至今）

技术入股的成功，使温氏集团与华南农业大学形成利益共享、风险共担的紧密关系,加深了双方的信任和沟通。温氏集团与华南农业大学的合作逐渐从"顾问型""契约型"转向"实体型"合作,具体的操作从单一的技术服务、技术引进、委托开发转向全面的多元化的合作模式,包括技术服务、技术转让、委托开发、联合攻关、组建合资企业,共建研发平台。2000 年,温氏集团与华南农业大学共同投资创建大华农生物制品有限公司,公司业务向生物制品和乳业拓展。2003 年,华南农业大学研制的获得国家兽医药品认证的"禽流感灭活疫苗"项目,600 万元技术转让给大华农生物制品有限公司。在 2004 年的"禽流感"灾疫来临之时,避免了集团 12 亿元的损失。2006 年和 2011 年,温氏集团与华南农业大学(以学校名义)正式签订了产学研全面合作协议,双方的合作实现了由单一学院、单一学科向多学院、多学科的跨越式转变,学校为企业提供全方位、多领域的技术服务和支持,包括养鸡、养猪、蔬菜、加工、兽医、兽药、肥料、信息、金融、管理等。2008 年,温氏集团与华南农业大学等多家高校合作成立了"温氏集团研究院",华南农业大学兽医学院与温氏集团子公司(广东大华农动物保健品股份有限公司)共同合作,先后创建了"大华农宠物保健品工程中心"和"南方动物疫病诊断中心"。在华南农业大学的协助和支持下,温氏集团创建了企业技术中心、农业技术创新中心、博士后科研工作站等多个省级研发机构,大大增强了温氏集团自主创新能力和高水平科研工作的能力,有效地整合了企业的"市场、资金、基地"与高校的"人才、技术、信息"等资源,实现了产学研合作的要素优化和协同。

为什么温氏集团主导型产学研合作能够得到持续稳定发展,并高效地促进技术创新成果转化?本书研究表明,其关键在于温氏集团主导型产学研合作突破了"主体协同"博弈中的交易障碍,实现了产学研合作的要素协同。温氏集团的经验或许告诉我们,从"要素协同"管理视角探讨产学研合作的稳定性,是对当前研究"主体协同"博弈视角的突破,对提高产学研合作稳定性,促进产学研合作从"主体协同"层次向"要素协同"层次深化具有重要的理论和现实意义。

6.4.4　温氏集团产学研要素协同模式分析

当前,学者对产学研合作的研究偏重"主体协同"博弈视角,更多探讨产学研各主体间的合作动力、合作模式、合作机制、利益分配以及中介服务等,忽视了更深层次的创新要素协同。温氏集团的成功则正是突破了产学研合作"主体协同"的交易障碍,实现了产学研合作的要素优化和协同。探讨温氏集团主导型产学研的要素协同机制具有重要的理论和现实意义。

何郁冰(2012)从要素协同视角,提出了产学研合作的"战略—组织—知识"要素协同框架,认为战略协同、知识协同和组织协同是三位一体的,战略协同是基础,组织协同是保证,知识协同是核心。产学研协同跟企业之间,或企业内各部门之间的协同显著不同,最为关键的在于产学研合作各方在目标和价值观念上的求同存异,只有找准合作各方的"利益—风险"均衡点,建立战略协同机制,并通过组织协调,达成创新要素在合作各方的优化流动,才能使产业创新链(即知识创造、产品转化和技术商业化)得以互补、拓展和延伸。因此,本书借鉴何郁冰提出的"战略—组织—知识"要素协同框架,从"战略—组织—知识"三重要素联动协同视角,探讨温氏集团主导型产学研要素协同机制。

从1992年以来,温氏集团主导的产学研合作形成了"战略—组织—知识"三重要素联动协同模式,突破了"主体协同"下由高不确定性、事前专用性投资和高协同成本导致的交易障碍,实现了产学研合作中的"技术、人才、市场、制度、管理、资金"等创新要素协同,维护了产学研合作稳定性,促进了产学研合作成果转化,实现了优质肉鸡和瘦肉型猪大规模产业化发展。在温氏集团"战略—组织—知识"三重要素联动协同模式(如图6-3所示)中,核心层是"战略、知识和组织"要素协同;支撑层是居主导地位的企业,企业根据自身发展需求,自动寻求与高校的合作,通过相机选择合作模式,有效整合企业和高校的资源;辅助层是各地方政府机构,通过相关的引导政策、产学研推广项目和激励制度提供支持。在整个协同模式中,受双方合作历史、利益分配、组织关系、企业吸收能力、产业环境和创新需求的影响,温氏集团相机选择合作模式,通过主体协同博弈,促进要素和资源在各主体间的循环流动和耦合,直到实现"战略—组

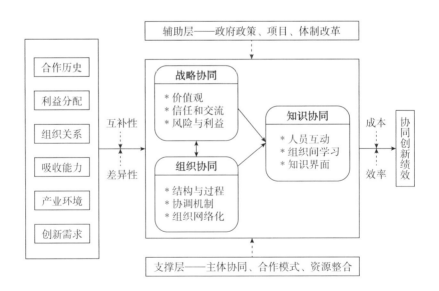

图6-3　温氏集团主导型产学研"战略—组织—知识"三重要素联动协同创新模式

织—知识"三重要素有序协同，使产学研合作进一步优化，吸引更多的创新要素加入和整合，促使原有合作模式发生改变，产学研合作进一步深化。此过程循环往复，"主体协同"与"要素协同"不断耦合协调，使温氏集团主导的产学研不停地从低级向高级、从主体协同向要素协同演化。

6.4.5 温氏集团产学研要素协同运行机制

6.4.5.1 战略协同机制

协同创新的深度结合需要战略上的协同。在协同创新过程中，高校及科研院所应从战略上关注如何将知识研发服务于企业，以积极为企业研发需要培养相应的技术、管理人才。同时，高校必须从论资排辈、因循守旧的传统思维中解放出来，不拘一格使用人才，尤其要解放富有创新活力的青年人才；必须从在学科内部寻找科研课题的单一性思维中解放出来，把社会经济发展的迫切需求纳入科研课题的宏观视野；必须从仅仅在教育系统内部寻求科研资源的局限思维中解放出来，积极在本区域乃至全社会、全世界配置科研资源；必须从单纯注重科研论文数量累计的科研考核方式中解放出来，应把社会福祉的边际增加和经济总量的边际增长作为科研考核的重要原则。企业则更需要关注如何准确地提出协同创新需求，并为高校参与协同创新提供资金及物质上的支持，合理界定知识产权及项目收益的分配。另外，协同创新各方还要建立相应的愿景协同。协同创新中无论是采用模块化方式（如合同外包研发），还是嵌入式方式（如合资创办新企业），都要求合作方找到自己的位置，并厘清各自的关注点与资源优势，以实现学科链与产业链的有机结合。这样，协同创新各方才能在战略层面上建立机制上的协同：一方面，企业可以利用高校的科研及人才优势，在技术攻关上全面合作，推动技术创新，并实现企业整体竞争力的提升；另一方面，高校在现实技术需求的推动下，加强科学研究成果的转化，注重创新型人才的培养，以高水平地实现其"人才培养""科学研究""社会服务""文化传承与创新"等职能。温氏集团产学研战略协同主要包括以下几方面：

（1）价值观和文化的协同。企业、大学/科研院所由于在创新过程中的定位、资源和能力、发展目标上存在着差异，形成了不同甚至是潜在对立的组织文化和行为准则（Geisler E. 1995）。在产学合作中，企业通常具有明显的利润导向，注重合作带来的经济价值；大学则是科研导向，考虑合作是否有利于学术研究。这种价值观的分歧影响着各方对合作利益的评价及合作范围和模式的选择（Leea K. J. 等，2010），造成大学所提供的科技成果与市场脱节，而企业则过多地干预大学研究（郭斌，2007）。实际上，大学的研究型文化在本质上并不排斥企业的应用型文化，真正的障碍是两种文化之间缺乏认同和包容（Martinez 等，

1994)。Geisler（1995）认为产学合作双方在价值观和文化上的认同感越强，就更容易形成互赢的心理预期，合作关系也越持久。温氏集团的经验则告诉我们，加强合作双方的文化和价值观的认同感，更能形成双赢的心理预期，维持长久的合作关系。那么温氏集团是如何突破两种文化和价值观相互对立的矛盾呢？温氏集团的做法是：根据集团所处阶段的创新能力和创新需求，机动地选择多元化的合作模式，以协调企业与"高校、科研院所"的文化和价值观差异，实现合作双方的共赢。

第一阶段：温氏集团初期，虽然创建了"公司＋农户"的经营模式，但多数养鸡户没有养鸡经验，碰到问题束手无策。而企业自身，技术水平低下，资金不足，没有创新能力。因此企业只邀请华南农业大学兽医系个别老师作为技术顾问，教授理论和解决一般的技术问题。而对个别老师而言，在当时教师工资不高的条件下，一方面获得不菲的兼职报酬，另一方面在实践中检验理论，能够丰富自己的教学。

第二阶段：随着养鸡规模的扩大，温氏集团需要更先进的养鸡技术。这时候温氏集团场员及合作养户已掌握基本养鸡技术，企业资金也比较充足。因此温氏集团以购买知识产权或委托开发的方式引进先进技术。温氏集团委托开发的项目，由温氏集团提供资金，以项目合同的形式委托"学、研"方开发，产权双方共有，利益双方共享。对温氏集团而言，能够以较低的成本获得和使用先进技术。对于高校和科研院所，一方面能够获得科研经费，并分享研究成果利益，另一方面产权双方所有，也可以作为"学、研"方评定职称的重要科研成果。

第三阶段：先进技术的引进，给温氏集团带来巨额利润。温氏集团业务开始向养猪、养牛业扩展，更加离不开先进技术的支持。于是在1992年10月，温氏集团开创了产学研协同的先河，以10%技术入股的方式邀请华南农业大学畜牧系加盟，对温氏集团提供全面的技术支持。对企业而言，华南农业大学的加盟壮大了企业的科研队伍，企业开始组织科研攻关，解决养殖中的关键技术难题，可以使产品快速更新换代，为企业提高市场占有率和快速扩张创造了条件。对高校和科研院所而言，温氏集团成为华南农业大学长期的教学科研基地，同时也给学校带来巨额的经济利润。2012年11月2日，在华南农业大学动物科学学院与温氏集团合作20周年双赢座谈会上，温氏集团董事长温鹏程回忆说，1992年温氏集团的前身还只是一间路边小养鸡场，自华南农业大学动物科学学院以技术入股的形式与企业开展合作以来，年产值从当年的3000万元到今年的300亿元，增长了1000倍，成为亚洲最大的现代农牧集团的"温氏奇迹"。2011年为华南农业大学带来净利润1.22亿元，华南农业大学党委书记李大胜感慨地说，这笔钱解决了华南农业大学经费的燃眉之急，这是华南农业大学与企业合作最成功的案例。

第四阶段：温氏集团与华南农业大学的合作逐渐从"顾问型""契约型"转向"实体型"合作，具体的操作从单一的技术服务、技术引进、技术入股转向全面的多元化的合作模式，包括技术服务、技术转让、委托开发、联合攻关、组建合资企业，共建研发平台。对于华南农业大学派出的科研人员，或在温氏集团引导下由温氏集团提供经费进行相关的合作研究，或以共建的研究中心为依托，共同合作（主要由高校科研人员作为负责人）申请各类国家或省级纵向课题。截至目前，双方共同承担了包括国家转基因重大专项、973 项目、863 项目、国家高新技术示范工程项目和广东省农业重点攻关项目等在内的 20 余项重大科技项目，共同培育了五个国家畜禽新品种，先后获得了国家科技进步奖、全国农牧渔业丰收奖、广东省科学技术奖、广东省科技进步奖和广东省农业技术推广奖等省部级以上科技奖励。因此，这样立项的科研项目既得到温氏集团的引导，满足了"产"方的"市场需求"，又得到国家或省级单位的立项，满足了"学、研"方的"学术需求"，这必然会大大提高科研成果市场转化率，带来"学术价值"和"经济效益"的双丰收，从而根本上化解了"产"方与"学、研"方之间的价值对立问题，促进和加深了产学研合作。

（2）信任和交流的协同。信任是开展产学研协同创新的基础。建立信任机制，有助于减少产学研协同创新过程中的风险和不确定性，抑制个别的机会主义行为，提高产学研协同的有效性。而信任的建立在很大程度上取决于合作参与方对自身优劣势的准确判断，否则就容易引发角色错位和过多干预的现象（何郁冰，2012）。为了表达公司对华农的信任，温北英力排众议拿出公司 10% 的股份，开创了"技术入股"校企合作的先河。同时在合作过程中，温北英多次登门拜访来温氏集团工作的华农专家和教授，为他们建造专家楼，尽自己最大能力改善专家的生活和工作环境。被温北英的诚意感动，魏彩藩等 11 位华南专家教授自愿离开繁华的城市、温暖的家庭和优越的工作环境，放下手头上的工作，一头扎根山区，与温氏集团同甘苦、共患难。他们来到温氏集团后，马上忘我投入工作，在育种、饲料营养和动物保健等方面取得丰硕成果，先后培育出新兴黄鸡2 号、矮脚黄、优质竹丝鸡等优良品种，研制出多种质优价廉的饲料配方，生产多种兽药和疫苗，为温氏集团的高速、持续、健康发展做出了重大贡献。可见温氏集团产学研信任关系的建立，离不开温北英卓越的企业家才能，正是他对自身优劣势的准确判断，在合作中找准了企业在创新链中的位置，并对合作进行科学的分工部署，从而有效实现了华南农业大学科学链和温氏集团产业链的有机衔接。

从温氏集团经验看，协同创新无论是采取模块化方式（如合同外包研发、项目咨询）还是嵌入型方式（如合资创办新企业、共同参与国家计划项目、人才互访和培养），都要求合作各方找准自己在创新链中的角色定位，厘清各自的关注点和资源优势，对合作关系中各自的分工进行战略部署，实现学科链和产业链的有机衔接。当然，温氏集团的实践表明，沟通导致合作中的信任，还与产学双方共同开展研究项目的先前经验（这类经验越丰富，相互信任度越高）、合作的渠道与形式（多样化的合作模式提高了利益偏好分布，相互信任度也更高）有关。因此，在协同创新过程中保持信息的交流和各种渠道的沟通非常重要，这有利于增进双方对合作前景的了解，建立利益双赢导向下的相互信任，避免后期引致的纠纷，通过优势互补与资源集成达成协同效应，为双方带来新的利益。

（3）风险和利益观念的协同。产学研合作创新削弱了单个组织对创新的控制权，提高了创新的不确定性和交易成本，存在着较大的风险。产学研协同的障碍主要有两种（胡恩华、郭秀丽，2002）：一种是导向型障碍，高校和企业由于价值观不同，因而具有不同的目标导向；另一种是交易型障碍，主要是合作利益分配和知识产权的冲突。合作伊始，由于合作各方的资源禀赋和不同的比较优势，会导致谈判地位的差异，产学研合作协议往往比较容易达成。例如，温氏集团与华南农业大学的技术入股，就是华南农业大学的技术资源具有较大的比较优势，迫使温氏集团作出较大让步，开出优异条件促成合作的形成。但随着产学研合作发展和深入，企业不可能一味作出让步。企业产学研协同创新的目的是通过获取高校的创新资源，实现优势互补，进而形成企业竞争优势和获取各种利益。因此，如何在战略上设计合理的利益分配机制，达成"利益均衡点"，是产学研协同的关键（陈劲，2009）。温氏集团的做法是：先是以技术入股、合资办企业、共建研发机构的方式，与华南农业大学建立风险共担、成果共有的产学研战略联盟。而在利益分配方面，也形成一套合理的协调机制。企业利用高校的科研、人才优势，在技术攻关上全面合作，推动技术创新，通过人才联合培养丰富人力资源储备，实现企业整体竞争力的提升。高校在现实技术需求的推动下，加强科学研究及转化，注重应用型、创新型人才的培养，有利于进一步提高科研水平和教学质量，有利于改善学生的实习和就业环境，弥补科研与教学经费的不足，强化其服务社会的功能。

6.4.5.2 知识协同机制

知识协同是协同创新的核心。知识协同的本质是企业、高校、科研院所各自拥有的隐性与显性知识的相互转换与提升。知识协同包含诸多的反馈与回路，是各种知识流在创新主体中的各种组合。同时，根据知识互动的正式化程度、隐性知识的转移、人员接触方式等可以区分专利许可、联合研发、共同参与会议、学术创业、非正式研讨、通过项目培训学生、人员互流等16种知识协同形式。提高知识协同能力的主要措施包括提高协同各方的心理沟通与信息流动，着力整合部分高校科研资源，建立若干能面向所有直属高校的科研资源共享平台；利用现代网络优势，建立面向直属高校乃至全国高校的资源共享和交流平台；搭建知识协同平台，尊重合作者的知识产权等。但是，高校与企业等协同创新各方对自己在知识协同中的评价标准不同，容易导致产权纠纷问题，进而影响其后续的协同创新。因此，协同创新各方在合作开始前就要签订知识产权协议及技术管理计划，以保护与协调各方利益。同时，协同创新中的知识协同还需要在具体运作中考量以下几个方面的因素：一是对隐性知识协同的重视；二是对组织间学习的重视；三是对知识界面管理的重视；四是对信息化与网络化的重视。至于如何促进和实现产学研合作各主体间的知识转移和共享，温氏集团的具体做法如下：

（1）人员互动。1992年，温氏集团以技术入股的方式与华南农业大学展开长期合作，华南农业大学作为温氏集团股东拥有10%股份，华南农业大学多名老师成为董事会成员，参与公司重大问题的讨论和决策。华南农业大学组成专家组，深入现场指导生产，选派多名优秀教师到企业兼职工作，担任企业的技术中心经理、总经理助理、种鸡场场长等重要技术职务，全面参与优质肉鸡育种、饲料营养研究、鸡病疫情监测、经营管理、技术培训等工作。

（2）以项目为单位定期学习和交流。第一，各产学研项目小组（指定项目负责人）应定期、及时地将合作项目的管理、措施、方案、报表、结果上报到集团总部相对应的技术部门和主管领导，以便集团公司掌握各产学研合作业务情况，进行相关的检查和指导。第二，技术管理的信息要及时反馈。产学研合作中的一般性问题，要及时将处理意见、方案、实施结果上报给二级单位负责人和相关技术部门；复杂的技术问题要及时将有关情况上报至集团公司相应的技术部门和主管。第三，企业研究中心的全体成员，每周、每月、每学期要提交个人计划和总结。汇报项目进展情况、学习安排、研究收获以及没完成的计划等，提醒成员不断学习总结、不断进行知识更新；定期组织学术会议和技术成员交流会，进行知识共享和项目研究进展汇报，并在会后进行内部讨论，记录会议内容和反馈需求，避免重复研究增加时间成本。第四，项目研发过程中存在一定的矛盾，如项目方案的意见分歧、组织新成员与老成员的思想冲突，或某一新理论、新方案的提出，受到他人的质疑等。团队组织项目组成员不定期地进行非正式沟通，如组织各类文艺晚会、体育比赛、集体郊游、聚餐等，这是团队成员增进友谊、培养感情的好机会，在平等放松的环境中，成员的交流将激发其灵感和创造思维。

（3）搭建知识协同平台。温氏集团通过建立产学研合作的实践基地、实验室和网络信息化系统搭建知识协同平台，用于专业知识、项目研发、新技术方法等业务的沟通。同时在平台沟通的基础上，通过面对面对话、小组讨论、讲座、讲演，甚至辩论，进而产生创新的火花。

温氏集团"知识协同平台"的方式，能够促进挖掘团队内部的隐性知识"外化"为团队的显性知识，团队显性知识"内化"为个人的隐性知识。同时也是团队成员将其显性知识"组合化"为团队解决问题所需的可供记录和编码的显性知识，知识协同平台的应用，除了促进隐性知识和显性知识的相互转化外，还能促进个人智力资本和团队智力资本的相互转化。个人通过内化不断积累知识，通过知识协同平台与他人共享，引发知识创造的新一轮螺旋上升，知识得以不断积累和丰富。交流平台加速了知识创新的过程。

（4）建立知识服务联盟。一是建立四级技术管理体系：第一级以华南农业大学动科学院专家教授为主，其他大学、科研院所顾问为辅；第二级为集团生产部；第三级为二级公司生产技术部；第四级为各分公司肉鸡饲养技术服务部。该四级体系的建立确保从管理、技术层面上保障知识创新成果的有效转化。

二是温氏集团以华南农业大学为技术依托，由集团技术发展委员会挂帅，集团生产部牵头，逐渐形成专家队伍—专业部门—区域技术培训与服务部—养户助理员—专业户的五级农科推广网络组织，建立起一支由 800 名技术人员及 400 多名养户助理员组成的庞大技术推广服务队伍，每年拿出 1000 万元用于养户技术培训，每周至少 1 次到养户基地进行实地指导与服务，为广大养户提供包括种苗、饲料、药物、技术和销售的产前、产中、产后的全程服务。有效保证了企业关键技术的推广及标准化养殖。

6.4.5.3 组织协同机制

协同创新涉及不同利益群体及目标。协同创新是一种独特的跨组织的混合型关系，单一的组织不能取得合作的全部控制权，这就需要新的管理与组织创新能力，建立一个跨边界的组织机构。这种新型的组织模式能创造出更大型、跨学科及富有探索性的研究项目。

随着温氏集团模式的产业结构发生很大的变化，温氏集团积极稳妥地推进机构改革调整，开创性地形成了四级组织架构（如图 6-4 所示），即"集团公司总部—二级公司—二级半公司—三级单位"。四级组织架构使温氏集团的企业管理提升到了一个新的高度。集团公司总部作为一级单位，是决策中心、指挥中心、财务（投资）中心、技术中心和数据中心；二级公司是温氏集团发展的主力，是管理企业的企业；二级半公司是温氏集团基本的生产经营单位，是创造利润的主力。四级单位各自定位准确，关系顺畅，使温氏集团内部政令畅通，执行力明显增强，管理效率提高，集团总部的指令，通过这个架构都能得到迅速地贯彻落实。

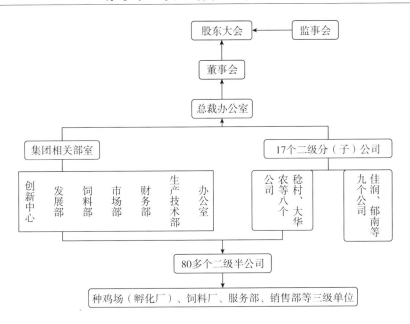

图 6 - 4　温氏集团组织结构

温氏集团组织协同的具体运作还包括如下内容：一是依据企业与高校、科研院所参与合作的资源、协议、合作关系，高度重视组织的结构协同与过程协同。二是建立技术创新中心。技术创新中心是技术创新的日常管理机构，负责在征求各方意见的基础上，提出总体实施方案和阶段课题申请指南，其基本职能有：把握集团的技术需求及走向；组织起草集团的技术发展战略及规划；组织实施各类科技计划；组织对外技术交流与合作；开展与集团可持续发展密切相关的关键性、基础性及前瞻性技术研究；研究解决集团产业化进程中面临的重大和共性技术难题，并进行尖端技术储备；培育新产业等。三是加强网络化协同创新的组织运作，通过企业、高校、科研院所协同创新的网络化模式，发挥组织结构柔性化、信息网络化及研发活动并行化等优势。四是加大各种支持性组织共同参与协同创新的力度，建立包括金融机构、中介机构、政府部门等主体在内的共同参与的协同创新网络，并围绕企业创新需求提供全方位、多层次的协同服务，以优化协同创新的内外部和谐生态环境。

6.4.6　温氏集团产学研协同启示

产学研合作的"高不确定性、事前专用性投资和高协调成本"交易特征决定了产学研合作具有极高的不稳定性。这也是"产学研合作是促进创新成果转化的有效途径，但其现实中促进成果转化效率极其低下"的根本原因。温氏集团通过"战略—组织—知识"三重要素联动协同的方式，实现了产学研合作中的"技术、人才、市场、制度、管理、资金"等创新要素协同，克服了由高不确定性、事前专用性投资和高协同成本导致的交易障碍，维护了温氏集团主导型产学研合作的稳定性，极大地促进了创新成果的产业化。探讨温氏集团的成功经验，对促进产学研合作从"主体协同"向"要素协同"层次深化，提高产学研合作的稳定性具有重要的理论和现实意义。在温氏集团产学研要素协同的模式架构中，"战略协同""知识协同"与"组织协同"是三位一体、辩证统一的关系，三者互为条件，相互制约又相互促进。

首先，战略协同是协同创新发展的基础。企业、高校、科研院所、政府、非政府组织等之间的协同创新，明显不同于企业内部职能部门之间、企业与企业之间的协同创新。协同创新各方在文化及价值观念上的求同存异最为重要。协同创新各方只有建立利益与风险的均衡点，才能使产业创新链，即知识创造、产品转化与技术商业化等得以互补、拓展、延伸和可持续。

其次，知识协同是协同创新的核心。协同创新需要构建各方的知识联盟，并通过合作研发、技术转移、人员流动、学术交流及合作发表成果等方式，促进各类知识有效流动与集成共享。这不但有助于提高企业的技术创新能力，而且使高校获得了新的研究信息，进一步提高了创新水平。

最后，组织协同是协同创新工作的保证。组织协同突破了传统技术转移的单一模式，采用了基于协同的并行及网络化模块，从而有助于发挥协同创新各方的协调功能。此外，协同创新活动并不是一个静态或线性的过程，如果协同关系过于紧密，则可能会提高协同创新各方的转换成本，进而会限制企业与高校根据各自发展的需要调换合作伙伴的灵活性。因此，协同创新必须以动态的视角分析其组织协同模式，以避免出现因路径依赖而出现的"协同锁定"弊端。

第7章 农业龙头企业技术创新自适应演化的影响因素

技术创新可以在没有外力作用下，由市场机制牵引自组织进行演化。但自组织演化的技术创新也并不是完美无缺的，自组织演化除了受到市场因素作用，也会受到其他影响因素限制（刘俊杰、付毓维，2009）。前面章节研究了面对动态变化的外部环境，农业龙头企业技术创新自适应演化机制，即创新企业如何通过哪些自适应行为不断变革创新系统各要素状态，以使企业创新系统能够适应外部环境变化，不断进化到更高"山峰"，从而保持持续竞争力，实现创新的可持续发展。另外，外部环境因素的变化也会对系统的自适应演化起到触发作用（赵鹏、苏慧文，2008）。因此本章则主要探讨农业龙头企业技术创新自适应演化的外在影响因素及其作用机理。本章采用结构方程模型（SEM）研究方法，通过建立高阶因子分析模型，利用相关分析软件（Amos），以广东省农业龙头企业为调研对象进行实证研究，探讨农业龙头企业技术创新自适应演化的外在影响因素。

7.1 理论分析

7.1.1 影响因素构成

根据系统理论，农业龙头企业技术创新活动是一个系统过程，它不但受企业自身条件的影响，也受到系统其他要素的影响（S. A. Levin，2005；朱建新、冯志军，2009）。本书结合系统科学理论，同时参照杨东奇（2008）的分类，将农业龙头企业技术创新自适应演化的影响因素分为：政策法律因素、创新市场因素、创新资源因素、社会服务因素、科学技术因素和社会文化因素。

（1）政策法律因素是指与农业龙头企业技术创新有关的政策法律，例如知识产权保护法、财税政策、金融政策和科技服务法等。

（2）创新市场因素是指农业技术创新市场上各参与成员之间相互作用形成的市场秩序、市场结构、市场竞争和市场体系等。

（3）创新资源因素是指可用于创新的一切人力、物力、财力以及获取渠道。

（4）社会服务因素是指科技服务机构的运行和发展情况，例如技术成果转化中心、中介服务机构、信息技术咨询机构、企业孵化器等。

（5）科学技术因素是指农业龙头企业在技术创新过程中积累和储备科技创新知识情况，一般包括技术标准和技术成果数量。

（6）社会文化因素是指企业和社会创新文化氛围以及企业员工和当地社会公众对创新的态度。

7.1.2　各因素作用分析

（1）政策法律的作用。政策法律主要包括对农业龙头企业技术创新有现存或潜在作用的创新政策和对农业龙头企业技术创新起到限制或保护作用的法律法规（范阳东、梅林海，2010）。农业龙头企业技术创新政策是政府进行宏观调控和干预的有效手段，对农业龙头企业技术创新可以起到激励、引导、协调和保护的作用。企业创新相关法律法规能够对农业龙头企业技术创新自适应演化起到重要的触发、协调和保障作用（L. D. Brown，2006）。

（2）创新市场的作用。熊彼特（2000）认为，技术创新从本质上区别于发明就是在于能否被市场接受，实现商业化。由此可见，市场是促进企业技术创新活动走向成功的重要因素和实现条件。健康的市场有利于农业龙头企业技术创新演化和实现，而混乱的市场则会阻碍农业龙头企业技术创新的有序演化（申晋哲、耿玉德，2009）。总而言之，良好的市场秩序、合理的市场结构和适度的市场竞争是促进农业龙头企业技术创新自适应演化的根本保证（Jeong - dong Lee，2006）。

（3）创新资源的作用。创新资源是指可用于创新的一切人力、物力、财力以及获取渠道。人力主要指能够参与企业创新活动的科研人员和队伍（苗成林、王华亭等，2012）。财力是指可供创新企业支配的用于技术创新的资金。物力主要指在农业龙头企业技术创新过程中所需要的创新基础设施和材料等。创新资源是决定农业龙头企业技术创新活动的效率，是农业龙头企业技术创新自适应演化的基本前提和首要条件（刘俊杰、傅毓维，2007）。

（4）社会服务的作用。社会服务主要指与企业创新活动有关的科技服务体系，包括高校、科研院所、科技中介服务机构和大学科技园等。高校、科研机构或大学科技园主要是协助农业龙头企业进行研发创新产品或技术（Fontana R.，2006）。科技中介服务机构主要功能包括创新成果转化、技术扩散和转移、创新资源配置、科技评估创新决策与管理咨询等（M. G. Bosco，2007）。

（5）科学技术的作用。科学技术对农业龙头企业技术创新自适应演化具有强有力的推动和支持作用。一方面，科学技术的进步对农业龙头企业创新活动起着很重要的推动作用；另一方面，科学技术标准是农业龙头企业进行产品开发和技术创新的主要依据。企业和社会的技术储备与行业中的技术标准能够使农业龙头企业创新系统保持强劲生命力（刘蕾、胡宏，2011）。

（6）社会文化的作用。社会文化指企业和社会创新文化氛围以及企业员工和当地社会公众对创新的态度。社会文化的核心是文化类型和社会价值观，企业创新文化则以创新价值观为核心。社会文化因素对农业龙头企业技术创新的激励作用越来越受到政府机构的重视，这是由于企业创新活动中的人才、技术和资源都可以流动，只有文化随时间的沉淀而相对稳定，所以社会文化因素只能改善而不能被替代（刘圣兰、孙良等，2011）。

7.2 概念模型

7.2.1 研究假设

（1）政策法律对农业企业技术创新自适应演化的作用假设。政策法律因素对农业龙头企业技术创新演化具有正向和反向作用，有利的政策法规能促进和鼓励农业龙头企业技术创新活动，激活企业创新热情，而保守消极的政策法规则会抑制阻碍农业龙头企业技术创新活动，抑制企业自适应创新行为。基于此，提出如下假设1：

H1：政策法律与农业龙头企业技术创新自适应演化之间存在显著相关关系。分假设设定如下：

H11：创新专项资金和农业龙头企业技术创新演化的关系呈正相关；

H12：政府采购和农业龙头企业技术创新演化的关系呈正相关；

H13：减税或返税的政策和农业龙头企业技术创新演化的关系呈正相关；

H14：融资渠道和农业龙头企业技术创新演化的关系呈正相关；

H15：引导性投资和农业龙头企业技术创新演化的关系呈正相关；

H16：知识产权保护和农业龙头企业技术创新演化的关系呈正相关；

H17：科技服务体系和农业龙头企业技术创新演化的关系呈正相关。

（2）创新市场对农业龙头企业技术创新自适应演化的作用假设。良好的市场环境能够鼓励农业龙头企业的技术创新行为，有效的市场需求可以拉动农业龙头企业的技术创新，而适度的市场竞争推动农业龙头企业相关技术创新。因此，本书认为市场环境是农业龙头企业技术创新自适应演化的动力之一。基于此，提出如下假设2：

H2：创新市场与农业龙头企业技术创新自适应演化之间存在显著相关关系。分假设设定如下：

H21：市场需求和农业龙头企业技术创新演化的关系呈正相关；

H22：市场竞争和农业龙头企业技术创新演化的关系呈正相关；

H23：市场上下游诚信度和农业龙头企业技术创新演化的关系呈正相关。

（3）创新资源对农业企业技术创新自适应演化的作用假设。农业龙头企业技术创新自适应演化需要各种创新资源，包括人才、资金、信息以及创新基础设施等。充足的创新资源为农业龙头企业技术创新自适应演化提供了基本条件，能够提高技术创新成功可能性，是促进农业龙头企业技术创新自适应演化的重要条件。基于此，提出如下假设3：

H3：创新资源与农业企业技术创新自适应演化之间存在显著相关关系。分假设设定如下：

H31：人才资源和农业龙头企业技术创新演化的关系呈正相关；

H32：人才流动和农业龙头企业技术创新演化的关系呈正相关；

H33：融资渠道和农业龙头企业技术创新演化的关系呈正相关；

H34：创新基础设施建设和农业龙头企业技术创新演化的关系呈正相关；

H35：通信设备和农业龙头企业技术创新演化的关系呈正相关。

（4）社会服务体系对农业企业技术创新自适应演化的作用假设。完善的社会服务体系对农业龙头企业技术创新自适应演化起着桥梁和纽带作用，能够有效地促进创新技术和产品的转移和扩散。基于此，提出如下假设4：

H4：社会服务体系与农业企业技术创新自适应演化之间存在显著相关关系。分假设设定如下：

H41：科技咨询机构和农业龙头企业技术创新演化的关系呈正相关；

H42：科技孵化器和农业龙头企业技术创新演化的关系呈正相关；

H43：科技成果转化中心和农业龙头企业技术创新演化的关系呈正相关；

H44：高新技术开发区和农业龙头企业技术创新演化的关系呈正相关。

（5）科学技术因素对农业企业技术创新自适应演化的作用假设。科学技术的发展是企业技术创新的先导，种类多样的科技成果能够激发企业技术创新灵感，指引企业创新方向，规范企业创新行为。因此，良好的科技环境可以有效提高企业技术创新效率，推动农业龙头企业技术创新自适应演化顺利进行。基于此，提出如下假设5：

H5：科学技术因素与农业龙头企业技术创新自适应演化之间存在显著相关关系。分假设设定如下：

H51：科研院所的科研成果和农业龙头企业技术创新演化的关系呈正相关；

H52：高等院校的科研项目和农业龙头企业技术创新演化的关系呈正相关；

H53：技术标准和农业龙头企业技术创新演化的关系呈正相关。

（6）社会文化因素对农业企业技术创新自适应演化的作用假设。一方面，鼓励创新且包容失败的社会文化环境能够极大鼓励企业技术创新行为；另一方面，社会文化会引导消费习惯，消费习惯产生消费需求，消费需求拉动企业进行技术创新。欧美众多国家先进技术创新经验告诉我们，健康的社会文化环境能够有效激发企业技术创新热情和行为。可见，社会文化环境在一定程度上推动农业龙头企业技术创新自适应演化的进行。基于此，提出如下假设6：

H6：社会文化环境和农业龙头企业创新自适应演化之间存在显著相关关系。分假设设定如下：

H61：企业价值取向和农业龙头企业技术创新演化的关系呈正相关；

H62：居民消费意愿和农业龙头企业技术创新演化的关系呈正相关；

H63：社会创新氛围和农业龙头企业技术创新演化的关系呈正相关。

7.2.2 概念模型构建

基于上述研究假设，根据结构方程模型（SEM）设计要求，设计如下概念模型，如图7-1所示。由图可知，政策法律、创新市场、创新资源、社会服务、科学技术和社会文化这六大影响因素共同对农业龙头企业技术创新自适应演化进程产生影响，但各因素作用路径及影响程度却各有不同。下文将通过结构方程模型方法探讨各影响因子对农业龙头企业技术创新自适应演化的作用路径和影响程度。

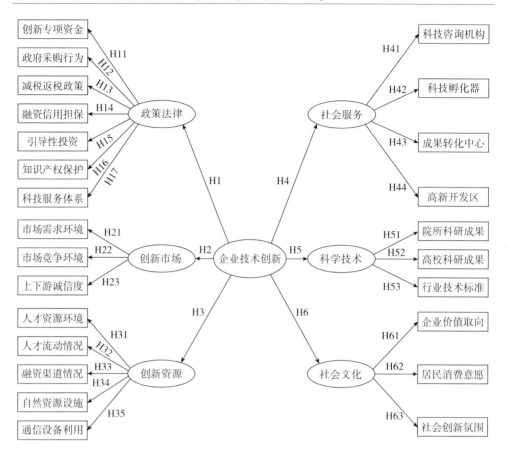

图 7-1 农业龙头企业技术创新自适应演化的影响因素概念模型

7.3 研究方案设计与数据统计分析

7.3.1 变量的测量

因为模型中政策法律因素、创新市场因素、创新资源因素、社会服务因素、科学技术因素和社会文化因素这六大外因变量是直接测量不到的，所以，本书通过测量相关的可测量的外显指标来测量上述六大变量。同时需要注意，变量的操作或测量模型的建立需要避免使用单一项目以降低测量工具的误差，从而提高变量之间的区别效度。

（1）政策法律因素的测量。

1）财税政策。政府财税政策主要是为农业龙头企业提供财政或税收方面的支持或优惠。下文设计三个题项来测量财税政策对农业龙头企业技术创新自适应演化的影响程度：①企业技术创新专项资金的增加；②增加政府对创新技术或产品的采购；③对自主创新的企业减税或返税的支持。上述三个题项都是正面态度表述，所以得分越高，表明其对促进农业龙头企业技术创新自适应演化的作用越大。

2）融资政策。融资政策主要指政府为农业龙头企业获得技术创新资金而提供的支持和帮助。下文设计两个题项来测量融资政策：①政府部门为农业龙头企业技术创新融资行为提供信用担保；②政府为农业龙头企业技术创新提供引导性投资。同样这两个题项也是正面态度表述，因此得分越高，表明其对促进农业龙头企业技术创新自适应演化的作用越大。

3）知识产权保护。知识产权保护对技术创新来说是一项很重要的保障，在现实中，关于技术创新知识产权保护的条例还比较缺乏，需要政府的不断完善。因此，设计一个题项：完善知识产权保护的条例在一定程度上能够促进农业龙头企业技术创新自适应演化。

4）科技服务法规体系建设。科技服务法规体系建设是企业顺利进行技术创新活动的重要保证。因此，设计一个题项：完善科技服务法规体系建设有利于促进农业龙头企业技术创新自适应演化进程。

（2）创新市场因素的测量。

1）市场需求。有效的市场需求是农业龙头企业技术创新的重要动机，企业创新出来的技术或产品只有能够满足消费者需求才能使创新获利。当消费者需求改变时，必然刺激企业进行持续的创新。因此，设计题项：有效的市场需求能够促进农业龙头企业技术创新自适应演化进程。此项分数越高，表明其作用越大。

2）市场竞争。由于农业技术创新的外部性和溢出性，农业龙头企业的创新成果和产品更容易被模仿，企业需要实现持续的创新才能生存下去，否则就被市场所淘汰。因此，设计题项：适度的市场竞争能够推动农业龙头企业技术创新自适应演化。此项分数越高，表明其作用越大。

3）市场规范度。市场规范度比较抽象，不好界定。因此，设定如下题项：上下游诚信度对农业龙头企业技术创新自适应演化的影响程度。此项分数越高，说明其作用越大，即农业龙头企业技术创新自适应演化需要一个规范化的市场秩序。

（3）创新资源因素的测量。

1）人力资源。企业技术创新的成功在很大程度上要依赖人才的智力贡献，如果农业龙头企业没有充足的科研人才，则可能更愿意维持现状而不敢冒险创新。另外，人才是很活跃的创新资本，农业龙头企业必须要考虑到人才流动导致的创新技术泄露、产品模仿等风险。对此，设计如下题项：①科研人才及科研队伍壮大会影响农业龙头企业技术创新自适应演化进程；②人才流失或流动会影响农业龙头企业技术创新自适应演化。此两项得分越高，则说明人力资源对农业龙头企业技术创新自适应演化影响越大。

2）金融资源。农业龙头企业技术创新离不开资金投入，但由于受自身规模和资金限制，不足的创新资金需要通过融资方式进行筹集。对此，设计如下题项：融资渠道数量和通畅度会影响农业龙头企业技术创新自适应演化。此项分数越高，表明其作用越大。

3）物质资源。物质资源主要指创新基础设施、通信设备、自然资源等有形要素。创新基础设施和自然资源是农业龙头企业进行技术创新的前提和保障，通信设备则影响农业龙头企业对信息资源的获取。对此，设计如下题项：①自然资源和基础设施是农业龙头企业有效开展技术创新活动的前提；②通信设备利用和普及能够促进农业龙头企业技术创新自适应演化进行。

（4）社会服务因素的测量。社会服务体系主要包括：研究机构、科技咨询中心、企业科技孵化器、技术成果转化中心、大学科技园、高新技术开发区等。为了较全面测量社会服务体系作用，设计如下题项：①科技咨询机构能够辅助农业龙头企业技术创新；②企业科技孵化器能够辅助农业龙头企业技术创新；③各级科技成果转化中心有利于促进农业龙头企业技术创新自适应演化；④各级高新技术开发区有利于促进农业龙头企业技术创新自适应演化。

（5）科学技术因素的测量。

1）技术多样化。技术多样化能够为农业龙头企业技术创新提供一个较高的起点。当一种新的需求产生时，技术多样化能够使企业快速判断出下一步技术创新的方向，从而提高技术创新效率。对此，设计如下题项：①研究院所的科研成果有利于促进农业龙头企业技术创新自适应演化；②高校科研项目和成果有利于促进农业龙头企业技术创新自适应演化。

2）技术标准化。技术标准化能够规范企业创新行为，引导农业龙头企业沿着技术发展趋势从事创新。对此，设计如下题项：标准化技术体系能够规范农业龙头企业技术创新行为。

（6）社会文化因素的测量。本书认为社会文化因素能激励企业家创新精神，同时会影响创新主体和消费者对创新的态度。对此，设计如下题项：①敢于创新的企业价值取向能够促进农业龙头企业技术创新自适应演化。②消费者选择购买正品能够刺激农业龙头企业技术创新动机。③"鼓励创新，容忍失败"的创新制度能够有效推动农业龙头企业技术创新自适应演化。

7.3.2　问卷设计与样本数据收集

（1）调查问卷设计。本书实证研究采用的数据无法从公开的数据库中得到，因而将采用调查问卷的方式收集数据。问卷是调查研究的根本性手段，是用来收集资料的主要工具。

本研究的调查问卷由两部分组成：第一部分是调查农业龙头企业基本情况，采用开放式的问题形式来让受访者作答；第二部分是农业龙头企业技术创新自适应演化的影响因素测量题项。变量的测量，采用主管感知法，根据上述 25 个指标相对应设计 25 个测量题项。题项对变量的测量采用李克特七级量表形式，要求受访者根据自己认知，将其所在的农业龙头企业技术创新自适应演化情况跟调查问卷中问题陈述进行对比，通过分析每个题项陈述与他们所在企业的实际状况的符合程度，来表明他们同意或不同意的态度。用"1、2、…、7"分别代表此项影响程度"非常低、比较低、稍微低、一般、稍微高、比较高、非常高"或认可度"完全不符、中等不符、轻微不符、难以说清、轻微相符、中等相符、完全相符"。调查问卷关于各类变量测量题项来源主要有三个：一是来自现有文献中已被证实或多数学者认可的测量项目；二是根据本研究的实际情况进行适当调整；三是根据有关理论或相关研究结论分析而来。

（2）样本数据收集。关于研究对象的选择，一般来说，不同行业的农业龙头企业在知识密度、技术员工比例、技术创新强度、技术创新投入、组织结构、运营模式等方面都存在较大差异。综合考虑以上因素，本研究选择了谷物、饲料、植物油加工业，果蔬加工业，畜禽、肉类加工业，食品制造业，棉、纺织、茧丝制造业等领域的农业龙头企业作为调查对象。

本研究首先通过广东农业产业化网站了解农业龙头企业的基本情况，并根据其提供的资料筛选出调研对象。本研究主要通过以下三种渠道发放问卷：①实地访谈法。利用外出调研的机会，对所在地区的加工型农业龙头企业进行调研，并对企业的高层管理人员进行访谈，了解企业的技术创新情况。②电子邮件法。通过网络查找到相关企业的邮箱地址，先后两次向相关企业发送电子邮件。③利用本校"农业推广专业硕士"资源，委托在各地农业局或政府机关部门工作的在职研究生发放问卷。

本研究共发放问卷 250 份，回收问卷 228 份，其中有效问卷 195 份，有效回收率达 78%。从回收的有效问卷看，所调查农业龙头企业主要分布在广州市、深圳市、韶关市、梅州市、云浮市、惠州市、汕头市、湛江市和其他地区，各地区回收问卷、有效问卷数量以及有效回收率如表 7-1 所示。

表 7-1　各地区调查问卷的发放与回收

问卷发放地区	发放问卷数量（份）	回收有效问卷（份）	有效回收率（%）
广州市	40	36	90
深圳市	20	16	80
韶关市	15	11	73.33
梅州市	30	21	70
云浮市	25	18	72
惠州市	20	14	70
汕头市	15	10	66.67
湛江市	35	30	85.71
其他地区	50	39	78

7.3.3　描述性统计分析

本次调研样本企业均属于农业龙头企业，级别分别有国家重点农业龙头企业、省重点农业龙头企业和各地区重点农业龙头企业。通过对回收的 195 个有效样本进行描述性统计分析，可以总体上把握受访者的特征（如表 7-2 所示）以及样本企业的分布情况（见表 7-3）。

从受访者年龄看，29 岁以下和 50 岁以上受访者约占 35%，而 30~49 岁的受访者则占近 65% 左右，这说明农业龙头企业的中高层决策者趋向年轻化，具有较强的创新精神和组织管理能力。从性别看，男性所占比例约为 67%，女性所占比例约为 33%。从学历看，大学本科及以下所占比例约为 76%，硕士和博士学历者约占 24%。从受访者职位看，高层领导约占 52%，中层干部约占 48%，这符合本研究对关键信息提供者的要求。通过描述性统计发现，绝大多数受访者的工作年限都在 5 年以上，从而保证受访者对其所在企业运营状况及技术创新自适应演化情况有足够的了解和认识，有助于本研究得到更真实、可靠的数据。

总的来看，受访者的基本特征是：男性为主，年龄多集中在 30~49 岁、本科或研究生学历居多、5 年以上工作经历为主，即样本企业的中高层决策者呈现出年轻化、男性化、高学历并具有较丰富的工作经验等特征。

表7-2 受访者基本情况

受访者情况		样本数（个）	百分比（%）
年龄	20～29 岁	41	21.03
	30～39 岁	61	31.28
	40～49 岁	65	33.33
	50～59 岁	28	14.36
性别	男	130	66.67
	女	65	33.33
受教育程度	大学及以下	148	75.90
	硕士	39	20
	博士	8	4.10
职位	高层	101	51.79
	中层	94	48.21
工作年限	5 年以内	17	8.72
	5～10 年	83	42.56
	10～20 年	65	33.33
	20 年以上	30	15.38

本次调研样本中，从农业龙头企业等级看，国家级重点占18.5%，省级重点占68.7%，地区级重点占12.8%。从领域看，谷物、饲料、植物油加工业占19.5%，果蔬加工业占18.5%，畜禽、肉类加工业占24.6%，食品制造业占21.5%，棉、纺织、茧丝制造业占7.7%。其他占8.2%。具体的统计情况如表7-3所示。

表7-3 样本企业基本情况

企业属性	内容	样本数量（个）	所占比重（%）
级别	国家级重点农业龙头企业	36	18.5
	省级重点农业龙头企业	134	68.7
	地区级重点农业龙头企业	25	12.8
领域	谷物、饲料、植物油加工业	38	19.5
	果蔬加工业	36	18.5
	畜禽、肉类加工业	48	24.6

企业属性	内容	样本数量（个）	所占比重（%）
领域	食品制造业	42	21.5
	棉、纺织、茧丝制造业	15	7.7
	其他	16	8.2
人数	50 人以下	14	7.2
	50 ~ 499 人	71	36.4
	500 ~ 999 人	76	39.0
	1000 人以上	34	17.4
营业额	500 万元以下	25	12.8
	500 万 ~ 4999 万元	62	31.8
	5000 万 ~ 9999 万元	70	35.9
	1 亿元以上	38	19.5

7.3.4 信度和效度检验

为了表述简洁明确和逻辑清晰，对模型中变量符号化处理。处理后，各变量及其测量题项符号对照如表 7 - 4 所示。

表 7 - 4 各变量及其相应测量题项的符号对照

潜变量	变量符号	测量题项	题项符号
政策法律环境	PLE	创新专项资金	PLE1
		政府采购行为	PLE2
		减税返税政策	PLE3
		融资信用担保	PLE4
		引导性投资	PLE5
		知识产权保护	PLE6
		科技服务体系	PLE7
创新市场环境	IME	市场需求环境	IME1
		市场竞争环境	IME2
		上下游诚信度	IME3
创新资源环境	IRE	人才资源环境	IRE1
		人才流动情况	IRE2
		融资渠道情况	IRE3

续表

潜变量	变量符号	测量题项	题项符号
创新资源环境	IRE	自然资源及设施	IRE4
		通信设备利用	IRE5
社会服务环境	SSE	科技咨询机构	SSE1
		科技孵化器	SSE2
		成果转化中心	SSE3
		高新技术开发区	SSE4
科学技术环境	STE	院所科研成果	STE1
		高校科研成果	STE2
		行业技术标准	STE3
社会文化环境	SCE	企业价值取向	SCE1
		居民消费意愿	SCE2
		社会创新氛围	SCE3

（1）信度检验。信度是指量表的稳定性或一致性，它表明测量工具能否稳定地对变量进行测量。信度有两种：内在信度和外在信度。内在信度表明各测量变量之间的内在一致性；外在信度则指测量变量在不同时间进行测量时问卷调查结果的一致性程度。较常用的信度系数是克朗巴哈系数 α（Cronbach's Alpha），而总相关系数（Corrected Item Total Correlation，CITC）在一般情况下作为克朗巴哈系数 α 的补充，其值原则上要大于 0.5。

本研究采用 SPSS15.0 软件中 Analyze 功能进行信度检验，结果显示总体 α 系数是 0.823，说明问卷调查获得的数据具有较好的信度。分别对各类潜变量进行信度检验，结果表明各因子的 α 系数都大于 0.7，CITC 系数都大于 0.5。上述检验结果表明，各量表可信度较高，并且变量之间的一致性和稳定性较好，均在可接受范围，具体如表 7-5 所示。

表 7-5　各子量表的信度检验

潜变量符号	Cronbach's Alpha	显变量符号	CITC
PLE	0.757	PLE1	0.6032
		PLE2	0.7021
		PLE3	0.7035
		PLE4	0.7146

续表

潜变量符号	Cronbach's Alpha	显变量符号	CITC
PLE	0.757	PLE5	0.7268
		PLE6	0.7058
		PLE7	0.6981
IME	0.853	IME1	0.5823
		IME2	0.6615
		IME3	0.5912
IRE	0.776	IRE1	0.6324
		IRE2	0.7013
		IRE3	0.6562
		IRE4	0.7047
		IRE5	0.6042
SSE	0.764	SSE1	0.7865
		SSE2	0.8126
		SSE3	0.8231
		SSF4	0.7684
STE	0.827	STE1	0.7703
		STE2	0.7982
		STE3	0.7564
SCE	0.869	SCE1	0.6032
		SCE2	0.6123
		SCE3	0.6357

（2）效度检验。效度是指测量工具对测量内容的准确程度，包括测量的真实性和准确性，简称"真确性"。效度检验分为内容效度和建构效度两种。

1）内容效度检验。内容效度就是判断测验题项是否符合欲测的目标。为了保证内容效度，本书查阅企业技术创新影响因素相关文献，以确保全部影响因素的重要变量都出现在调查问卷中。接着，邀请本校在职农业推广硕士学生进行问卷试答，同时根据问卷调查结果及反馈意见进行修改。最后，邀请相关专家学者对调查问卷进行可行性论证。再根据专家反馈意见进行修改。因此，本研究调查问卷具有较高的内容效度。

2）建构效度检验。建构效度是指测量工具的内容能够衡量或推论抽象概念的能力，分为收敛效度和区别效度两种。收敛效度是指用不同方法测量同类变量的一致性程度。区别效度是指一个结构的多重指标相聚合时，该结构的多重指标跟与之对立的结构的测量指标有负向关系。

①收敛效度分析：因预先确定因子结构，故本书采用验证性因子分析方法（CFA）来检验收敛效度。通过 CFA 模型拟合效果及各因子回归参数分析来区分各子量表的收敛效度。拟合效果表明，量表总体和各子量表验证性因子分析模型 χ^2 值的显著性概率大于 0.05；χ^2/df 的值小于 3，符合标准；拟合优度指数（GFI）、比较拟合优度指数（CFI）、正态拟合优度指数（NFI）、增值拟合优度指数（IFI）等大于推荐的标准值 0.9；调整拟合优度指数（AGFI）大于推荐的 0.8；残差平方根（RMR）都小于 0.05；适配度指数（TLI）都大于 0.95；近似误差平方根（RMSEA）小于 0.06。各测度指标都符合标准，这说明测度模型是适合的。回归分析结果表明，各潜变量对显变量回归系数的标准差都大于零，临界比均超过了 1.96，R^2 值均超过了 0.30，说明显变量的解释能力达到要求。

②区别效度分析：本书对各子量表显变量和总体量表潜变量的区别效度进行检验。首先，将两两变量相关系数固定为 1，然后，对相应的验证性因子模型的 χ^2 值和无此约束的原验证性因子模型的值进行对比，如果前者比后者大，且在现有自由度下显著，则表明这两个变量有区别效度。经过实际分析表明，各子量表验证性因子分析模型和整体量表的验证性因子分析模型的 χ^2 值均比原有的 χ^2 值大，而且 χ^2 值均在 0.05 水平上显著。因此，可判定量表整体具有区别效度，各显变量及潜变量之间无替代性。

7.4　结构方程模型

7.4.1　模型界定

模型界定主要指在上述概念模型基础上，确定结构方程模型的指标和因子彼此之间的关系及模型路径（如图 7-2 所示）。

在图 7-2 中，结构方程模型包含 6 个内因潜变量：PLE（政策法律）、IME（创新市场）、IRE（创新资源）、SSE（社会服务）、STE（科学技术）和 SCE（社会文化）。包含 1 个外因潜变量：ETI（企业技术创新）。在经过信度检验和效度检验后，本书在界定结构模型时，直接将上述 25 个题项看作 25 个观察变量：PLE1（科技服务体系）、PLE2（知识产权保护）、PLE3（引导性投资）、PLE4（融资信用担保）、PLE5（返税减税政策）、PLE6（政府采购）、PLE7（创新专项资金)、IME1（市场需求）、IME2（市场竞争）、IME3（上下游诚信度）、IRE1（人才资源）、IRE2（人才流动）、IRE3（融资渠道）、IRE4（创新设施及自然资源）、IRE5（通信设备）、SSE1（科技咨询机构）、SSE2（企业科技孵化器）、SSE3（技术成果转化中心）、SSE4（高新技术开发区）、STE1（科研院所成果）、STE2（高校科研成果）、STE3（行业技术标准）、SCE1（企业价值取向）、SCE2（居民消费意愿）、SCE3（社会创新氛围）。

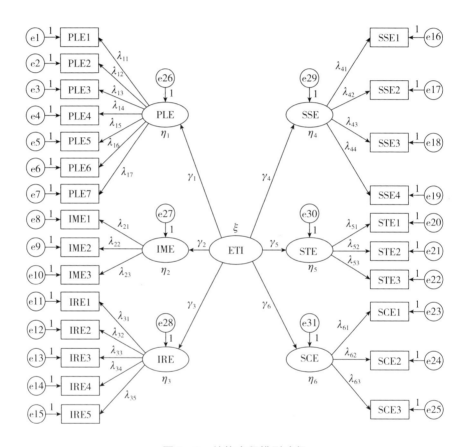

图 7 - 2　结构方程模型路径

7.4.2　模型识别

在假设检验之前，需要先检查结构方程模型的可识别性，只有结构方程模型中的全部未知参数能够用已知量表达出来，则才能认为该结构方程模型是可识别的。

结构方程模型的分析需要满足恰好识别或过度识别条件，即遵循 t 法则，满足 $t \leqslant n \ (n+1) \ /2$ 条件。由表 7-6 可知：$t = 56 < n \ (n+1) \ /2 = 25 \times 26/2 = 325$，表明本书的结构方程模型满足过度识别条件。

表 7-6　变量数目

变量名称	数目（个）
模型中变量	63
可观察变量	25
不可观察变量	38
外生变量	32
内生变量	31
待估自由参数	56

7.5　假设检验与结果分析

7.5.1　路径假设检验

利用结构方程模型研究某种现象的目的是为了获得观测变量之间、潜在变量之间、观测变量与潜在变量之间的关系。鉴于此，本书采用高阶因子分析方法来观察上述 6 个影响因子对农业龙头企业技术创新自适应演化的影响程度。为了保证模型与观测之间的一致性，进行如下路径假设检验：假设前提检验、违反估计检验和拟合度检验。

（1）假设前提检验。假设前提检验主要是变量的正态性检验和检验各变量间相关性是否满足要求等。变量的正态性检验可采用偏度检验和峰度检验。偏度表示数据的非对称性，负值说明分布是左偏态，而正值说明分布是右偏态。峰度是指数据尖峰或平坦分布情况，正值是高瘦形态，负值是矮胖形态。一般来说，数据偏度与峰度值在 （-2，2） 区间范围，且呈现正态分布。本书利用 SPSS15.0 软件，对上述 25 个观测变量进行偏度检验和峰度检验，结果表明本书提出的结构方程模型的变量满足正态分布要求，如表 7-7 所示。

表7-7　正态性分布估计

观察变量	最小值	最大值	偏度值	临界比值	峰度值	临界比值
PLE1	1	7	−0.7018	−2.3015	0.3042	0.5174
PLE2	1	7	−0.8224	−2.1568	−0.1820	−0.6560
PLE3	1	7	−0.7456	−2.6534	0.1642	0.4643
PLE4	1	7	−0.8346	−2.4159	0.2014	0.3657
PLE5	1	7	−0.9387	−2.5237	0.2076	0.7668
PLE6	1	7	−0.8368	−2.3913	0.1315	0.8137
PLE7	1	7	−0.8528	−2.4223	−0.3062	−0.9465
IME1	1	7	−0.3697	−0.5134	−0.1961	−0.3029
IME2	1	7	−0.4254	−1.4861	0.0723	0.1688
IME3	1	7	−0.2234	−0.4241	−0.1254	−0.2627
IRE1	1	7	−0.5264	−1.5257	0.1369	0.5316
IRE2	1	7	−0.6005	−1.6342	0.1346	0.6537
IRE3	1	7	−0.8764	−2.4032	0.0924	0.9456
IRE4	1	7	−0.7835	−2.5531	−0.1832	−0.5603
IRE5	1	7	−0.7092	−2.5968	0.2182	0.7648
SSE1	1	7	−0.8162	−2.3302	0.2620	0.6583
SSE2	1	7	−0.7836	−2.5105	−0.1720	−0.9126
SSE3	1	7	−0.8024	−2.2632	0.1905	0.3671
SSE4	1	7	−0.6384	−1.5468	0.1736	−0.8185
STE1	1	7	−0.4301	−1.5307	0.1198	0.5941
STE2	1	7	−0.2403	−0.4826	−0.4827	−0.3603
STE3	1	7	−0.3387	−0.3053	−0.3352	−0.3655
SCE1	1	7	−0.6430	−1.4148	−0.2509	−0.9168
SCE2	1	7	−0.7762	−2.3007	0.2643	0.7626
SCE3	1	7	−0.5033	−1.5654	0.3253	0.8049

（2）违反估计检验。违反估计是指模型中估计系数超出可接受范围，主要有如下三种情况：①任何潜变量的误差方差出现负数或无意义情况；②标准化回归系数大于1，或者接近1，说明模型没有可区别信度或者缺乏理论的支持；③存在非常大标准差，显然模型违反辨认原则。

从表7-8可知：一阶因子分析中，标准化系数值在0.52（λ_{23}）到0.93（λ_{21}）范围之间。高阶因子分析中，标准化系数值在0.73（γ_1）到0.91（γ_5）范围。两者都小于1。各参数的标准误差值在0.07~0.19，不存在异常。误差方差都为正值，无负值或无意义值存在。因此可知，上述模型无违反估计现象。

表7-8 参数违反估计检验

参数	标准化参数值	标准误差	误差方差	T值	参数	标准化参数值	标准误差	误差方差	T值
λ_{11}	0.86	—	0.42	—	λ_{42}	0.73	0.15	1.26	5.53
λ_{12}	0.67	0.13	1.32	8.83	λ_{43}	0.65	0.18	0.36	3.82
λ_{13}	0.81	0.14	1.06	10.73	λ_{44}	0.82	0.15	0.42	4.56
λ_{14}	0.65	0.12	1.08	9.24	λ_{51}	0.85	—	0.28	—
λ_{15}	0.82	0.09	0.59	10.35	λ_{52}	0.88	0.12	0.48	3.15
λ_{16}	0.69	0.13	0.93	9.36	λ_{53}	0.74	0.07	0.17	9.25
λ_{17}	0.73	0.15	1.24	9.78	λ_{61}	0.78	—	0.36	—
λ_{21}	0.93	—	0.16	—	λ_{62}	0.73	0.12	0.21	6.32
λ_{22}	0.92	0.08	0.37	12.77	λ_{63}	0.80	0.09	0.32	10.37
λ_{23}	0.52	0.11	0.83	5.94	—	—	—	—	—
λ_{31}	0.78	—	0.66	—	γ_1	0.73	0.09	0.43	—
λ_{32}	0.75	0.17	1.54	4.69	γ_2	0.89	0.08	0.31	10.77
λ_{33}	0.83	0.18	0.57	3.23	γ_3	0.76	0.12	0.26	6.98
λ_{34}	0.57	0.19	0.78	5.21	γ_4	0.85	0.14	0.22	4.72
λ_{35}	0.72	0.09	0.35	9.26	γ_5	0.91	0.07	0.09	10.12
λ_{41}	0.62	—	0.26	—	γ_6	0.88	0.11	0.15	8.98

（3）拟合度检验。通过假设前提检验和违反估计检验后，接下来是整体模型拟合度检验，研究拟合值如表7-9所示，主要包括如下指标：

表7-9 数据与模型适配度检验

适配指标		适配标准	检验数据	适配判断
绝对适配度指数	GFI	>0.9	0.912	通过检验
	RMR	<0.05	0.023	通过检验
	RMSEA	<0.08	0.045	通过检验

适配指标		适配标准	检验数据	适配判断
增值适配度指标	AGFI	>0.8	0.935	通过检验
	INF	>0.9	0.943	通过检验
	CFI	>0.9	0.954	通过检验
	RFI	>0.9	0.968	通过检验
简约适配度指标	PNFI	>0.5	0.720	通过检验
	PGFI	>0.5	0.680	通过检验
	χ^2/df	<2.0	1.825	通过检验

1）绝对适配度指数。①GFI（适配度指标），其值在 0~1。越靠近 1 说明适配度越好。一般情况下，其值大于 0.9，就说明模型适配度良好。本研究中，适配度指标值为 0.912，说明模型有很好的适配性。②RMR（残差均方和平方根指标），其值越小说明模型适配度越好。在通常情况下，其值小于 0.05，说明模型适配度是良好可接受的。本研究中，RMR 值为 0.023，说明模型适配度良好。③RMSEA（渐进残差均方和平方根指标），其值越低说明模型适配度越好。在通常情况下，RMSEA 值小于 0.08 说明理论模型适配度良好。本研究中，RMSEA 值为 0.045，说明模型具有良好适配度。

2）增值适配度指标。①AGFI（调整后适配度指标），通过自由度与变量个数比率值来调整适配度指标，介于 0~1，其值若超过 0.80 说明模型匹配度良好。本研究中，AGFI 为 0.935，说明模型具有较好适配度。②NFI（规范适配度指标），其值越靠近 1 说明模型具有越好适配度。本研究中，NFI 值为 0.943，说明模型具有良好适配度。③CFI（比较适配度指标），其值越接近 1 说明模型具有越好适配性。CFI 值大于 0.9 说明模型适配度良好。本研究中，CFI 值为 0.954，说明模型具有良好适配度。④RFI（相对适配度指标），其值在 0~1。RFI 值越接近 1 说明模型具有越好的适配度。若 RFI 值大于 0.9 说明模型具有较好的适配度。本研究中，RFI 值为 0.968，说明模型具有较好的适配度。

3）简约适配度指标。①PNFI（调整后的规范适配指标），其值越高越好，通常情况下，PNFI 值大于 0.5 说明模型的适配度是可以接受的。本研究中，PN-FI 值为 0.720，说明模型具有较好适配度。②PGFI（简约适配度指标），其值在 0~1，越接近 1 说明模型适配度越好。通常情况下，PGFI 值大于 0.5 说明模型的适配度是可以接受的。本研究中，PGFI 值为 0.680，说明模型具有良好的适配效果。③（卡方检验值），其值越小说明模型与数据拟合度越好，若 χ^2 值小于自由度的 2 倍，说明模型是比较理想的。但实际中，通常采用卡方值与自由度的比值（χ^2/df），其值小于 3 说明模型具有良好适配度。在本研究中，$\chi^2/df = 1.825$，说明模型的适配度是良好的。

7.5.2 研究结果分析

至此，本研究确定的最终结构方程模型如图 7 - 3 所示，该模型揭示了各因子对农业龙头企业技术创新自适应演化作用和影响程度。

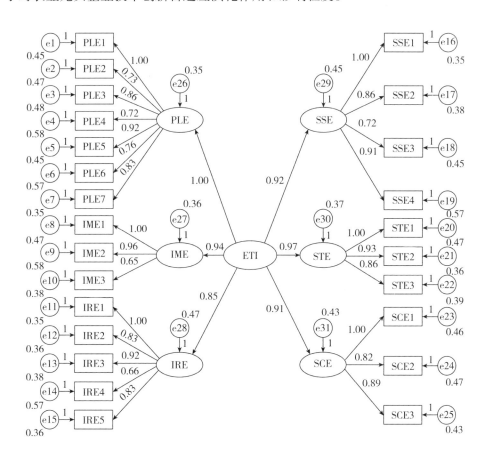

图 7 - 3 最终结构方程模型

表 7 - 10 是本研究结构方程模型的一阶因子分析结果，表明了潜变量与观测变量之间的路径关系。根据表 7 - 10 中的路径假设估计结果，可得到如下结论：

表7-10 模型一阶因子路径假设的标准化估计值

理论假设	假设路径	标准化估计值	估计值	T值	假设结果
H11	PLE1→PLE	0.86	1.00	—	假设成立
H12	PLE2→PLE	0.67	0.73	8.83	假设成立
H13	PLE3→PLE	0.81	0.86	10.73	假设成立
H14	PLE4→PLE	0.65	0.72	9.24	假设成立
H15	PLE5→PLE	0.82	0.92	10.35	假设成立
H16	PLE6→PLE	0.69	0.76	9.36	假设成立
H17	PLE7→PLE	0.73	0.83	9.78	假设成立
H21	IME1→IME	0.93	1.00	—	假设成立
H22	IME2→IME	0.92	0.96	12.77	假设成立
H23	IME3→IME	0.52	0.65	5.94	假设成立
H31	IRE1→IRE	0.78	1.00	—	假设成立
H32	IRE2→IRE	0.75	0.83	4.69	假设成立
H33	IRE3→IRE	0.83	0.92	3.23	假设成立
H34	IRE4→IRE	0.57	0.66	5.21	假设成立
H35	IRE5→IRE	0.72	0.83	9.26	假设成立
H41	SSE1→SSE	0.62	1.00	—	假设成立
H42	SSE2→SSE	0.73	0.86	5.53	假设成立
H43	SSE3→SSE	0.65	0.72	3.82	假设成立
H44	SSE4→SSE	0.82	0.91	4.56	假设成立
H51	STE1→STE	0.85	1.00	—	假设成立
H52	STE2→STE	0.88	0.93	3.15	假设成立
H53	STE3→STE	0.74	0.86	9.25	假设成立
H61	SCE1→SCE	0.78	1.00	—	假设成立
H62	SCE2→SCE	0.73	0.82	6.32	假设成立
H63	SCE3→SCE	0.80	0.89	10.37	假设成立

（1）科技服务体系、引导性投资、知识产权保护、减税返税政策、融资信用担保、政府采购、创新专项资金这7个因子对政策法律因素是正向作用关系，

其中最重要的一项是"创新专项基金"。这跟温氏集团经验相符合，温氏集团在技术创新演化过程中，多次跟高校合作，申请政府的创新专项基金，用以维持创新资金的投入，并形成完善的创新资金投入制度。

（2）市场需求、市场竞争、上下游诚信这3个因子对创新市场因素是正向作用关系，其中，比较重要的1项是"市场需求"。这跟温氏集团经验符合，市场需求促进"公司＋农户"产业化规模的扩展，而养鸡规模的扩展，需要更先进的技术，这是温氏集团技术创新的动力源。

（3）人才资源、人才流动、融资渠道、创新设施与自然资源、通信设备这5个因子对创新资源因素是正向作用关系。跟别的创新资源相比，农业龙头企业对创新资金的需求更为强烈，其次是对科研人才的需求。这跟温氏集团经验也比较符合，资金和人才都在温氏集团技术创新演化过程中起着重大的推动作用。

（4）科技孵化器、科技咨询机构、成果转化中心、高新技术开发区这4个因子对社会服务因素是正向作用关系，其中"高新技术开发区"贡献率较其他指标高。

（5）"高校"和"科研院所"的科研成果是农业龙头企业重要的技术来源，而"行业技术标准"能够规范农业龙头企业技术创新行为的作用也得到证实。这跟温氏集团经验也比较符合。温氏集团成功的一个重要原因，正是因为来自高校和科研院所合作和支持。

（6）企业价值取向、社会创新氛围、居民消费意愿这3项指标对社会文化因素是正向作用关系。

表7-11是本研究结构方程模型的二阶因子分析结果，表明了内因潜变量与外因潜变量之间的路径关系。从表7-11中二阶因子分析结果可知，政策法律、创新市场、创新资源、科学技术、社会服务、社会文化这6个影响因素与农业龙头企业技术创新自适应演化存在正相关关系。虽然这6个影响因素对农业龙头企业技术创新自适应演化影响程度并不相同，但都起着比较积极的正向作用。这说明这6个影响因素越完善，越能促进农业龙头企业技术创新的自适应演化行为。根据表7-11中二阶因子的路径系数大小，可分为三个等级：创新市场、科学技术、创新文化对农业龙头企业技术创新自适应演化影响程度最大，贡献率介于0.85~0.95；创新资源、社会服务对农业龙头企业技术创新自适应演化影响程度居中，其贡献率在0.75~0.85；政策法律对农业龙头企业技术创新自适应演化影响程度较小，其贡献率低于0.75。从温氏集团案例看，科研人才和科研队伍是温氏集团建立研究机构和集团研究院，提升自主创新能力，突破惯性创新路径依赖，迈向创新成熟期的关键因素。但在此实证研究中，创新资源的贡献率处于中间地位，这主要跟样本企业技术创新多数处在创新产生期和成长期，此时对他们

来说,最重要的因素主要是市场需求、创新资金和高校科研院所技术。这跟实证研究分析出来的结果是比较吻合的。

表7-11　模型二阶因子路径假设的标准化估计值

理论假设	假设路径	标准化估计值	估计值	T值	假设结果
H1	PLE→ETI	0.73	1.00	—	路径假设成立
H2	IME→ETI	0.89	0.94	10.779	路径假设成立
H3	IRE→ETI	0.76	0.85	6.98	路径假设成立
H4	SSE→ETT	0.85	0.91	4.72	路径假设成立
H5	STE→ETT	0.91	0.97	10.12	路径假设成立
H6	SCE→ETI	0.88	0.92	8.98	路径假设成立

第8章 农业龙头企业技术创新自适应演化对策

前文从农业龙头企业技术创新系统自适应演化内在机制、竞争协同作用机制以及影响因素等几个方面对农业龙头企业技术创新自适应演化过程进行了理论、模型和实证分析。本章将对照前面的研究结果，分别从产生期"随机性游走"演化、成长期"适应性游走"演化、成熟期"突破性跳跃"演化和自适应演化过程中竞争与协同四个方面提出促进农业龙头企业技术创新自适应演化建议，旨在为政府、企业和高校院所等相关部门开展技术创新活动做一些理论探讨。

8.1 产生期"随机性游走"演化对策

由第4章可知，在产生期"随机性游走"阶段，温氏集团正是依靠温北英的创新精神和卓越企业家才能，才得以突破"信息封闭、技术水平低下、人才缺乏"等种种约束和障碍，以"技术入股"的方式，邀请华南农业大学的加盟，走上产学研合作创新道路，以此突破"随机性游走"的不可预知性，取得了创新初期的成功。而从第5章研究结果也可以看到，市场需求、高校和科研院所科研成果和企业价值取向对农业龙头企业技术创新自适应演化具有重要的正向作用。正是基于上述研究结论，提出如下对策：

（1）强化农业龙头企业在技术创新中的主导作用。由于农业技术创新具有高风险、周期长、地域性和公共属性特征，我国的农业技术创新一直以来主要由政府主导。本研究表明，政府应该转变创新主导的职能，逐步确立农业龙头企业的创新主导地位。一是逐步改革我国农业技术创新由政府主导现状，加大培育农业龙头企业主导的技术创新。二是要改革政府财政的科研资金方向，既要重视高校科研机构，也要投向企业，促进农业龙头企业成为科技创新的主体。

（2）弘扬企业家创新精神，培育企业创新文化。技术创新的产生和驱动，离不开企业家敏锐的意识和勇于创新的精神。要增强和激发农业龙头企业技术创新的动力，一个非常重要的途径是提高企业家素质，培育企业家才能和激发企业家创新精神。具体途径有：

第一，加强企业家教育和培训，提高企业家综合素质。鼓励和支持企业家参与各种教育培训和专业技能教育，不断提高企业家业务水平和综合素质。

第二，激励和培养企业家创新精神。除了政府的激励外，更重要的是农业龙头企业自身的激励。企业要改变企业家报酬单一现状，要设计公司利益和企业家个人利益紧密联系的制度（例如企业家拥有公司股份），建立起长期有效的激励机制。

第三，培育企业创新文化。首先，构建创新人才晋升制度和创新激励机制，从而提高企业员工在创新过程中的主体地位。其次，将创新意识、创新思维和创新行为融入企业的价值体系中。再次，进行长期宣传和教育，形成良好的创新氛围。最后，积极宣传和奖励在技术创新过程中做出杰出贡献的人物或事迹，发挥典型模范作用，引导员工竞相学习。

（3）促进制度创新，提升农业龙头企业创新活力。要想确立农业龙头企业技术创新的主体地位，需要改革农业龙头企业的组织和管理体制，促进产权结构清晰和主体多元化，实现企业股东对企业经营的有效监督，使企业能够真正成为自主经营、自负盈亏、适应市场的法人实体和竞争主体，为技术创新创造有利的内部条件，使企业保持持续的创新活力。

（4）深化农业龙头企业和高校科研院所的产学研合作。创新初期的农业龙头企业，往往技术和人才都比较有限，需要借助高校和科研院所的人才和技术来减少"随机性游走"的不确定性，取得创新初期的成功。从温氏集团经验看，可采用如下方式深化产学研合作：第一，农业龙头企业要根据不同阶段创新需求、条件和能力，建立多样化合作模式，例如技术购买、委托开发、技术入股、共建研发机构、技术服务等。第二，加强合作深度，形成"成果共有、利益共享、风险共担"长期合作机制，例如鼓励和引导农业龙头企业和高校、科研院所联合申报科研项目；鼓励和支持农业龙头企业和高校、科研院所共建研发机构；鼓励和支持农业龙头企业跟高校或科研院所联合培养人才，建设学生实习、实训基地。鼓励和支持高校或科研机构与农业龙头企业合作，搭建公共服务平台，促进技术创新成果转化。

8.2 成长期"适应性游走"演化对策

由前文可知,成长期温氏集团技术创新"适应性游走"演化机制的本质是:在保证技术垄断的基础上,实现技术创新跟市场需求之间的良好互动,形成了良好的循环机制,促使温氏集团创新系统的适应性演化。同时,从第 5 章研究结论可知,市场需求、市场竞争对农业龙头企业技术创新演化起到正向作用;科技服务体系、知识产权保护对企业技术创新演化起到正向作用;科技咨询机构、科技孵化器、成果转化中心对农业龙头企业技术创新演化起到正向作用。基于上述研究结论,提出如下对策:

(1)深化产权制度改革,促进知识产权保护。深化产权制度改革,确保创新主体对创新成果具有一定的独占性,享受创新成果带来的利益,从排他性产权视角,惩罚所有侵犯创新成果产权的行为。同时,要加强农业龙头企业产权制度改革,通过发行股票方式,完善企业产权结构,使企业家和科研人员的个人利益与企业利益长期紧密联系,形成持久的企业内部创新动力系统。

(2)建立和完善创新成果交易市场制度。要构建技术创新和市场需求之间良好的沟通循环机制,需要不断破除地方保护主义的相关制度和规则,形成公平、规范、有序竞争的市场秩序,从而使市场中的企业提高自主创新的积极性和主动性。事实上,通过市场交易实现创新收益,是激发企业技术创新的内在动力。

(3)完善公共信息社会服务平台,构建科技中介服务体系。科技中介服务机构在一定程度上能够有效促进技术创新和市场需求的良好沟通,而完善的公共信息社会服务平台是科技中介服务机构获取科技信息的重要途径。因此,政府要尽快完善和解决当前信息封闭、公共信息渠道单一不畅的局面,加大整合高校、科研院所、中介服务机构、政府、企业等各部门信息资源,建立区域性公共信息服务网络。

(4)鼓励多样化"企业 + 农户"组织,促进创新成果转化。通常情况下,农户是农业龙头企业技术创新成果的重要需求者。"企业 + 农户"组织能够有效了解和刺激农户需求,通过为农户提供产业链上的一条龙服务,可以有效地将企业创新成果推广到农户中。

8.3 成熟期"突破性跳跃"演化对策

由前文可知,成熟期温氏集团的成功之处在于:建立企业研究机构和博士后工作站,吸引全国各地高层次科技人才加盟,不断提高企业自身的自主创新能力。并在此基础上,通过制度创新,建立和完善包括创新投入、创新激励和利益分配在内的创新制度;通过管理创新,建立和完善技术创新组织管理体系,通过高效的技术创新组织管理和机制创新,勇于打破企业创新系统原有的稳定平衡态,使企业创新系统向更高层次的稳定平衡态演化。第5章研究结果也表明,人才资源和企业价值取向对企业创新自适应演化有重要的正向作用。基于上述研究结论,提出以下对策:

(1)构建多样化融资渠道,开拓创新资金来源。创新资金来源是企业从事技术创新面临的较大难题。从前面案例分析和实证研究可知,长期持续性的创新投入机制,是构建"长跳"机制的重要内容。因此,政府要引导和帮助农业龙头企业构建持续的创新投资机制。一是要构建长期性科技投入增长机制,完善科技投入结构;二是创新专项资金要适当向具备自主创新能力和内设研究机构的农业龙头企业转移;三是构建多样化融资渠道,完善政府信用担保机制。

(2)引导和扶持农业龙头企业建设研发机构,提高自主创新能力。企业内建研究机构或博士后工作站也是构建"长跳"机制的重要内容,它能够极大地提高农业龙头企业自主创新能力,吸引高素质人才的加入,从而能够有效扩宽创新空间,完善企业创新资源配置,促使企业开发出核心创新技术,促进企业创新系统向更高层次进行演化。

(3)完善人才流动机制,促进高素质人才引进。企业研究机构或博士后工作站能够有效提高企业自主创新能力,促进农业龙头企业技术创新自适应演化。而研究机构或博士后工作站的构建需要拔尖人才的加入,需要科研团队的支撑。反过来,研究机构又能吸引人才加盟,二者属于互相促进、相辅相成的关系。因此,政府需要不断完善人才流动、引进和培育机制,从而保障农业龙头企业技术创新自适应演化进程中对创新人才的需求。另外,完善和设立"人才引进"引导性专项资金,促进农业龙头企业对拔尖科技人才的引进和培育,优化农业龙头企业科研队伍人才结构。

(4)促进组织管理创新,构建农业龙头企业技术创新组织体系。技术创新活动的完成,需要企业各部门之间协同行动。当前,农业龙头企业技术创新面临组织管理的问题：技术创新涉及的各部门难以协同行动，导致研究开发的重点不明确，研发资源（任务、人力、实验室、基地）分配过于分散，重复性研究项目多，创新资源浪费严重、难以形成合力、管理效率低等众多问题。我们可以借鉴温氏集团的经验，政府需要帮助农业龙头企业科学选择和安排企业组织结构，促进组织管理创新，帮助企业建立和完善层次分明、定位清晰、责任明确、有效管理的技术创新组织体系，完善企业内部协同创新机制。

8.4　自适应演化过程中竞争与协同对策

（1）构建和完善农业企业技术创新竞争力体系。技术创新竞争力是企业从创新构思的形成，到具体的技术创新研发实验，再到实际投产生产加工，市场销售最终为企业带来利润。它代表一种企业资源整合水平，贯穿于农业企业技术创新自适应演化的全过程，在企业技术创新的不同阶段，需要通过各种资源要素的整合，达到资源的优化配置。文中温氏集团的经验告诉我们，技术创新竞争力是由技术研发竞争力、技术垄断竞争力和技术利用竞争力三种能力统一与有机融合而形成的合力。温氏集团通过产学研合作提升企业的研发竞争力，通过基于产业链的技术创新，实现了技术创新的流程化管理和成果转化，提高了技术创新的垄断竞争力，并建立基于流程价格的"公司 + 农户"技术推广体系，提高了技术创新的利用竞争力，最终形成了企业技术开发竞争力强→技术垄断竞争力高→技术利用竞争力提升→市场经营权网络扩张力大→市场利润膨胀→资金巨额积累→创新投入增加的循环过程，实现了技术创新竞争力的不断提高。

因此，农业企业可以从以下三方面构建和完善农业企业技术创新竞争力体系：①通过技术顾问、技术转让、技术入股、共建研究基地、共建研发机构、共建研发实验室、共建合资公司等方式，加强企业与本地农业院校的产学研合作，吸引高水平科研人才加入，不断提高技术创新研发竞争力。②完善基于农业产业链的创新和一体化流程管理机制，形成产业链"一簇"创新成果的核心技术垄断和边缘技术推广，从而保证创新成果在推广和应用过程中的垄断地位。③创新和完善"企业 + 高校 + 基地 + 农户"技术创新成果推广机制，构建以农业院校为技术依托，由企业技术发展委员会挂帅，企业生产部牵头的推广体系，逐渐形成专家队伍—专业部门—区域技术培训与服务部—养户助理员—专业户的五级农科推广网络组织，建立由技术人员及技术助理员组成的庞大技术推广服务队伍，制定定期的技术培训会议以及实地指导与服务，提供基于产业链的产前、产中、产后的全程服务，不断地提高技术创新成果的利用竞争力。

（2）鼓励共建股权式研发机构，促进与农业企业深度合作。从文中温氏集团的案例研究可以看到：在当前市场经济主导下，以农业企业控股邀约与高校、科研院所共建股权式协同创新研发机构，是目前基于农业企业进行协同创新和提升技术创新竞争力的最佳模式。"企业控股邀约→共建新的研发机构→培育创新成果→市场化共享＋政府创新激励资金＋银行科技贷款"是目前与农业企业协同创新的最佳路径。这一路径有利于农业企业、大学、研究所、政府、金融等不同创新主体按照市场条件下新的管理体制和运行机制协同起来，形成强大的市场生命力，真正实现产业链与创新链和资金链的高度融合。在推进企业主导的同时，加强银行与金融的资金支持，强化政府的引导、激励与扶持职能。

值得强调的是，要积极为科技人员赴农业企业协同创新松绑，鼓励建立内外灵活、运转高效、深度契合于市场经济的运行机制。按照权责一致、利益共享的原则，制定新时期科技成果转化利益分配办法，完善科技成果培育的市场机制，建立股权分成、期权激励的收益分配政策，充分加大成果持有人的收益分配比例，激发科研单位和科技人员参与农业企业开展协同创新的活力。

（3）完善科技特派员参与农业企业协同创新机制。科技特派员的派驻在引导农业企业完善创新组织体系、加强与选派单位的协同创新、提供试验基地、发现科研问题、促进成果转化等方面发挥了积极的作用。其路径是：科技特派员→进驻企业指导→转化科技成果→发现科研问题→协同创新→提升企业创新能力。但是当前多数农业企业缺少创新基本条件，协同创新项目及规模偏小，产生的效应不大；派驻人员创新能力不足和积极性不高，政府推动机制执行不到位等问题值得关注。当前，加快特派员与企业协同创新的"利益共同体"建设、制定相应的运行保障机制、激发企业科技特派员的创业热情尤显必要。

（4）加强"互联网＋农业协同创新"网络建设，拓宽农业企业协同创新的信息渠道。我国科技资源配置过度行政化，科技和经济"两张皮"现象仍然很突出。高校、科研院所的很多成果不能被企业直接接受，而企业需要的技术成果它们又很少，政产学研"各拉各的琴"，不能形成"交响乐"。其关键是缺少协同创新信息的沟通与交流，因此，政府要推进"互联网＋农业协同创新"网络平台建设，让高校、科研院所定期发布最新技术成果和协同创新意向；同时，农业企业也应及时发布自己的技术需求，让信息流向系统内的所有主体，包括政府、高校、科研机构、中介及社会服务体系等，综合运用技术、人才、政策、资金、服务等对企业技术创新进行协同供给。要加快培育一批专业化、社会化、网络化综合性中介服务机构，使之在协同创新网络中发挥好"黏合"和"纽带"作用，为农业企业提供信息咨询、研发设计、知识产权交易、科技资源共享共用、质量标准与品牌策划、人才培训等一系列服务，探索建立协同创新中介服务平台有效运行的良性机制，提高为农业企业协同创新的专业化服务能力和网络化协同水平。

（5）建立健全协同创新促进机制，全面保障农业科研协同创新。农业科技协同创新在本质上是一种科技体制的创新，其组织模式是协同创新的基础，但要实现其高度融合必须有良性机制产生协同效应。要明确界定高校、科研院所与农业企业协同过程中各方的合作动力、协作关系、责任边界、利益范围、风险分担等，建立和完善相应的配套政策和措施，保护合作各方的利益，充分激发高校、科研机构和农业企业协同创新的活力。农业科研协同创新是现代农业科技发展的一种必然趋势，要建立健全新的促进机制，将松散的组织和资源聚合起来，并在创新主体之间建立一种适当的平衡，引导和规范协同创新各方的行为。研究破解阻碍科技人员向企业流动的各种因素，建立长期稳定协同的长效机制，鼓励科技人员向创新型农业企业流动与智力转让，排除现实中存在的行政、司法等人为障碍和政府过多的行政干预，提高全社会的协同创新意识，让每一个参与协同创新取得成就的人都能得到相应的报酬，强力推进"共创与共赢"同步，促进农业科研机构与农业企业全面实现协同创新。

第9章　研究结论与局限性

9.1　研究结论

农业龙头企业技术创新是构建国家农业技术创新系统的重要内容。随着农业产业化外部环境和需求不断变化，农业龙头企业必须创新性整合可利用资源，不断完善优化自身创新体系，通过适应性调节来适应外部创新环境变化，不断提高企业创新系统的效率和绩效，实现创新的可持续发展。但是，当前农业龙头企业技术创新成果转化率低，科技与经济"两张皮"也是不争的事实。一个非常显著的原因是：农业龙头企业技术创新跟不上外部创新环境和市场需求的变化，再加上自身基础与条件的影响和制约，造成农业龙头企业技术创新能力低下，无法形成创新的持续性，无法突破外部创新环境变化对技术创新的约束，形成二者的良性循环。

针对上述问题，首先，本研究结合自组织理论和适应度景观理论，采用仿真实验方法，探讨企业技术创新体系的自适应演化理论框架，提出了一种基于 NK 模型的企业技术创新系统自适应演化机制。其次，在 NK 模型的自适应演化理论框架下，采用典型案例研究方法探讨了农业龙头企业技术创新自适应演化内在机制。再次，采用实证研究的方法，探讨了农业龙头企业技术创新自适应演化外在的影响因素。最后，在上述理论研究、典型案例分析和实证研究的基础上，提出了农业龙头企业技术创新体系自适应演化的对策。本书主要研究结论如下：

（1）提出了基于 NK 模型的企业创新系统自适应演化机制：①产生期企业创新系统采用"随机性游走"的演化机制，创新要素的相互关系越复杂，数量越多，创新系统向高点攀爬就需要付出更多的努力，被环境淘汰的概率也就更高。②成长期企业创新系统采用"适应性游走"演化机制，极大提高了创新系统

"局部搜索"能力和效率，但由于受要素间关系和"有限理性"的影响，创新系统只能攀上局部最高峰，容易陷入"核心刚性"或"相对黏性"的"局部最优陷阱"中。③要想摆脱惯性路径依赖，突破局部最高峰的限制，进入成熟期，需要采用"长跳"和"短跳"相结合机制，才能保证创新系统适应环境变化做"正确的事情"，实现自身可持续发展。

（2）全面揭示农业龙头企业技术创新自适应演化机制。在 NK 模型的自适应演化理论框架下，以广东温氏集团为典型案例，在技术创新产生期"随机性游走"、成长期"适应性游走"和成熟期"长跳"和"短跳"结合三个阶段，深入研究农业龙头企业技术创新自适应演化机制。①产生期"随机性游走"阶段，由于不了解景观，再加上农业龙头企业自身技术和资源的限制，更容易跌入"低谷"。而温氏集团的成功主要依靠的是温北英的创新精神和卓越的企业家才能，通过极具魄力和创新性的"技术入股"方式邀请华南农业大学加入，走上产学研合作创新道路，突破"随机性游走"的不可预知性，进入成长期。②成长期"适应性游走"阶段，温氏集团成功的关键是：通过适应性"短跳"机制，在确保核心创新技术垄断的同时，实现技术创新跟市场需求之间的良好互动，形成二者之间良好的循环机制，实现了企业创新系统的稳步攀升。③如何摆脱惯性路径（对高校技术）依赖，突破局部最高峰限制，进入成熟期，温氏集团的做法是：建立企业研究机构和博士后工作站，吸引全国各地高层次科技人才加盟，不断提高企业自身的自主创新能力。并在此基础上，通过制度创新，建立和完善包括创新投入、创新激励和利益分配在内的创新制度；通过管理创新，建立和完善了技术创新组织管理体系，通过高效的技术创新组织管理和机制创新，勇于打破企业创新系统原有的稳定平衡态，使企业创新系统向更高层次的稳定平衡态演化。

（3）通过典型案例研究，探讨农业龙头企业技术创新自适应演化过程中的竞争机制：技术创新竞争力是由技术研发竞争力、技术垄断竞争力和技术利用竞争力三种能力统一与有机融合而形成的合力。温氏集团通过产学研合作提升企业的研发竞争力，通过基于产业链的技术创新，实现了技术创新的流程化管理和成果转化，提高了技术创新的垄断竞争力，并建立基于流程价格的"公司＋农户"技术推广体系，提高了技术创新的利用竞争力，最终形成了企业技术开发竞争力强→技术垄断竞争力高→技术利用竞争力提升→市场经营权网络扩张力大→市场利润膨胀→资金巨额积累→创新投入增加的循环过程，实现了技术创新竞争力的不断提高。

（4）通过典型案例研究，探讨农业龙头企业技术创新自适应演化过程中的协同机制：产学研合作的"高不确定性、事前专用性投资和高协调成本"交易特征决定了产学研合作具有极高的不稳定性。这也是"产学研合作是促进创新成果转化的有效途径，但其现实中促进成果转化效率极其低下"的根本原因。当前学者对产学研合作的研究，偏重"主体协同"博弈视角，更多探讨产学研各主体间的合作动力、合作模式、合作机制、利益分配以及中介服务等，忽视了更深层次的创新要素协同。温氏集团的成功则正是突破了产学研合作"主体协同"的交易障碍，实现了产学研合作的要素优化和协同。探讨温氏集团的成功经验，对促进产学研合作从"主体协同"向"要素协同"层次深化，提高产学研合作的稳定性具有重要的理论和现实意义。温氏集团通过"战略—组织—知识"三重要素联动协同的方式，实现了产学研合作中的"技术、人才、市场、制度、管理、资金"等创新要素协同，克服了由高不确定性、事前专用性投资和高协同成本导致的交易障碍，维护了温氏集团主导型产学研合作的稳定性，极大地促进了创新成果产业化。在温氏集团产学研要素协同的模式架构中，"战略协同""知识协同"与"组织协同"是三位一体、辩证统一的关系，三者互为条件，相互制约又相互促进。

（5）运用结构方程模型的实证研究方法探讨了农业龙头企业技术创新自适应演化的影响因素及其作用路径，证实了创新市场、政策法律、创新资源、科学技术、社会服务、社会文化6个影响因子对企业技术创新自适应演化的正向促进作用。

（6）提出了促进农业龙头企业技术创新自适应演化的对策和建议。在对前文企业创新系统自组织演化过程进行的理论、案例和实证结果分析的基础上，从产生期"随机性游走"演化、成长期"适应性游走"演化、成熟期"突破性跳跃"演化、自适应演化过程中竞争与协同四个方面提出了促进农业龙头企业技术创新自适应演化的对策和建议，这对我国政府、高校科研机构和农业龙头企业等相关部门开展技术创新活动具有重要的指导作用和决策参考价值。

9.2 局限性

本研究通过理论分析、案例研究和实证研究等访谈探讨了农业龙头企业技术创新自适应演化机制和影响因素，在一定程度上是对现有企业技术创新自组织理论的一种补充，具有一定的创新性。但由于技术创新系统复杂性和笔者能力限制，本研究不可避免地存在一定的局限性：

第一，在农业龙头企业技术创新自适应演化机制中，仅以广东温氏集团为案例，虽然其自适应演化机制符合和验证了第3章的基于NK模型的企业创新系统自适应演化理论，但文中探讨的自适应演化机制以及成功的关键因素，其一般性仍需要进一步验证。

第二，本研究中所用结构方程模型带有较多可变因子，研究中这些可变因子的确定带有一定的主观性，在一定程度上会影响模型中各变量关系的精确度和全面性。

第三，鉴于经费有限，本研究实证调查问卷发放对象仅限于广东省农业龙头企业的范围，这可能对研究结果的一般性和对策建议的普适性产生一定的影响。

参考文献

［1］ Bergek A. , Jacobsson S. , Carlsson B. , Lindmark S. . Analyzing the Functional Dynamics of Technological Innovation Systems: A Scheme of Analysis ［J］. Research Policy, 2008, 37 （3）: 407 – 429.

［2］ Trappey A. J. , Trappey C. V. , Hsieh ECH. Automatic Categorization of Patent Documents for R&D Knowledge Self – organization ［J］. Journal of Management, 2006, 23 （4）: 413 – 424.

［3］ Marshall A. . Principles of Economics ［M］. London: Macmillan and Co. , 1961: 335 – 339.

［4］ Brandenburger A. M. , Nalebuff B. J. . The Right Game: Use Game Theory to Shape Strategy ［J］. Harvard Business Review, 1995, 73 （4）: 5 – 71.

［5］ Barton. Core Capabilities and Core Rigidities: A Paradox in Managingnew Product Development ［J］. Stategic Management Jour – nal, 2010 （13）: 132 – 139.

［6］ Mandelbrot B. B. . The Fractal Geometry of Nature ［M］. San Francisco: WH Feeman & Co, 1982: 178 – 182.

［7］ Beinhccker E. D. Strategy at the Edge of Chaos ［J］. McKinsey Quarterly, 1997 （1）: 24 – 39.

［8］ Kline B. . Dynamic Economics ［M］. New York: Harvard University Press, 1982: 12 – 28.

［9］ Bruneel J. , et al. Investigating the Factors that Diminish the Barriers to University – industry Collaboration ［J］. Research Policy, 2010, 39 （7）: 858 – 868.

［10］ Black B. S. , Inessa Love and Andrei Rachinsky. Corporate Governance Indices and firms' Market Values: Time Series Evidence from Russia ［J］. Emerging Markets Review, 2006, 7 （4）: 361 – 379.

［11］ Burgelman R. , Maidique M. A. , & Wheelwright S. C. Strategic Management of Technology and Innovation ［M］. NewYork: Mc – Graw – Hill, 2004.

[12] Fuchs C. , Hofkirchner W. . Self – organization, Knowledge and Responsibility [J] . Kybernetes, 2005, 34 (2): 241 – 260.

[13] Freeman C. , Soete L. . The Economics of Industrial Innovation [M] . London and Washington, 1997: 11 – 18.

[14] Freeman C. . Technology Policy and Economic Performance: Lessons from Japan [M] . London Pinter, 1987: 87 – 89.

[15] Freeman C. . The National System of Innovation in Historical Perspective [J] . Cambridge Journal of Economics, 1995, 19 (1): 5 – 24.

[16] Chun – Chu Liu. A Study on the Evaluation Index and Weightfor Organizational Innovation [J] . Journal of Applied Sciences, 2012, 4 (3): 444 – 448.

[17] Chiesa V. , Coughlan P. , & Voss C. A. Development of a Technicalinnovation Audit [J] . Journal of Product Innovation Management, 1996, 13 (2): 26 – 37.

[18] Prehofer C. , Bettstetter C. . Self – organization in Communication Networks: Principles and Design Paradigms [J] . Communications Magazine, IEEE, 2005, 43 (7): 78 – 85.

[19] Steve C. . Networks and Interfaces in Environmental Innovation: A Comparative Study in the UK and Germany [J] . Journal of High Technology Management Research, 2006, 5 (2): 78 – 91.

[20] Daniela HINCU, The Composite Indicators Used in Assessing Innovation at National Level, Economia [J] . Seria Management, 2010 (13): 342 – 360.

[21] DEste P, Patel P. University – industry Linkages in the UK: What are the Factors Underlying the Variety of Interactions with Industry? [J] . Research Policy, 2007, 36 (9): 1295 – 1313.

[22] Maillat D. . Territorial Dynamic, Innovative Milieu and Regional Policy [J]. Entrepreneurship and Regional Development, 1998, 2 (7): 157 – 165.

[23] Edgington D. W. . The Japanese Innovation System: University – Industry Linkages, Small Firms and Regional Technology Clusters [J] . Prometheus, 2008, 26 (1): 1 – 19.

[24] Mansfield E. . The Economics of Technological Change [M] . New York: W. W. Norton and Company, 1971: 12 – 13.

[25] Dressler F. . Self – organization in Autonomous Sensor and Actuator Networks [J] . John Wiley & Sons, 2007 (6): 134 – 155.

[26] Marlerba F. . Sectoral systems of Innovation and Production [J] . Research Policy, 2002 (31): 247 – 264.

[27] Fontana R., Geuna A., Matt M. Factors Affecting University – industry R&D Projects: The Importance of Searching, Screening and Signaling [J]. Research Policy, 2006, 35 (2): 309 – 323.

[28] Freeman C., Soete L. The Economics of Industrial Innovation [M]. London: Pinter, 1982.

[29] Frenken K. Modeling the Organization of Innovative Activity Using the NK – model [C]. Aalborg: Proceedings of the Nelson – and – Winter Conference, 2001: 1 – 24.

[30] Gavetti G., Levinthal D. A., Rivkin J. W. Strategy Makingin Novel and Complex Worlds: The Power of Analogy [J]. Strategic Management Journal, 2005, 26 (8): 691 – 712.

[31] Dosi G.. Technological Paradigms and Technological Trajectories: A Suggested Interpretation of the Determinants and Directions of Technical Change [J]. Research Policy, 1982, 11 (3): 147 – 162.

[32] Geisler E. Industry – university Technology Cooperation: Atheory of Inter – organizatinal Relationships [J]. Technology Analysis and Strategic Management, 1995 (7): 217 – 229.

[33] Geuna A., Nesta L. University Patenting and its Effectson Academic Research: The Emerging European Evidence [J]. Research Policy, 2006, 35 (6): 790 – 807.

[34] Goodwin M. Richard. Chaotic Economic Dynamics [J]. Oxford University Press, 1990 (2): 125 – 130.

[35] Serugendo G. A. Karageorgos. Self – organization in Multi – agent Systems [J]. The Knowledge Engineering Review, 2005, 20 (2): 165 – 189.

[36] Sliverberg G., G. Dosi and Orsenigo. Innovation, Diversity and Diffusion: A Self – organization Mosel [J]. Economic Journal, 1998, 98 (1): 1032 – 1054.

[37] Guido Capaldo, Luca Iandoli. The Evaluation of InnovationCapabilities in Small Software Firms: A Methodological Approach [J]. Small Business Economics, 2003, 21 (4): 343 – 354.

[38] Haken H.. Information and Self – organization [M]. New York: Springer – Verlag, 1998: 145 – 152.

[39] Haken H.. Synergetic Computers and Congnition – a Top – Down Approach to Neural Net [M]. Berlin: Springer – Verlag GmbH & Co., K G., 1991: 121 – 126.

[40] Holland H. . Hidden Order: How Adaptation Builds Complexity [M] . Helix Books, 1995: 120 – 135.

[41] Holland H. . Emergence: From Chaos to Order [M] . Helix Books, 1998: 20 – 32.

[42] Hiller S. Frederick, Gerald Leberman. Introduction to Operations Research [J] . Eighth ed. McGraw Hill, 2005: 5 – 15.

[43] Howard Rush, John Bessant and Mike Hobday. Assessing the Technological Capabilities of Firms: Developing A Policy Tool [J] . R&D Management, 2012 (37): 221 –236.

[44] Ren H. , Honolulu H. I. , Jin F. F. , Kug J. S. . Dynamical Self – Organization Processes for NAO [J] . 21 st Conference on Climate Variability and Change, Hawaii, 2009 (2): 789 –798.

[45] Inzelt A. The evolution of University – industry – government Relationships during Transition [J] . Research Policy, 2004, 33 (6 –7) : 975 –995.

[46] Prigogine I. . Thermodynamic Theory of Structure, Stability and Fluctuations [J] . American Journal of Physics, 1973 (1): 147 – 149.

[47] Schumpeter J. A. . The Theory of Economy Development [M] . New York: Oxford University Press, 1934: 35 –36.

[48] Jacob Schmookler. Patents, Invention and Economic Change [C] . Data and Selected Essays. Harvard University Press, 1972: 208.

[49] Perrin J. C. . Action by Local Authorities and Partnership Between Small and Large Firms London [J] . Organization & Environment, 1989, 45 (8): 147 –162.

[50] Perrin J. C. . Technological Innovation and Territorial Development [J] . Innovation Networks: Spatial Perspectives, 1991, 25 (8): 89 – 116.

[51] Jeong – dong Lee, and Chanson Park. Research and Development Linkages in a National Innovation System: Factors Affecting Success and Failure in Korea [J] . Technovation, 2006, 26 (9): 1045 – 1054.

[52] Jesus Perdomo – Ortiz, Javier Gonzalez – Benito and Jesus Galende. The Intervening Effect of Business Innovation Capabilityon the Relationship Between Total Quality Management and Technological Innovation [J] . International Journal of Production Research, 2013, 47 (8): 5087 –5107.

[53] Foster J. , Metcalfe J. S. . Frontiers of Evolutionary Economics: Competition, Self – organization, and Innovation Policy [J] . Edward Elgar Publishing, 2001 (8): 236 –246.

[54] Markard J. , Truffer B. . Technological Innovation Systems and the Multi – level Perspective: Towards an Integrated Framework [J] . Research Policy, 2008, 37 (4): 596 – 615.

[55] Utterback J. M. , Abernathy W. J. . The Political Economy of Science [M]. Technology and Innovation. Edward Elgar Pub, 2000: 37 – 56.

[56] Metcalfe J. S. . Evolutionary Economics and Creative Destruction [M] . London: Macmillan, 1999: 135 – 136.

[57] Ziman J. . Technological Innovation as an Evolutionary Process. Cambridge [M] . Harvard University Press, 2000: 224 – 236.

[58] Kauffman S. A. At Home in the Universe: The Search for Laws of Self – Organization and Complexity [M] . London: Oxford University Press, 1995.

[59] Motohashia K. . University – industry Collaborations in Japan: The Role of New Technology – Based Firms in Transforming the National Innovation System [J] . Research Policy, 2005, 34 (5): 583 – 594.

[60] Motohashia K. , Xiao Yun. China's Innovation System Reform and Growing Industry and Science Linkages [J] . Research Policy, 2007, 36 (8): 1251 – 1260.

[61] Larry E. , Westphal, Yung W. , Rhee and Garry Pursell. Sourcesof Technological Capability in South Area [C] . Technological Capabilityin the Third World, Edited by M. Fransman and K. King, 2008: 163 – 279.

[62] Brown L. D. , Caylor M. L. . Corporate Governance and Firm Valuation [J]. Journal of Accounting and Public Policy, 2006, 25 (4): 409 – 434.

[63] Leea K. J. , Ohtab T. , Kakehib K. Formal Boundary Spanning by Industry Liaison of ces and the Changing Pattern of University – industry Cooperative Research: The Case of the University of Tokyo [J] . Technology Analysis & Strategic Management, 2010, 22 (2) : 189 – 206.

[64] Fuglsang L. , Sundbo J. . The Organizational Innovation System: Three Modes [J] . Journal of Change Management, 2005, 5 (3): 329 – 344.

[65] Martinez, et al. Motiviations and Obstacles to University Industry Cooperation (UIC): A Mexican Case [J] . R&D Management, 1994 (24) : 17 – 31.

[66] Dodgson M. , Bessant J. . Effective Innovation Policy: A New Approach [M] . London: International Thomson Business Press, 1996: 225 – 231.

[67] Eigen M. , Schuster P. . The Hypercycle [M] . Springer Berlin/Heidelberg, 2004: 208 – 220.

[68] Porter M. E. . Clusters and the New Economics of Petition [J] . Harvard

Business Review, 1998, 76 (6): 77 - 90.

[69] Metcalfe J. S. Evolutionary Economics and Creative Destruction [M]. New York: Routledge, 1998.

[70] Bosco M. G.. Innovation, R&D and Technology Transfer: Policies towards a Regional Innovation System [J]. European Planning Studies, 2007, 15 (8): 1085 - 1111.

[71] Hobday M., Rush H.. Technology Management in Complex Product Systems: Ten Questions Answered [J]. Technology Management, 1999 (6): 618 - 638.

[72] Mile Terziovski, Danny Samson and Linda Glassop. Creatingcore Competence Through the Management of Organization [D]. Copyright & Foundation for Sustainable Economic Development, 2001.

[73] Mamei M., Menezes R., Tolksdorf R., F. Zambonelli. Case Studies for Self - organization in Computer Science [J]. Journal of Systems Architecture, 2006, 52 (8): 443 - 460.

[74] Robertson M.. Innovation Management [M]. Management Decision, 1974: 75 - 88.

[75] Waldrop M.. Complexity: The Emerging Science at the Edge of Order and Chaos [M]. New York Simon & Schuster, 1992: 10 - 25.

[76] Johnstone N., I. Hascic and D. Popp. Renewable Energy Policies and Technological Innovation: Evidence Based on Patent Counts [J]. Environmental and Resource Economics, 2010, 45 (1): 133 - 155.

[77] Lemaitre N.. Stimulating Innovation in Large Companies [J]. R&D Management, 1988 (18): 141 - 157.

[78] Rosenberg N.. Inside the black box [M]. London: Cambridge University Press, 1982: 77 - 92.

[79] Sharif N., Baark E.. Understanding the Dynamism in Hong Kong's Innovation Environment [J]. Journal of Knowledge - based Innovation in China, 2009, 1 (1): 56 - 75.

[80] Boldov O. N.. Innovation Dynamics and Financial Markets in Developed Countries from a Self - organization Perspective [J]. Studies on Russian Economic Development, 2008, 19 (5): 523 - 530.

[81] Cooke P., Uranga M. G. and Etxebarria G.. Regional Innovation Systems: Institutional and Organizational Dimension [J]. Research Policy, 1997, 165 (26):

457 – 491.

［82］ Perkmann M. , Walsh K. University – industry Relationships and Open Innovation: Towards a Research Agenda ［J］. International Journal of Management Reviews, 2007 (9): 259 – 280.

［83］ Drucker P. F.. Innovation and Entrepreneurship ［M］. Butterworth – heinemann, 2007: 20 – 26.

［84］ Radosevic. Regional Innovation Systems in Central and Eastern Europe: Determinants, Organizers and Alignments ［J］. Journal of Technology Transfer, 2002 (27): 87 – 96.

［85］ Raoni Barros Bagno, Cheng L. C.. In Search of the Elements of an Intra – organizational Innovation System for Brazilian Automotive Subsidiaries ［J］. Complex Systems Concurrent Engineering, 2007 (14): 693 – 700.

［86］ Calia R. C. , Guerrini F. M. , Moura G. L.. Innovation Networks: From Technological Development to Business Model Reconfiguration ［J］. Technovation, 2007, 27 (8): 426 – 432.

［87］ Pelen R. M.. Stability of Non – linear Differential Equations ［J］. Projects of Department of Mathematics, 2009, 2 (2): 333 – 340.

［88］ ROGERS D. M. The Challenge of Fifth Generation R&D ［J］. ResearchTechnology Management, 1996, 39 (4): 33 – 41.

［89］ Nelson R. R.. National Innovation Systems – a Comparative Analysis ［M］. Oxford: Oxford University Press, 1993: 87 – 95.

［90］ Nelson R. R. , Winter S. G.. An Evolutionary Theory of Economic Change ［M］. Cambridge, Harvard University press, 1982: 35 – 56.

［91］ Rothwell R. , Robertson A. B.. The Role of Communications in Chnological Innovation ［J］. Research Policy, 1973, 2 (3): 204 – 225.

［92］ Thom R.. Structure Stability and Morphogenesis ［J］. Reading Mass: Benjamin, 1975: 78 – 82.

［93］ Run – Qing Zhang. Game Analysis on Enterprise Technological Innovation ［J］. China – USA Business Review, 2007, 6 (3): 63 – 66.

［94］ Rycroft R. W. , Kash D. E.. Self – organizing Innovation Networks: Implications for Globalization ［J］. Technovation, 2004, 24 (3): 187 – 197.

［95］ Levin S. A.. Self – organization and the Emergence of Complexity in Ecological Systems ［J］. BioScience, 2005 (8): 1075 – 1079.

［96］ Saltuk Ozerturk. Managerial Risk Reduction, Incentives and firm Value

[J] . Economic Theory, 2006, 27 (6): 523 –535.

[97] Schumpter J. A. Capitalism, Socialism and Democracy [M] . New York: Harper, 1942: 82 – 85.

[98] Page S. E.. Advances in Self – organization and Evolutionary Economics [J] . Journal of Economic Literature, 2000, 135 (3): 134 –142.

[99] Focardi S. , Cincotti S. , Marchesi M.. Self – organization and Market Crashes [J] . Journal of Economic Behavior and Organization, 2002, 49 (2): 241 –267.

[100] Nolfi S.. Behavior as a Complex Adaptive System: On the Role of Self – organization in the Development of Individual and Collective Behavior [J]. Complexes, 2005, 2 (3): 195 –203.

[101] Solow C. S. Innovation in the Capitalist Process: A Critique of the Schumpeterian Theory [J] . Quarterly J. Econ. , 1951, 65 (3) : 417 –428.

[102] Steele, Lowell W. Evaluating the Technical Operation [J] . ResearchM anagement, 1988 (9): 10 –18.

[103] Teece D. , Pisano G. , Shuen A. Dynamic Capabilities and Strategic Management [J] . Strategic Management Journal, 1997, 18 (7): 509 –533.

[104] Reichenbach T. , Mobilia M. , Frey E.. Self – organization of Mobile Populations in Cyclic Competition [J] . Journal of Theoretical Biology, 2008, 254 (2): 368 –383.

[105] Utterback J. Innovation in Industry and the Diffusion of Technology [J] . Science, 1974 (183) : 620 –626.

[106] Witt U.. Self – organization and Economics – what is New [J] . Structural Change and Economic Dynamics, 1997, 8 (4): 489 –507.

[107] Bulanichev V. A. , Serkov L. A.. Self – organization of Economics Systems with Determined Chaos [J] . Matematicheskoe Modelirovanie, 2007, 19 (4): 116 –126.

[108] Oltra V. , Saint Jean M.. Sectoral Systems of Environmental Innovation: An Application to the French Automotive Industry [J] . Technological Forecasting & Social Change, 2009, 76 (4): 567 –583.

[109] Wang Xiu – qin, Xu Chen – mei. The Stability Research of the Finite Difference Scheme for a Nonlinear Partial Differential Equation [J] . Chin. Quart. J. of Math, 2009, 24 (3): 394 –399.

[110] Haddad W. M. , Hui Q.. Complexity, Robustness, Self – organization, Swarms, and System Thermodynamics [J] . Decision and Control, 2007 46th IEEE Conference on Atlanta, 2007 (2): 720 –725.

[111] Wright S. The roles of Mutation, Inbreeding, Cross – breeding and Selection in Evolution [C]. Tokyo: Proceedings of the Sixth International Congress of Genetics, 1932.

[112] Zhang Z. G.. Application of Self – organization Theory in Flexible Manufacturing System [J]. China – USA Business Review, 2007, 6 (1): 77 – 81.

[113] Ziman J. Technological Innovation as an Evolutionary Process [M]. Boston: Harvard University Press, 2000.

[114] 艾仁智. 自组织理论与城市商业银行发展 [J]. 金融研究, 2005 (6): 107 – 115.

[115] 毕建国. 试论企业技术创新能力的综合评价 [J]. 机械管理开发, 2000 (2): 253 – 260.

[116] 柏昊, 杨善林, 钟金宏. 基于主成分分析法的制造业产业技术创新评价模型及应用 [J]. 合肥工业大学学报 (自然科学版), 2007, 30 (3): 322 – 325.

[117] 曹崇延, 王淮学. 企业技术创新能力评价指标体系研究 [J]. 预测, 1998 (2): 66 – 68.

[118] 曹萍, 陈福集. 基于 ANP 理论的企业技术创新能力评价模型 [J]. 科学学与科学技术管理, 2010 (2): 67 – 71.

[119] 常玉, 刘显东. 层次分析、模糊评价在企业技术创新能力评估中的应用 [J]. 科技进步与对策, 2002, 19 (9): 125 – 127.

[120] 程亮. 论我国产学研协同创新机制的完善 [J]. 科技管理研究, 2012 (12): 16 – 19.

[121] 程涛. 企业技术创新能力的评价模型 [J]. 中原工学院学报, 2003, 14 (3): 19 – 21.

[122] 陈劲. 国家创新系统: 对实施科技发展道路的新探索 [J]. 自然辩证法通讯, 1994, 16 (94): 22 – 29.

[123] 陈劲. 新形势下产学研战略联盟创新与发展研究 [M]. 北京: 中国人民大学出版社, 2009.

[124] 陈劲, 阳银娟. 协同创新的理论基础与内涵 [J]. 科学学研究, 2013, 30 (2): 161 – 165.

[125] 陈晓慧. 企业技术创新能力的模糊综合评价 [J]. 科技进步与对策, 2002 (5): 127 – 129.

[126] 陈曦, 杨忠娜, 陶佩君. Richards 模型在农业技术创新扩散中的应用 [J]. 湖北农业科学, 2010, 49 (8): 2044 – 2048.

[127] 陈玉和, 余其慧, 企业技术创新能力成熟度模型探析 [J]. 西南交

通大学学报，2010（5）：165－170.

[128] 陈芝，张东亮等．基于 BP 神经网络的中小企业技术创新能力评价研究 [J]．科技管理研究，2010（2）：14－19.

[129] 戴汝为，李耀东．基于综合集成的研讨厅体系与系统复杂性 [J]．复杂系统与复杂性科学，2004，1（4）：1－24.

[130] 戴跃强，侯合银，达庆利．企业技术创新体系的自组织机制分析 [J]．科技管理研究，2008（8）：6－8.

[131] 党兴华，郑登攀．模块化技术创新网络的自组织演化模型研究 [J]．研究与发展管理，2009，21（4）：54－59，67.

[132] 刁兆峰，张辅松．企业技术创新系统的耗散结构分析 [J]．江南大学学报（人文社会科学版），2009，8（2）：79－83.

[133] 董岗，傅铅生．关于企业创新能力的评价模型研究 [J]．商业研究，2004（9）：33－36.

[134] 段婕，刘勇．基于因子分析的我国装备制造业技术创新能力评价研究 [J]．科技进步与对策，2011，28（20）：122－126.

[135] 段云龙．基于制度结构的企业持续技术创新能力评价 [J]．统计与决策，2010（5）：123－132.

[136] 杜栋．企业技术创新评价的 DEA 方法 [J]．系统工程理论方法应用，2001，10（1）：81－83.

[137] 杜江，刘渝．湖北省现代农业龙头企业技术创新影响因素分析 [J]．中国科技论坛，2010（8）：146－151.

[138] 杜青林．中国农业和农村经济结构战略性调整 [M]．北京：中国农业出版社，2003.

[139] 范爱军，刘云英．我国高新技术产业技术创新影响因素的定量分析 [J]．经济与管理研究，2006（10）：58－62.

[140] 方琳瑜，宋伟，彭小宝．我国中小企业自主知识产权成长的自组织机制研究 [J]．科学学与科学技术管理，2008（9）：5－9.

[141] 范阳东，梅林海．环境政策综合化与企业环境管理自组织机制的培育 [J]．生态经济，2010（1）：129－133.

[142] 樊一阳，张家文．基于自组织理论的创新互动研究 [J]．科技管理研究，2008（3）：18－19.

[143] 冯绍金，构建企业技术创新能力评价指标方法 [J]．企业文化，2012（2）：243－250.

[144] 冯英娟，滕福星，张海涛．高技术产业竞争力的来源与管理行为研究

［J］．科技管理研究，2007（12）：37－39.

［145］冯之浚．国家创新系统研究纲要［J］．科学学研究，1999，17（3）：1－2.

［146］傅家骥．技术创新学［M］．北京：清华大学出版社，1998：1116.

［147］傅利平，王中亚．基于模糊JS次分析法的企业技术创新能力评价［J］．科技管理研究，2010（3）：68－74.

［148］盖文启．论区域经济发展与区域创新环境［J］．学术研究，2002（1）：60－63.

［149］高启杰，董杲．基层农技推广人员的组织公平感知对其组织公民行为的影响研究［J］．中国农业大学学报（社会科学版），2016，33（2）：75－84.

［150］高启杰．农业科技企业技术创新能力及其影响因素的实证分析［J］．中国农村经济，2008（7）：32－38.

［151］高启杰．中国农业技术创新模式及其相关制度研究［J］．中国农村观察，2014（2）：53－60.

［152］高霞，高启杰．农业龙头企业技术创新能力的评价及其影响因素分析［J］．中国农业大学学报，2015（1）：83－90.

［153］龚艳萍，陈艳丽．企业创新网络的复杂适应系统特征分析［J］．研究与发展管理，2010，22（1）：68－74.

［154］郭斌．知识经济下产学合作的模式、机制与绩效评价［M］．北京：科学出版社，2007.

［155］郭利平．产业集群成长的自组织和演化经济学分析［J］．企业经济，2007（6）：52－55.

［156］辜胜阻，黄永明．加快农业技术创新与制度创新的对策思考［J］．经济评论，2000（6）：25－28.

［157］顾新．区域创新系统的运行［J］．中国软科学，2001（11）：104－107.

［158］韩超群等．企业技术创新能力的模糊综合评价模型研究［J］．沈阳工业学院学报，2003，22（3）：88－91.

［159］何郁冰．产学研协同创新的理论模式［J］．科学学研究，2012（2）：165－173.

［160］何郁冰．企业技术创新的系统观及启示［J］．系统科学学报，2008，16（2）：75－80.

［161］黄鲁成．关于区域创新系统研究内容的探讨［J］．科研管理，2000，21（2）：43－48.

［162］黄鲁成，张红彩．北京制造业竞争力与技术创新的协调性研究［J］．

科研管理，2008（1）：14-19.

[163] 胡恩华，郭秀丽．产学研创新存在的问题及对策研究［J］．科学管理研究，2002（1）：69-72.

[164] 胡恩华．企业技术创新能力指标体系的构建及综合评价［J］．科研管理，2001（4）：175-182.

[165] 惠晓峰等，基于价值链管理的企业科技创新能力提高［J］．研究与发展管理，2006（3）：53-60.

[166] 胡明铭，徐妹．产业创新系统研究综述［J］．科技管理研究，2009（7）：31-33.

[167] 胡艺，吴宏．技术创新与中国对外贸易竞争力的关系［J］．江西财经大学学报，2007（1）：17-20.

[168] 蒋石梅，张爱国，孟宪礼，张旭军．产业集群产学研协同创新机制［J］．科学学研究，2012（2）：207-217.

[169] 姜兴．企业内生技术创新能力影响因素的聚类分析［J］．企业观察，2012（5）：36-42.

[170] 焦玉灿，罗亚非．企业技术创新能力评价研究综述［J］．科技管理研究，2005（7）：88-91.

[171] 康凯．技术创新扩散理论与模型［M］．天津：天津大学出版社，2004.

[172] 乐琦，蓝海林，蒋峦．技术创新战略与企业竞争力［J］．科学学与科学技术管理，2008（10）：47-52.

[173] 李刚．企业自主创新的自组织机理研究［J］．科技进步与对策，2007，24（9）：137-140.

[174] 李红，朱业宏，吴先金．企业技术创新系统基模研究［J］．中国软科学，2007（4）：118-122.

[175] 李京文．迎接知识经济新时代［M］．上海：上海远东出版社，1999：109-110.

[176] 李林，裘勇．攻关项目协同创新绩效评价指标体系设计及应用研究［J］．科技进步与对策，2014（5）：71-77.

[177] 李琪．企业技术创新能力评价指标体系及其评价模型研究［J］．科学学与科学技术管理，2014（8）：96-100.

[178] 李锐．企业创新系统自组织演化机制及环境研究［D］．哈尔滨工业大学博士学位论文，2010.

[179] 李士勇．非线性科学与复杂性科学［M］．哈尔滨：哈尔滨工业大学

出版社, 2006: 3 - 4, 8 - 11.

[180] 柳飞红, 傅利平. 基于 FAHP 的企业技术创新能力评价指标权重的确定 [J]. 统计与信息论坛, 2009 (2): 24 - 28.

[181] 柳飞红, 谢蔽玲, 基于过程模型的企业技术创新能力评价研究 [J]. 工业技术经济, 2013 (6): 12 - 19.

[182] 刘海云. 企业技术创新能力评价指标体系建设研究 [J]. 经济与管理, 2010 (6): 85 - 92.

[183] 刘友金. 基于行政区划的区域创新体系研究 [J]. 企业经济, 2001 (3): 13 - 16.

[184] 刘俊杰, 付毓维. 高新技术企业自主创新环境影响因素分析 [J]. 学术界, 2009 (1): 198 - 202.

[185] 刘俊杰, 傅毓维. 基于系统动力学的高技术企业创新环境研究 [J]. 科技管理研究, 2007 (12): 24 - 33.

[186] 刘蕾, 胡宏, 刘芳. 基于密切值法的企业技术创新能力评价 [J]. 经济问题探索, 2011 (2): 101 - 105.

[187] 刘圣兰, 孙良, 李梅. 基于模糊方法的企业技术创新能力评价 [J]. 重庆科技学院学报 (社会科学版), 2011 (6): 93 - 95.

[188] 柳卸林. 21 世纪的中国技术创新系统 [M]. 北京: 北京大学出版社, 2000: 125 - 126.

[189] 柳卸林. 技术创新经济学 [M]. 北京: 中国经济出版社, 1993: 1 - 2.

[190] 刘元芳. 核心竞争力: 技术创新与企业文化的耦合 [J]. 科学学与科学技术管理, 2006 (4): 169 - 170.

[191] 刘志迎, 单洁含. 技术距离、地理距离与大学——企业协同创新效应 [J]. 科学学研究, 2015 (1): 108 - 114.

[192] 刘晓威. 基于过程的中小型高新技术企业技术创新能力评价指标体系研究 [J]. 科技创新, 2010 (4): 164 - 165.

[193] 刘姝威. 提高我国科技成果转化率的三要素 [J]. 中国软科学, 2009 (5): 55 - 58.

[194] 李昕杰. 农民参与式农业技术创新扩散方式研究——以 "农民参与式" 水稻生产实用技术创新扩散过程为载体 [D]. 吉林农业大学硕士学位论文, 2008: 13 - 15.

[195] 李勇刚. 产业集群的技术创新机理研究 [D]. 大连理工大学博士学位论文, 2005: 14 - 18.

[196] 李振华, 赵黎明. 企业之间协同竞争的复杂作用机制研究 [J]. 西

北农林科技大学学报（社会科学版），2007，7（3）：22-31.

[197] 李政，刘韬．基于突变级数法的企业技术创新评价模型［J］．华东经济管理，2013（12）．

[198] 陆春菊，韩国文．企业技术创新能力评价的密切值法模型［J］．科研管理，2002（1）：104-112.

[199] 卢东宁，张妮．农业技术创新系统的自组织演化机理研究［J］．农业经济，2011（9）：109-115.

[200] 骆珣，张振伟．高新技术中小企业技术创新能力评价指标体系的构建［J］．现代管理科学，2007（9）：112-129.

[201] 鲁若愚．企业大学合作创新的机理研究［D］．清华大学博士学位论文，2012.

[202] 吕荣杰，康凯，任永红．农作制度变迁对杂交玉米技术扩散的影响研究［J］．河北工业大学学报，2010（3）：25-27.

[203] 卢怀宝，冯英浚，曲世友，徐伯承，陈金霞．企业技术创新能力的二次相对评价法［J］．大庆石油学院学报，2010，26（1）：90-93.

[204] 卢中华，李岳云．企业技术创新系统的构成、演化与优化分析［J］．科技进步与对策，2010，27（24）：86-91.

[205] 吕玉辉，丁长青．基于生态意义的企业技术创新系统演进［J］．技术与创新管理，2006，27（3）：22-23.

[206] 毛荐其，杨海山．技术创新进化过程与市场选择机制［J］．科研管理，2006，27（3）：16-22.

[207] 马山水，顾伟，卢群英．浙江省制造业企业技术创新能力和竞争力关系的实证研究［J］．生产力研究，2004（8）：97-99.

[208] M. 霍奇逊．演化与制度：论演化经济学和经济学的演化［M］．任荣华等译．北京：中国人民大学出版社，2007：130-132.

[209] 苗成林，王华亭等．基于蚁群算法的企业技术创新能力整合研究［J］．科学学与科学技术管理，2012（2）：142-150.

[210] 牟绍波，王成璋．产业集群持续成长的自组织机制研究［J］．科技进步与对策，2007，24（7）：73-75.

[211] 潘义勇．提升珠三角产业技术创新的竞争力［J］．沿海企业与科技，2007（11）：41-45.

[212] 彭尔霞，王为，路军．企业创新环境危机的原因分析与对策［J］．科技与管理，2008，10（6）：27-29.

[213] 普利高津，尼科利斯．非平衡系统中的自组织［M］．徐锡申等译．北

京：科学出版社，1986.

[214] 秦书生．技术创新系统复杂性与自组织［J］．系统辩证学学报，2004，12（2）：62-67.

[215] 秦远建，王多祥．技术创新的解析模型研究［J］．科技进步与对策，2008，25（11）：144-146.

[216] 任瑞，陈红．基于密切值的山西省工业技术创新能力评价［J］．山西财经大学学报，2011，33（1）：33-34.

[217] 荣泰生．AMOS 与研究方法［M］．重庆：重庆大学出版社，2009（3）：118-121.

[218] 申晋哲，耿玉德．黑龙江省工业企业技术创新环境问题研究［J］．中国林业经济，2009（3）：1-6.

[219] 束军意．中国与欧盟等国企业技术创新状况比较［J］．科学学与科学技术管理，2004（4）：67-72.

[220] 舒全峰，王亚华．我国农业技术创新扩散研究评述［J］．中国农业科技导报，2018，20（2）：1-9.

[221] 孙冰．企业自主创新动力系统的协同论解释［J］．商业经济与管理，2008（4）：33-37.

[222] 孙军．需求因素、技术创新与产业结构演变［J］．南开经济研究，2018（5）：58-71.

[223] 孙细明，杨娟等．基于过程的企业技术创新能力的综合评价［J］．武汉化工学院学报，2011（3）：132-139.

[224] 孙晓华，李传杰．需求规模与产业技术创新的互动机制［J］．科学学与科学技术管理，2009（12）：8-85.

[225] 唐婧．技术创新、市场需求对产业发展的冲击效应分析［J］．财经理论与实践，2012（166）：106-110.

[226] 田依林．企业技术创新能力评价指标体系模型研究［J］．科技管理研究，2011（7）：173-175.

[227] 王爱群，郭庆海．中国各地区农业产业化龙头企业竞争力比较分析［J］．中国农村经济，2018（4）：33-43.

[228] 王冰，张军．市场运行和演化的自组织理论探析［J］．湖北经济学院学报，2006，4（5）：50-54.

[229] 王景旭，齐振宏．农户对水稻主要技术需求及其影响因素的实证研究［J］．农村经济，2013（10）：32-36.

[230] 王立宏．技术创新过程的演化特征分析［J］．黑龙江社会科学，

2009 (2)：81 - 84.

［231］王磊，张庆普．动态环境下企业知识能力的自组织演化分析［J］．图书情报工作，2009，53（20）：80 - 83.

［232］王亮，陈大雄．企业技术创新的系统分析［J］．系统工程，2003，21（3）：44 - 46.

［233］王蔓，张莱．基于自组织的区域自主创新系统分析［J］．商业时代，2010（6）：123 - 125.

［234］王晓东，蔡美玲．基于自组织理论的我国高技术产业技术创新系统演化分析［J］．科技管理研究，2009（7）：14 - 16.

［235］王小黎.SVM 模型在河南省中小企业技术创新能力评价中的应用［J］．科技管理研究，2011（9）：92 - 95.

［236］王毅，吴贵生．产学研合作中粘滞知识的成因与转移机制研究［J］．科研管理，2001（6）：114 - 121.

［237］王勇，程源等.IT 企业技术创新能力与企业成长的相关性实证研究［J］．科学学研究，2013（2）：18 - 26.

［238］王永强，朱玉春．农业技术扩散过程中的障碍因素分析［J］．中国科技论坛，2009（1）：107 - 111.

［239］王章豹，李垒．我国制造业技术创新能力与产业竞争力的灰色关联分析［J］．科学学与科学技术管理，2007（7）：38 - 42.

［240］王子龙，谭清美，许箫迪．区域经济系统演化的自组织机制研究［J］．财贸研究，2005（6）：5 - 9.

［241］汪应洛，向刚．企业持续创新机遇分析［J］．昆明理工大学学报（理工版），2004，29（6）：127 - 13.

［242］许国志．系统科学［M］．上海：科技教育出版社，2000：1 - 4.

［243］武春友．技术创新扩散［M］．北京：化学工业出版社，1998：68 - 71.

［244］魏江．创新系统演进和集群创新系统构建［J］．自然辩证法通讯，2004，26（149）：48 - 54，111.

［245］魏江，郭斌，许庆瑞．企业技术能力与技术创新能力的评价指标体系［J］．中国高新技术企业评价，1995（5）：33 - 38.

［246］乌焜，邓波．试论技术创新的自组织机制［J］．自然辩证法通讯，2001，23（6）：39 - 46.

［247］吴林海．我国农业科技创新供给的影响因素及对策探讨［J］．上海经济研究，2009（1）：30 - 35.

［248］吴晓波，郑健壮．企业集群技术创新环境与主要模式的研究［J］．

研究与发展管理，2003，15（2）：1-5.

[249] 吴永林，赵佳菲．北京高技术企业技术创新能力评价分析 [J]．企业战略，2011（3）．

[250] 夏恩君，顾焕章．构建我国农业科技创新的动力机制 [J]．农业经济问题，1995（11）：125-132.

[251] 肖焰恒．可持续农业技术创新理论的构建 [J]．中国人口·资源与环境，2003（1）：107-108.

[252] 谢科范，刘骅．企业技术创新系统的SFCP范式研究 [J]．科技进步与对策，2010，27（2）：66-69.

[253] 熊鸿军，戴昌钧．技术变迁中的路径依赖与锁定及其政策含义 [J]．科技进步与对策，2009，26（11）：94-97.

[254] 许彩侠．区域协同创新机制研究 [J]．科研管理，2014（5）：19-28.

[255] 徐冠华．大力优化体制和政策环境，积极推进创新型企业建设 [R]．2008年广东科技统计年鉴，2008.

[256] 许庆瑞．研究、发展与技术创新管理 [M]．北京：高等教育出版社，2000：185-191.

[257] 许庆瑞，郑刚，喻子达．全面创新管理：21世纪创新管理的新趋势 [J]．科研管理，2003（5）：1-5.

[258] 许庆瑞，朱凌，王方瑞．从研发—营销的整合到技术创新—市场创新的协同 [J]．科研管理，2008（2）：22-31.

[259] 许志晋，凌奕杰等．企业技术创新能力的模糊综合评判 [J]．科学学研究，1997（1）：134-141.

[260] 杨朝峰．企业技术创新模式的选择 [J]．管理学报，2008，5（6）：883-886.

[261] 杨东奇，陈娟，邢芳卉．我国高新技术企业自主创新环境建设的实证研究 [J]．中国科技论坛，2008（2）：83-86，104.

[262] 杨宏进．企业技术创新能力评价指标的实证分析 [J]．统计研究，1998（1）：93-98.

[263] 杨建飞．基于A-U模型的企业R&D过程知识分布及其自组织倾向 [J]．自然辩证法通讯，2008，30（2）：34-44.

[264] 杨建民，张宁．复杂网络演化的自组织现象 [J]．上海理工大学学报，2005，27（5）：413-416.

[265] 杨智勇，覃锋．基于结构方程模型的企业技术创新能力评价 [J]．科技进步与对策，2012（12）：54-61.

［266］叶金国．技术创新系统自组织论［M］．北京：中国社会科学出版社，2006.

［267］叶金国，张世英．企业技术创新过程的自组织与演化模型［J］．科学学与科学技术管理，2002（7）：74－77.

［268］远德玉，董中保，常向东．企业技术创新能力的综合评价和动态分析方法［J］．科学管理研究，1994，12（4）：50－52.

［269］约瑟夫·熊彼特．经济发展理论（第二版）［M］．北京：商务印书馆，2000：73－74.

［270］余凌，江易华．农业技术创新政策研究：文献综述［J］．农业经济，2018（9）：14－17.

［271］于庆来，徐秀娟．安徽省农业企业技术创新能力的现状及提升对策［J］．安徽农业科学，2013（10）：78－82.

［272］曾德明，彭盾．基于耗散结构理论的国家创新体系国际化研究［J］．科学管理研究，2009，27（3）：12－20.

［273］曾华，王恒山．企业知识管理系统的自组织分析与演化模型［J］．商业研究，2006（23）：77－79.

［274］张惠茹，李荣平．企业技术创新能力评价指标体系和评价方法的确定［J］．河北大学成人教育学院学报，2010，12（2）：112－113.

［275］张建坤，罗为东．基于自组织理论的房地产业演化动力研究［J］．华东经济研究，2010，24（1）：90－93.

［276］张建辉，郝艳芳．技术创新、技术创新扩散、技术扩散和技术转移的关系分析［J］．山西高等学校社会科学学报，2010，22（6）：20－22.

［277］张米尔，武春友．产学研合作创新的交易费用［J］．科学学研究，2001（1）：89－92.

［278］张培刚．新发展经济学［M］．郑州：河南人民出版社，1999：78－80.

［279］张延禄，杨乃定，刘效广．企业技术创新系统的自组织演化机制研究［J］．科学学与科学技术管理，2013（34）：76－85..

［280］张治河，胡树华，金鑫，谢忠泉．产业创新系统模型的构建与分析［J］．科研管理，2006，27（2）：36－39.

［281］詹湘东．技术创新能力对提升产品竞争力的贡献及其分析［J］．科技与管理，2005（1）：137－139.

［282］赵鹏，苏慧文．我国企业技术创新环境评价指标体系研究［J］．技术与创新管理，2008，29（2）：116－120.

[283] 赵庆惠. 我国农业科技成果转化现状分析 [J]. 东北农业大学学报 (社会科学版), 2010 (6): 1-4.

[284] 郑春东, 金生. 一种企业技术创新能力评价的新方法 [J]. 科技管理研究, 2012 (3): 41-44.

[285] 郑燕, 张术丹, 魏哲研, 李长青. 企业技术创新的演化分析框架 [J]. 科技管理研究, 2007 (8): 90-93.

[286] 周素萍. 基于技术创新网络的技术创新扩散吸收模型研究 [J]. 软科学, 2009, 23 (10): 74-77.

[287] 朱建新, 冯志军. 高新技术企业自主创新环境要素构成及测度研究 [J]. 科学学与科学技术管理, 2009 (8): 65-71.

[288] 周怀峰. 国内市场需求对技术创新的影响 [J]. 自然辩证法研究, 2008 (8): 42-46.

[289] 朱利民. 企业技术创新能力的 E-V 模型评价 [J]. 科技进步与对策, 2004, 21 (6): 86-88.

[290] 邹波, 郭峰等. 三螺旋协同创新的机制与路径 [J]. 自然辩证法研究, 2014 (7): 49-56.

[291] 邹昊飞, 夏国平, 杨方廷. 基于自组织算法的改进型 GAANN 预测模型 [J]. 中国管理科学, 2005, 13 (6): 75-80.